中国法学会优秀课题成果文库
ZHONGGUO FAXUEHUI YOUXIU KETI CHENGGUO WENKU

《政府信息公开条例》评估报告

ZHENGFU XINXI GONGKAI TIAOLI PINGGU BAOGAO

叶必丰　曾　刚　董明非
何　渊　张洁莹　王巍文◎著

本书是中国法学会“法律实施问题研究”专项重点委托课题“政府信息公开条例实施状况评估和对策建议”【课题编号CLS（2015）FLSS-ZDWT05，主持人叶必丰教授】的主要成果，课题成果免于鉴定。

中国法制出版社
CHINA LEGAL PUBLISHING HOUSE

中国法学会优秀课题成果文库

出版说明

为了全面推进课题研究成果的应用转化，繁荣法学研究，服务法治实践，推进法治中国建设，中国法学会特设立“中国法学会优秀课题成果文库”，集中推出反映当前我国法学研究前沿水平，具有重大理论价值、重大学术价值、重大应用价值的学术精品，充分发挥优秀成果和优秀人才的示范引领作用。凡入选成果文库的作品，均为中国法学会年度招标课题或委托课题中鉴定等级原则上为“优秀”，选题价值较大，创新性强，对重要领域或重要问题有较为系统深入的研究，具有较高学术价值或应用价值，文风严谨，符合学术规范和出版形式要求。从2016年开始，每年从当年结项的课题成果中精选出符合上述条件的作品，纳入“中国法学会优秀课题成果文库”，予以出版。

中国法学会

2016年12月

目　录

前 言

《政府信息公开条例实施状况评估和对策建议》[CLS（2015）FLSS-ZDWT05]系中国法学会专项重点委托项目。本课题现已完成研究任务，特就研究目的、研究思路、研究方法和研究过程略作说明和交代。

一、研究目的

美国早期的行政法学者古德诺，曾受孟德斯鸠和大陆法文化的影响，把立法看作国家意志的表达，把行政和司法看作国家意志的执行，[①] 因而行政和司法都是法的实施活动。但英美法系的通说认为，法律应该是一种补救法、以判例为重要渊源的法，[②] 因而也应当是一种法律职业人的法。[③] 对立法机关制定的非法律职业人的法，尽管已经获得与法律职业人法一样的

① 参见［美］F.J. 古德诺：《政治与行政》，王元译，华夏出版社 1987 年版，第 9 页。

② 参见［法］勒内 · 达维：《英国法与法国法：一种实质性比较》，潘华仿等译，清华大学出版社 2002 年版，第 13、27 页。

③ 参见［英］弗里德里希 · 冯 · 哈耶克：《法律、立法与自由》（第一卷），邓正来等译，中国大百科全书出版社 2000 年版，第 210 页。

尊荣，但他们更愿意将其看作一种制度。[①] 于是，法律适用概念替代了法律实施概念。

大陆法系学者认为，法律主要是一种法典法、权利法，因而需要国家组织实施，包括对法律进行统一的解释。“社会主义法系一般认为是起源于十月革命。此前，大陆法系在沙皇俄国占主导地位。苏联革命者的目的之一，就是废除资产阶级的大陆法系，代之以新的社会主义法律秩序。他们实行改革的具体办法，就是在现行的大陆法制度和大陆法理论中强制推行社会主义的思想原则。在苏联和马克思主义的影响下，那些在成为社会主义国家之前都属于大陆法系的东欧各国（以及其他一些国家，如古巴）也进行了类似法制改革。”[②]

基于权利法、成文法和社会主义法的文化背景，俄国和我国法学上都有法律实施的学说。“什么是法律的实施？简单地说，就是把宪法和法律的规定付诸实践，把文字的规定变为实际行动。法律规定的权利，依法去享受，法律规定的义务，依法去履行；法律禁止的不去做，法律允许的才去做；合法行为切实得到保护，违法犯罪行为一律受到追究。”[③] 俄国学者则有更为理论化的概括。“法的实现就是符合反映在法律中的意志的活动。它可以被视为过程和最终结果。作为最终结果，法的实现意味着在要求实施或放弃某些行为规范和要求之后实际发生的所有行为之间达到完全一致。”“法的实现作为过程可以从主观和客观两个方面来说明。从客观方面来讲，法的实现是指依特定的顺序、时间和地点，以某种方式来实施法律

---

① 参见［美］伯纳德·施瓦茨：《行政法》，徐炳译，群众出版社 1986 年版，第 2 页。

②［美］约翰·亨利·梅利曼：《大陆法系》，顾培东等译，法律出版社 2004 年版，第 4 页。

③ 吴大英等主编：《中国社会主义法律基本理论》，法律出版社 1987 年版，第 350 页。

规范规定的合法行为。从主观方面来讲，法的实现表明主体在实施规定行为的时刻对被实施的法律要求、法的观点和意志的态度。”[①]

基于法律实施包括过程和结果两个方面，课题组所设定的本课题研究目标为：第一，《政府信息公开条例》有没有得到实施，有哪些实施措施？第二，《政府信息公开条例》的实施效果如何？当然，本课题也将结合评估，简要讨论如何保持良好的实施状态，政府信息公开的进一步改善还应该有哪些举措？

二、研究思路

（一）实施措施的研究思路

实施措施作为一种行为，涉及实施主体、实施行为（形式）、实施时间和实施内容四个方面。根据《政府信息公开条例》的规定，实施主体为中央和地方各级行政机关。这里的实施行为，并不包括政府信息的主动公开和依申请公开行为，仅指组织和推动《政府信息公开条例》实施的行为。它在形式上表现为文件，具有不同的法律位阶。实施时间可以表明实施工作的持续性及其态势。作为实施措施，并非变通规定或补充规定，不能超越《政府信息公开条例》的规定，不能与其相抵触。从所获取的实施文件来看，实施措施有综合性实施文件、专项制度的实施文件以及工作方案、工作总结和工作落实方面的实施文件。综合性实施文件，内容比较全面，包括重复性规定、概括性规定和细化规定三种类型。因此，有关实施措施的研究思路，可以图 1 来表示。

①［俄］B.B. 拉扎列夫主编：《法与国家的一般理论》，王哲等译，法律出版社 1999 年版，第 193 页。

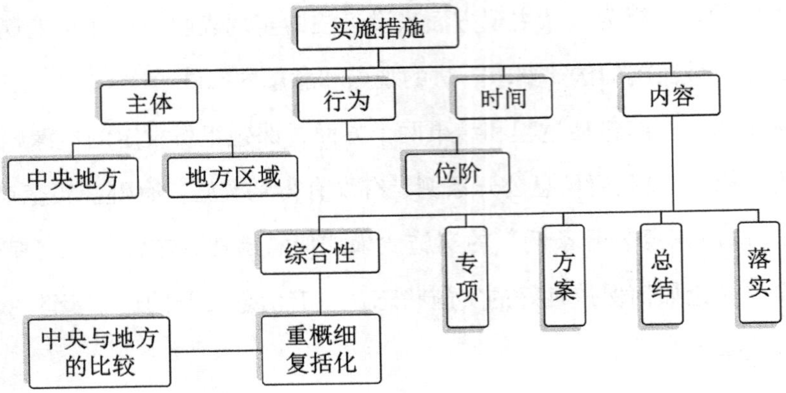

图 1

（二）实施效果的研究思路

实施效果即实施措施与《政府信息公开条例》的规定是否一致，不应该是研究者的简单判断，而应该是有关组织或公众的客观评价，如图2所示。但因为时间所限，课题组未组织大规模调查，而开展了小规模的体验式、实验式观察。同时，由于《政府信息公开条例》系行政法规而非法律，全国及地方人大常委会并未开展执法检查，课题组也未组织研究。课题组着重研究了法院对实施措施的态度，进行了适当的体验式观察。

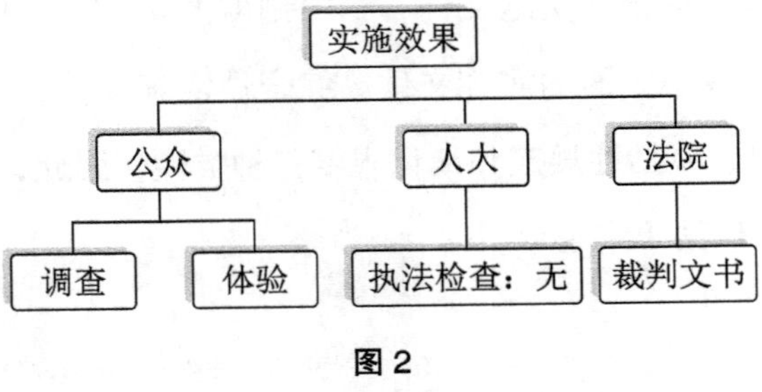

图 2

对《政府信息公开条例》实施的对策建议，课题组不准备作为独立内容加以讨论，而将在评估中结合经验或问题一并阐释。

三、研究方法

“一切研究之要务在于寻找到与其研究对象相适应的研究方法。”[①] 对法律的评估大多采用实证研究，[②] 通过逻辑归纳和概括得出结论。“在真正的科学中，归纳方法占主导地位，它力图通过事实的观察和经验的积累使我们洞察事物的本质。”[③] 本课题拟采用的实证方法具体包括：

（一）外部观察法

对行政机关采取了哪些实施措施以及效果如何，可以由行政机关来提供数据，也可以从外部来观察。外部观察法，就是研究者从行政机关以外的路径获取行政机关实施措施及其效果的数据，观察行政机关的实施状况。这也就是说，要把行政机关的实施措施及作用于外界的反映作为迪尔凯姆所说的“社会事实”，并作为“物”来考察，从而还原“因果关系”，[④] 揭示和发现规律。

互联网的发展和大数据的形成，为课题组的外部观察提供了可能。本

---

①［奥］埃利希：《法社会学原理》，舒国滢译，中国大百科全书出版社 2009 年版，第 8 页。

② 参见白建军：《法律实证研究方法》，北京大学出版社 2008 年版，第 91、96 页；江子浩：“行政立法后评估制度研究”，载上海市行政法制研究所编：《地方立法的理论与实务》（2005—2006 年研究报告集），法律出版社 2007 年版，第 18－36 页；张大伟等：“法律评估——理论、方法和实践”，《甘肃社会科学》2010 年第 5 期；张乐：“法律实施效果的评估方法与技术：一个混合方法论视角”，《云南师范大学学报》（哲社版）2013 年第 2 期。

③［奥］埃利希：《法社会学原理》，舒国滢译，中国大百科全书出版社 2009 年版，第 8 页。

④ 参见［法］E. 迪尔凯姆：《社会学方法的准则》，狄玉明译，商务印书馆 1999 年版，第 23、35 页。

课题的研究拟通过北大法宝 V5 数据库（http://www.pkulaw.cn/）获得数据。北大法宝 V5 数据库建立的法律规范及规范性文件的数据库，以比较完整和准确的特点而为学界同人所认可。它的案例数据库尽管所收集的案例不够全面，但已是可能利用的最佳数据库。中国裁判文书网（http://www.court.gov.cn/zgcpwsw/Index）尽管更权威、全面，但却是从 2014 年开始收录案例的。本课题组所需要的是《政府信息公开条例》公布（2007 年 4 月 5 日）以来的案例数据。基于比较的需要，本课题组也收集《政府信息公开条例》公布前地方探索政府信息公开而发生的案例。中国裁判文书网显然无法满足本研究的需要。仍有遗憾的是，现在还没有行政机关主动公开或依申请公开政府信息的数据库。这样，本课题组对实施过程的研究，也就仅限于对客观方面实施过程的研究。

（二）定量分析法

实证研究的一种重要方法，是以统计为手段的定量分析法。通过对"社会事实"的统计、定量分析来描述经验或规律。这样的研究既不是批判性的也不是构建性的，而是描述性、陈述性的。作为对实施状况的评估，课题组认为就不应该是"改造事实"而应该是"说明事实"。[①]

统计、定量分析的一个重要问题，是对大量的数据进行归类，建立类型化指标。"只有把社会事实放在一定的社会种下考察，才能确定它是正常的还是反常的。"[②]本研究所确定的归类或统计指标并不是课题组预设

① 参见［法］E. 迪尔凯姆：《社会学方法的准则》，狄玉明译，商务印书馆 1999 年版，第 154 页。

②［法］E. 迪尔凯姆：《社会学方法的准则》，狄玉明译，商务印书馆 1999 年版，第 93 页。

的，而是通过反复解读所发现的、数据本身所呈现的同类特征。实证研究“必须始终如一地摆脱一切预断。”“实际上，这样划分事实的方法并不取决于社会科学家本人，即不取决于他的特殊才智，而取决于事物的本性。”①

当然，课题组之所以选择如研究思路所展示以及研究报告所说明的归类指标，是在于“真正的实验方法主张不用那些只是由于数量特多才有证明力，并由此往往得出可疑结论的常见事实，而是愿意用不管数量多少，但本身具有科学价值和意义的决定性事实”。“但这样一来，分类就不能按照所有个体的全部特性进行，而必须根据从中仔细选择出来的少数特性进行。在这样的情况下，分类就不仅使我们能把已有的全部知识初步条理化，而且还有助于我们形成新的知识。”②

（三）比较方法

“凡是科学，其目的都在于发现”。③凡是发现，都需要借助于比较。差异或共性、规律或异化、优异或落后，只有通过比较才能得以发现。课题组希望通过中央与地方、经济发达地区与欠发达地区、农村与城市，以及不同时间段等的比较，揭示不同主体的实施积极性、稳定性和偏好，解释影响实施积极性、稳定性和偏好的因素，发现纠纷聚集的行政领域，政府信息的需求群体，以及高被引法条等。

①［法］E. 迪尔凯姆：《社会学方法的准则》，狄玉明译，商务印书馆 1999 年版，第 51、55 页。
②［法］E. 迪尔凯姆：《社会学方法的准则》，狄玉明译，商务印书馆 1999 年版，第 96、97 页。
③［法］E. 迪尔凯姆：《社会学方法的准则》，狄玉明译，商务印书馆 1999 年版，第 1 页。

（四）个案分析法

司法案例不仅仅是法院对《政府信息公开条例》的适用结果，而且是法院对行政机关实施行为（主观方面的实施过程）的一种检验，可以视为对行政机关实施效果的一种评价。对司法评价的梳理，仅仅通过胜诉率等的统计是不够的，还需要进行个案分析，梳理、描述法院对具体问题的态度。

（五）体验式实验

为了了解公众对《政府信息公开条例》实施效果的评价，本应组织调查。但基于时间所迫和调查指标设计上的困难，课题组改用体验式实验。课题组指定成员负责向有关行政机关申请政府信息，对过程作详细记录，对所获数据进行统计分析，最后撰写实验报告。

四、研究过程

2015 年 3 月 18 日，本课题得以立项。课题组于 3 月 25 日召开了课题启动会，设立实施措施、司法态度和政府信息申请实验三个子课题，并对任务进行了分工。4 月完成了数据采集。此后的两个半月，几乎每周都举行一次课题组全体成员的数据解读会。在此基础上，逐渐梳理、形成了归类指标，开展分工统计，并撰写研究报告初稿。9 月 30 日向中国法学会研究部请求中期检查。12 月 14 日向中国法学会研究部汇报结项工作。在此期间，课题组一直在修改、完善最终研究报告。

本课题任务的分工如下（按撰写章序）：

曾刚：实施措施的数据采集、解读、论证，撰写第一章（“七、《条例》第37条的实施状况”除外）。

董明非：实施措施的数据采集、解读、论证，撰写第一章“七、《条例》第37条的实施状况”和第二章。

何渊：案例数据的采集、解读、论证，撰写第三章（其中，第五、六部分与张洁莹共同完成）。

张洁莹：案例数据的采集、解读、论证，撰写第四章。

王巍文：政府信息公开申请实验，并撰写第五章。

叶必丰：课题的整体设计，组织各子课题的讨论，指导数据解读和归类指标的设定，统筹课题研究的推进，对最终研究报告的全面修改、统稿，撰写前言。

第一章

实施措施的统计分析

一、研究数据的检索和处理

（一）研究数据的检索

1. 研究数据的来源。本项目研究《政府信息公开条例》[①]（以下简称《条例》）的实施情况。从文本研究角度来讲，就可以《条例》颁布后中央和地方各级人民政府及其职能部门，以及公用单位的实施行为为研究对象。如果能对所有行政机关及公用事业单位的实施行为逐一进行调查和统计，则研究对象是最为全面的。但是，课题组没有开展这项调查，理由如下：第一，调查时间和精力的限制。调查全部行政机关和公用事业单位实施《条例》的情况，所需要耗费的时间会超过课题的研究时间。同时，如此调查所需的人力也是课题组无法承担的。第二，调查的准确性难以保证。行政机关实施《条例》的各种行为文本，并非均会上传至网络或对外公布。如果聘用非专业调查人员开展这种调查，则很难保证研究对象的完

① 国务院令第 492 号，2007 年 4 月 5 日发布。

整性和准确性。第三，有可供替代的方法。北大法宝 V5 数据库（http://www.pkulaw.cn/）建立的法律规范及规范性文件的数据库，以比较完整和准确的特点而为学界同人所认可。课题组通过北大法宝 V5 数据库检索，可以获得所需的主要信息。因此，课题组在确定研究对象后，使用北大法宝 V5 数据库，通过关键词检索的方式以获得研究对象的数据。

2. 检索关键词的确定。课题组在检索时使用的关键词有两个："政府信息公开"和"政务公开"。行政机关实施《条例》时普遍使用"政府信息公开"这一术语，因而该术语是课题组使用的检索关键词之一。除此之外，"政务公开"也被作为检索关键词使用。这是因为，我国最早建立行政公开制度时使用的是"政务公开"一词，如 2000 年的《中共中央办公厅、国务院办公厅关于在全国乡镇政权机关全面推行政务公开制度的通知》[①] 和 2005 年的《中共中央办公厅、国务院办公厅关于进一步推行政务公开的意见》[②]。"政务公开"的使用不仅早于"政府信息公开"，而且在《条例》出台后仍然在使用，如 2011 年中共中央办公厅、国务院办公厅发布的《关于深化政务公开加强政务服务的意见》[③] 等。因此，行政机关在实施《条例》时也常以"政务公开"为核心语汇。

3. 检索结果及数据筛选。课题组于 2015 年 3 月 26 日 14 时 15 分以"政府信息公开"为关键词进行了检索，获得国务院所属机构实施数据 411 条，地方行政机关实施数据 2598 条，共计 3009 条。2015 年 6 月 3 日 21 时 15 分以"政务公开"为关键词进行了检索，获得国务院所属机构实施

---

① 2000 年 12 月 6 日，中办发〔2000〕25 号。

② 2005 年 3 月 24 日，中办发〔2005〕12 号。

③ 2011 年 6 月 8 日，中办发〔2011〕22 号。

数据 98 条，地方行政机关实施数据 1675 条，共计 1773 条。两项相加，检索到数据 4782 条。

在检索到的上述实施数据中，有部分是重复数据，还有部分是在《条例》颁布之前有关政府信息公开的数据。本课题所研究的是《条例》的实施情况。《条例》于 2007 年 1 月 17 日颁布，于 2008 年 5 月 1 日开始实施。行政行为的生效时间因行政机关和相对人而有所不同。行政行为对相对人的生效时间往往有特别规定，对行政机关的生效时间则为公布或颁布之日。① 为此，课题组以 2007 年 1 月 17 日为筛选实施数据的时间点。这样，如四川省达州市于 2007 年 9 月 26 日公布的《达州市政府信息公开办法》② 之类的数据，也在课题组的筛选范围之内。课题组通过排除重复的数据和在《条例》颁布之前的数据，共获得研究对象数据 4032 条。

4. 研究数据的说明。课题组在研究中发现，有的实施数据，如重庆市渝中区人民政府于 2009 年 11 月 9 日公布的《重庆市渝中区政府信息主动公开制度》等 5 项专项制度 ③，并不在课题组所检索到的数据范围之内。课题组在北大法宝 V5 数据库多次检索，仍无结果，原因在于北大法宝 V5 数据库并未收录该数据，所收录数据并不完整。经过讨论，课题组仍决定以从北大法宝 V5 数据库检索到的数据作为分析对象，理由如下：第一，任何数据库几乎都是有局限性的，都难以穷尽所有数据。北大法宝 V5 数据库所收录的数据尽管有遗漏但仍具有权威性，所收录数据尽管不完整但已具有充分性。第二，我们选择的数据库尽管存在数据遗漏问题，但我们

---

① 参见王名扬:《法国行政法》，中国政法大学出版社 1989 年版，第 159 页。

② 四川省达州市人民政府令第 42 号，2007 年 9 月 26 日发布。

③ 参见 http://www.cqyz.gov.cn/web1/info/index.asp?classid=2328，最后访问时间 2015 年 7 月 22 日。

的研究方法仍然是科学的。实证研究的要求之一是研究过程必须是可复制的。从公开的数据库中获取研究数据，是满足可重复性的必要途径。比较当前我国的各类法律数据库，北大法宝 V5 数据库具有广泛的认可度。从该数据库中检索研究数据能够保证我们实证研究的科学性。第三，以现有数据进行研究仍能在整体上得出比较准确的结论。经过不断检测，我们发现北大法宝 V5 数据库所收录的数据已经比较全面，少数疏漏并不影响我们对《条例》实施状况的整体判断。退一步讲，我们可以把所检索到的数据看作随机数据。按照随机数据进行分析，也是可行的。

（二）研究数据的处理

1. 研究数据的归类。经过初步的阅读，课题组发现各研究数据往往存在彼此不同的信息，如发布时间、发布机关、法律位阶以及内容等方面的差异。基于这些差异，可以对有关研究数据进行归类，以便从各种不同角度观察《条例》的实施情况。例如，根据发布时间的不同可以观察《条例》在各年度的实施趋势，根据发布机关的不同可以观察哪些中央机关、哪些省级行政机关实施《条例》更为积极，根据研究数据法律位阶的不同和内容上的差异，可以观察实施《条例》的举措及力度。

2. 指标的设定和表格的设计。研究数据的差异性或特性，为归类提供了可能，形成了统计指标，从而实现了对数据的表格化处理和加工。具体而言，我们设计的指标包括四项：发布机关、发布时间、法律位阶和内容类型。

发布机关，原则上系发布数据文件的行政机关。如果数据文件的发布机关为某行政机关的办公室、政务信息公开领导小组、政务公开领导小组或信息化工作领导小组，则我们将该办公室、领导小组所在的行政机关确定为发布机关。

发布时间，系数据文件的发布而非实施时间。数据文件的发布，即代表发布机关已经启动了《条例》的实施工作。

法律位阶，分为条例（地方性法规）、规章、规范性文件和非规则类四大类。凡符合《立法法》[①]和《规章制定程序条例》[②]，能被界定为条例和规章的，均如实标志它们的属性。凡不属于条例和规章，但具有普遍性法律约束力的数据文件，我们标志为规范性文件。有关政府信息公开工作安排的数据文件，不具有普遍性法律约束力，则标志为非规则类。

内容类型，包括综合性实施制度、专项制度、工作方案、工作总结和工作落实五大类数据文件。其中，综合性实施制度是指比较全面地规定政府信息公开事项的规章或规范性文件。一般而言，综合性实施制度包含《条例》所确定的总则，实施机关，主动公开的范围、方式和程序，依申请公开的条件、程序和方式，以及监督和保障这几大部分的内容。专项制度是指专门规定政府信息公开某一特定制度的规范性文件。专项制度可以专门规定主动公开制度，也可以专门规定依申请公开制度或保密制度、年报制度以及考评制度。专项制度在规定政府信息公开的特定制度之外，一般不再规定政府信息公开的其他制度。工作方案是行政机关为实施《条例》所发布的带有规则性质的工作计划或工作要求，如《国务院办公厅关于印发2014年政府信息公开工作要点的通知》[③]。工作总结是行政机关依照

① 2000 年 3 月 15 日全国人大通过，2015 年 3 月 15 日全国人大修正。

② 国务院令第 322 号，2001 年 11 月 16 日发布。

③ 2014 年 3 月 17 日，国办发〔2014〕12 号。

《条例》第31条的规定发布的，本行政机关的政府信息公开工作年度报告。在研究数据中，我们只是把年度报告归为工作总结，没有把开展政府信息公开工作中的其他总结性文件归为工作总结。工作落实是行政机关实施《条例》的具体工作措施，不具有设定规则的性质。工作落实包括成立有关政府信息公开的工作机构及确定或调整该工作机构的组成人员、命名示范点、开展考核评估工作及公布相关结果、表彰先进单位或先进个人、要求统计报送相关信息、启用相关机构印章、开展培训工作、自查和督查、聘任社会监督员、实施准备工作、开展活动和学习署名文章等内容。

根据设定的指标，课题组对所有研究数据进行了全面统计，并制作了工作表格，如下所示：

序号	文件名	发布机关	发布时间	法律位阶	内容类型
1/1	……	……	……	规章	综合性实施制度
2/2	……	……	……	规范性文件	专项制度（如考评制度、年报制度）
3/3	……	……	……	规范性文件	工作方案
4/4	……	……	……	非规则类	工作总结

二、《条例》实施概况

（一）国务院所属机构实施概况

1. 国务院所属机构实施《条例》的基本数据。本研究所称的国务院所属机构，包括《条例》第2、36条规定的国务院及其所属的行政机关、事业单位、议事协调机构，以及作为中共中央直属机关序列的国家档案行政管理部门即国家档案局。国家档案局虽不属于国务院下属机构序列，但依照《档案法》第 6 条的规定主管全国档案事业，应将它作为行政机关对待。课题组针对国务院下属的部委行署、直属机构、法律法规授权的事业单位以及其他机构实施《条例》的情况进行了一一考察，包括有多少实施数据，实施数据中有多少属于综合性实施制度、专项制度，有多少属于规范性文件以及是否存在以制定规章的形式实施《条例》等情况，并制作成表 1-1。

表 1–1：国务院所属机构实施《条例》基本数据表

序号	发布机关		文件数	内容类型					法律位阶		
	名称	性质		综合	专项	方案	总结	落实	规章	规范性文件	非规则类
1	国务院办公厅	行政	12	0	0	11	0	1	0	11	1
2	环境保护部	行政	13	0	0	0	10	3	0	1	12
3	交通运输部	行政	7	1	0	2	3	1	0	4	3
4	国家中医药管理局	行政	4	1	0	0	3	0	0	1	3
5	国家税务总局	行政	10	0	1	0	7	2	0	2	8
6	发展和改革委员会	行政	10	2	0	0	8	0	0	2	8
7	国土资源部	行政	8	2	0	0	5	1	0	3	5
8	国家邮政局	行政	4	2	0	0	1	1	0	3	1
9	国家文物局	行政	14	1	0	1	8	4	0	2	12
10	国家质量监督检验检疫总局	行政	3	0	0	1	2	0	0	1	2
11	住房和城乡建设部	行政	9	1	0	1	4	3	0	2	7

续表

序号	发布机关		文件数	内容类型					法律位阶		
	名称	性质		综合	专项	方案	总结	落实	规章	规范性文件	非规则类
12	人力资源社会保障部	行政	9	1	0	1	7	0	0	2	7
13	教育部	行政	12	1	0	2	6	3	0	4	8
14	国家海洋局	行政	6	1	0	0	4	1	0	2	4
15	国家粮食局	行政	7	0	0	1	5	1	0	2	5
16	国资委	行政	1	0	0	0	1	0	0	0	1
17	国务院参事室	行政	1	0	0	0	1	0	0	0	1
18	中国保监会	事业	6	1	0	0	5	0	1	0	5
19	国务院侨务办公室	办事	5	0	0	0	5	0	0	0	5
20	中国民用航空局	行政	6	1	0	0	5	0	0	1	5
21	科技部	行政	11	0	0	0	11	0	0	0	11
22	海关总署	行政	10	1	0	2	4	3	1	2	7
23	国家能源局	行政	6	0	0	0	6	0	0	0	6
24	国家测绘地理信息局	行政	9	1	0	2	4	2	0	5	4
25	国家信访局	行政	5	0	0	0	4	1	0	1	4
26	国家旅游局	行政	6	1	0	0	4	1	0	2	4
27	国家档案局	行政	5	0	0	0	5	0	0	0	5
28	国家工商行政管理总局	行政	10	1	0	0	5	3	0	2	8
29	中国银监会	事业	13	1	2	1	7	2	0	5	8

续表

序号	发布机关		文件数	内容类型					法律位阶		
	名称	性质		综合	专项	方案	总结	落实	规章	规范性文件	非规则类
30	文化部	行政	5	1	0	0	5	0	0	1	4
31	国家卫生计生委	行政	18	2	0	2	11	3	0	4	14
32	国家体育总局	行政	7	0	0	0	6	1	0	1	6
33	国家机关事务管理局	行政	6	1	0	0	4	1	0	2	4
34	国家食品药品监督管理总局	行政	4	1	0	0	3	0	0	1	3
35	审计署	行政	9	1	3	0	5	0	0	4	5
36	司法部	行政	9	1	0	0	7	1	0	2	7
37	财政部	行政	9	1	0	0	6	2	0	3	6
38	工业和信息化部	行政	8	1	0	0	8	0	0	1	8
39	国家民委	行政	4	0	1	0	3	0	0	0	3
40	国家地震局	事业	5	0	0	0	5	0	0	0	5
41	国家铁路局	行政	2	1	0	0	1	0	0	1	1
42	商务部	行政	9	0	3	0	5	1	0	3	6
43	水利部	行政	4	0	0	0	3	1	0	1	3
44	国家知识产权局	行政	4	1	0	0	3	0	0	1	3
45	公安部	行政	5	0	0	0	5	0	0	0	5
46	外交部	行政	8	0	0	0	7	1	0	1	7
47	国家外汇管理局	行政	4	0	1	0	3	0	0	1	3

续表

序号	发布机关		文件数	内容类型					法律位阶		
	名称	性质		综合	专项	方案	总结	落实	规章	规范性文件	非规则类
48	国家林业局	行政	12	0	0	2	8	2	0	2	10
49	国家安全生产监督管理总局	行政	7	0	0	0	5	2	0	1	6
50	全国社会保障基金理事会	事业	7	1	0	0	6	0	0	1	6
51	农业部	行政	10	0	1	3	0	6	0	4	6
52	国务院港澳办	办事	4	0	0	0	4	0	0	0	4
53	中国科学院	事业	2	0	0	0	2	0	0	0	2
54	监察部	行政	1	0	0	0	1	0	0	0	1
55	国家新闻出版广电总局	行政	8	0	0	0	7	1	0	1	7
56	国家宗教事务局	行政	6	1	0	0	4	1	0	2	4
57	国家气象局	事业	8	1	0	0	6	1	0	2	6
58	国家统计局	行政	3	0	0	0	2	1	0	1	2
59	国家南水北调办	议事	2	0	0	0	2	0	0	0	2
60	中国人民银行	行政	10	0	3	4	3	0	0	7	3
61	国家预防腐败局	行政	4	0	0	0	3	1	0	0	4
62	国务院扶贫办	议事	1	0	0	0	1	0	0	0	1
63	国务院三峡办	议事	1	0	0	0	1	0	0	0	1

续表

序号	发布机关		文件数	内容类型					法律位阶		
	名称	性质		综合	专项	方案	总结	落实	规章	规范性文件	非规则类
64	民政部	行政	9	2	0	0	7	0	0	2	7
65	国家外国专家局	行政	5	1	0	0	3	1	0	2	3
66	国务院法制办	办事	6	0	0	0	6	0	0	0	6
67	国家电力监管委员会	事业	1	0	0	0	1	0	0	0	1
68	国家烟草专卖局	行政	3	1	0	0	2	0	0	1	2
69	国家自然科学基金会	事业	3	0	0	0	3	0	0	0	3
	总计		455	38	15	36	307	60	2	113	340

注：1. “行政”系行政机关，“事业”系事业单位，“议事”系议事协调机构，“办事”系办事机构。

2. “综合”系综合性实施制度，“专项”系专项制度，“方案”系工作方案，“总结”系工作总结，“落实”系工作落实。

2. 实施机构的统计分析。《国务院行政机构设置和编制管理条例》① 第6条第1款规定：“国务院行政机构根据职能分为国务院办公厅、国务院组成部门、国务院直属机构、国务院办事机构、国务院组成部门管理的国家行政机构和国务院议事协调机构。”根据《国务院关于机构设置的通知》② 的规定，国务院所属机构还包括国务院直属特设机构和国务院直属事业单位。

① 国务院令第227号，1997年8月3日发布。

② 2013年3月19日，国发〔2013〕14号。

根据表 1-1 可知，上述八类国务院所属机构均有实施《条例》的数据文件，有实施数据的国务院所属机构占国务院所属机构总数的 61.1%；如果除去国务院议事协调机构，有实施数据的国务院所属机构占国务院所属机构总数的 86.8%。除有实施数据的国务院办公厅和国务院直属特设机构国有资产监督管理委员会外，有实施数据的国务院所属机构包括：环境保护部等 23 个国务院组成部门，占国务院组成部门的 92%；海关总署等 16 个国务院直属机构，占国务院直属机构的 100%；国务院法制办公室等 3 个国务院办事机构，占国务院办事机构的 75%；国家烟草专卖局等 13 个国务院组成部门管理的国家行政机构，占国务院组成部门管理的国家行政机构的 81.3%；国务院三峡工程建设委员会等 3 个国务院议事协调机构，占国务院议事协调机构的 8.1%；以及中国科学院等 8 个国务院直属事业单位，占国务院直属事业单位的 61.5%。依照《档案法》第 6 条的规定主管全国档案事业，但系中共中央直属机关的国家档案局，也有《条例》的实施数据。

以上数据显示，在国务院所属的八类机构中，除国务院议事协调机构外，其他七类机构中有实施数据的机构数量占相应机构总数的比例都很高，接近九成。这说明，《条例》在中央层面上得到了普遍实施。

3. 实施内容的统计分析。从实施内容的类型上来看，国务院所属机构所制定的综合性实施制度有 38 件，占总数的 8.35%；专项制度有 15 件，占总数的 3.30%；工作方案有 36 件，占总数的 7.91%；工作总结有 307 件，占总数的 67.47%；工作落实有 60 件，占总数的 13.19%。

以上数据表明，国务院所属机构实施《条例》内容的类型主要表现为制作工作总结和工作落实文件，较少表现为综合性实施制度、专项制度或工作方案。一般而言，综合性实施制度、专项制度和工作方案表现为抽象的规则，工作总结和工作落实文件则是具体实施。因此，国务院所属机构实施《条例》主要表现为具体落实，较少表现为规则制定。

4. 法律位阶的统计分析。从法律位阶上来看，国务院所属机构制定的文件中有规章 2 件，占总数的 0.44%；有规范性文件 113 件，占总数的 24.84%；有非规则类 340 件，占总数的 74.73%。以上数据表明，国务院所属机构更多的是通过制定法律位阶较低的非规则类文件来实施《条例》，较少通过制定法律位阶较高的规范性文件实施《条例》，很少通过制定属于法律渊源的规章来实施《条例》。

5. 实施时间。根据表 1-3，国务院所属机构自《条例》公布后每年都有实施的数据文件，并且在最近几年呈稳步上扬的趋势。这说明，国务院所属机构对《条例》的实施有着较好的延续性和稳定性。

（二）省级人民政府实施概况

对省级人民政府实施《条例》的总体情况，课题组进行了统计分析，具体实施情况见表 1-2。

表 1-2：省级人民政府实施《条例》数据表

序号	省份	内容类型					法律位阶			
		综合	专项	方案	总结	落实	条例	规章	规范性文件	非规则类
1	北京	1	2	8	0	2	0	1	10	2
2	天津	1	3	12	0	1	0	1	15	1
3	河北	1	4	6	1	2	0	1	10	3
4	山西	1	0	6	0	1	0	1	7	0

续表

序号	省份	内容类型					法律位阶			
		综合	专项	方案	总结	落实	条例	规章	规范性文件	非规则类
5	内蒙古	0	1	5	0	6	0	0	6	6
6	辽宁	1	2	15	0	2	0	1	17	2
7	吉林	0	0	6	0	2	0	0	6	2
8	黑龙江	1	0	8	0	4	0	0	10	3
9	上海	1	1	19	0	2	0	1	20	2
10	江苏	0	4	9	0	5	0	0	13	5
11	浙江	1	0	5	0	1	0	1	5	1
12	安徽	1	4	20	1	10	0	1	25	10
13	福建	1	2	14	0	3	0	1	16	3
14	江西	0	1	9	1	0	0	0	10	1
15	山东	1	1	6	0	3	0	1	8	2
16	河南	0	4	3	0	2	0	0	7	2
17	湖南	1	0	7	0	7	0	1	7	7
18	湖北	0	0	6	0	2	0	0	5	3
19	广东	0	2	8	0	1	0	0	10	1
20	广西	0	2	27	0	12	0	0	31	10
21	四川	1	4	14	0	1	0	0	19	1
22	贵州	1	0	4	0	2	0	0	5	2
23	云南	1	1	11	0	2	0	1	12	2
24	西藏	0	0	4	0	6	0	0	4	6

续表

序号	省份	内容类型					法律位阶			
		综合	专项	方案	总结	落实	条例	规章	规范性文件	非规则类
25	陕西	1	5	9	2	6	0	1	13	9
26	甘肃	1	3	14	0	1	0	1	17	1
27	青海	1	2	8	0	4	0	1	9	5
28	宁夏	1	3	11	1	1	0	1	14	2
29	新疆	1	1	3	0	4	0	1	4	4
30	海南	0	2	10	1	0	0	0	13	0
31	重庆	0	1	8	0	13	0	0	9	13
	总计	20	55	295	7	108	0	17	357	111

1. 实施内容类型的统计分析。从实施内容的类型上来看，省级人民政府所制定的综合性实施制度有 20 件，占文件总数的 4.12%，占省级人民政府数的 64.5%；专项制度有 55 件，占文件总数的 11.34%，占省级人民政府数的 177.4%；工作方案有 295 件，占文件总数的 60.82%；工作总结有 7 件，占文件总数的 1.44%；工作落实有 108 件，占文件总数的 22.27%。

需要说明的是，在我们统计的数据中，只有 6 个省级人民政府制作了政府信息公开年度报告。经查证，这个数据与实际情况相差较远，不能反映省级人民政府制作工作总结的真实情况，如我们在检索结果中没有发现北京市制作的工作总结。但访问北京市政府网站发现，北京市人民政府自 2008 年至 2014 年每年都制作了工作总结。[①] 因此，我们不能根据统计结果

① 参见 http://zfxxgk.beijing.gov.cn/columns/1302/yearMenu.html，最后访问时间 2015 年 10 月 11 日。

认定省级人民政府很少制作工作总结，在后续的人民政府文件内容类型统计中将不对此项指标作单独统计。

我们将制定综合性实施制度、专项制度和工作方案这三种相对抽象的类型结合起来统计，发现全国范围内 31 个省、自治区和直辖市（不包括香港特别行政区、澳门特别行政区和台湾地区）都有实施《条例》的综合性实施制度、专项制度或工作方案。接近三分之二的省级人民政府制定了综合性实施制度文件，超过 20% 的省级人民政府在没有制定综合性实施制度的情况下制定了专项制度。两者相加，全国 87% 的省级人民政府，即绝大多数的省级人民政府制定了本行政区信息公开制度。综合性实施制度和专项制度文件都没有制定的，只有吉林、西藏和湖北三地。加之这两类文件的持续性效力，不可能反复、不断制定，可以看出省级人民政府对实施《条例》的规则偏好。在文件总数中占比最高的是工作方案，说明省级人民政府对《条例》实施的计划性和持续性。

2. 法律位阶的统计分析。从法律位阶上来看，省级人民政府所制定的文件中有规章 17 件，占总数的 3.51%；有规范性文件 357 件，占总数的 73.61%；有非规则类 111 件，占总数的 22.89%，没有制定地方性法规。这表明，省级人民政府偏好制定规章或规范性文件实施《条例》。

根据表 1-2，在全国范围内，有 17 个省级人民政府在《条例》出台后制定了新的规章或依照《条例》对原有的规章进行了修改，有 14 个省级人民政府在《条例》出台后没有制定新的规章，也没有进行修改。

规章是我国行政法的渊源之一，具有法的效力。这一点是规范性文件无法比拟的。在新《行政诉讼法》出台后，规章与规范性文件在效力上的差异更加清楚。省级人民政府通过规章实施《条例》，无疑更能强化政府信息公开的力度。如图 1-1 所示，半数以上的省级人民政府制定了规章，表明了实施《条例》的态度和力度。

图 1–1：省级人民政府制定或修改规章对比图

上述所有规章都是综合性实施制度文件。规章无法进入司法审查的范围，行政规范性文件可与具体行政行为一并受司法审查。它们在实施《条例》中，能否受司法监督是不同的。这也意味着，半数以上的省级人民政府实施《条例》的规章，尚需同级人大和国务院负起更大的监督责任。

三、国务院所属机构和省级人民政府的实施比较

（一）实施文件的内容类型比较

从实施文件的内容类型上来看，国务院所属机构所制定的综合性实施制度有 38 件，占总数的 8.35%；专项制度有 15 件，占总数的 3.30%；工作方案有 36 件，占总数的 7.91%；工作总结有 307 件，占总数的 67.47%；工作落实有 60 件，占总数的 13.19%。

从内容类型上来看，省级人民政府所制定的综合性实施制度有 20 件，占总数的 4.12%；专项制度有 55 件，占总数的 11.34%；工作方案有 295

件，占总数的60.82%；工作总结有7件，占总数的1.44%；工作落实有108件，占总数的22.27%。

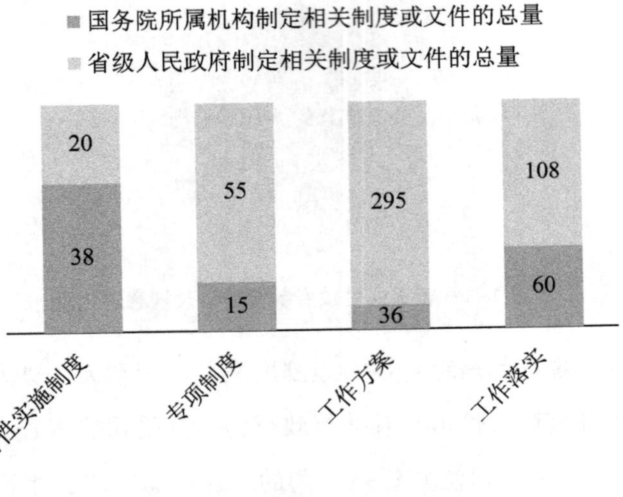

图1–2：文件的内容类型数对比图

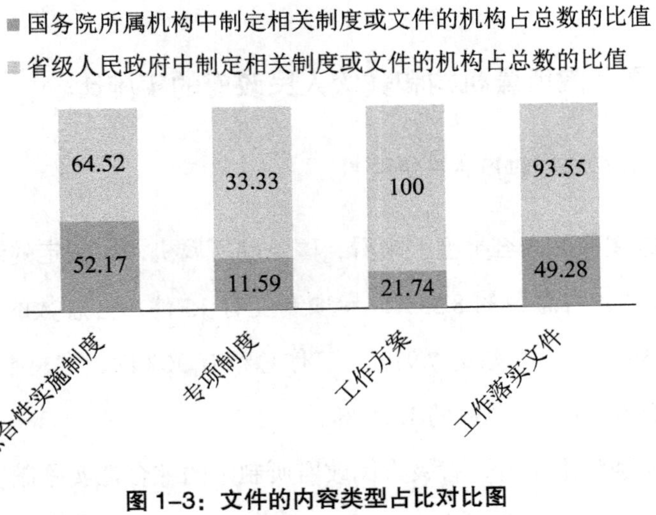

图1–3：文件的内容类型占比对比图

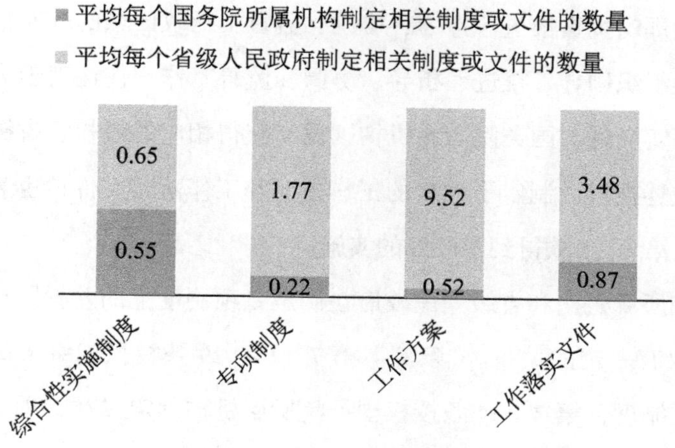

图 1–4：文件类型的机构均数对比图

如图 1-2 所示，综合性实施制度的文件绝对数，国务院所属机构多于省级人民政府；专项制度、工作方案和工作落实的文件绝对数，省级人民政府多于国务院所属机构。图 1-3 和图 1-4 表明，在各类实施文件的比例上，国务院所属机构全面落后于省级人民政府。这说明，国务院所属机构的综合性实施制度文件数量优势是由国务院所属机构数量比较多决定的。在制定综合性实施制度的积极性方面，国务院所属机构和省级人民政府并没有大的差距，两者均比较重视。在制定专项制度、工作方案和工作落实文件方面，通过比例的对比就可以发现，省级人民政府的优势都在迅速扩大。这说明，与省级人民政府相比，国务院所属机构在制定专项制度、工作方案和工作落实方面的频率明显偏低。

对于上述统计结论，《条例》是重要的影响因素。根据《条例》第 3 条第 1 款和第 3 款的规定，省级人民政府应当加强对政府信息公开工作的组织领导，省级人民政府办公厅或者省级人民政府确定的其他政府信息公开工作主管部门负责推进、指导、协调、监督本行政区域的政府信息公开工作。这些组织领导、推进、指导、协调和监督工作，往往表现为工作方案和工作落实文件。国务院所属机构则没有获得相应的授权。省级人民政府在获得上述授权后制定了大量的工作方案和工作落实文件，也表明《条例》第3条第1、3款得到了较好的实施。

国务院所属机构和省级人民政府在制定专项制度上的差异同样与《条例》的授权有一定的关系。《条例》第7、14、29条授权省级人民政府制定5类专项制度，第7、14条授权国务院所属机构制定二类专项制度。这一差别在图1-2和图1-3中得到了一定的体现。同时，图1-3所显示的差距和图1-4显示的过于巨大的差距则表明，省级人民政府对贯彻落实《条例》授权制定的专项制度更加积极。

（二）实施文件法律位阶的比较

对比实施文件的法律位阶后发现，国务院所属机构较少制定规章和规范性文件。

1. 国务院所属机构实施文件的位阶较低。根据表1-1，国务院所属机构实施文件中属于规章的有2件，占总数的0.44%；属于规范性文件的有113件，占总数的24.84%。与之形成鲜明反差的是，省级人民政府实施文件中属于规章的有17件，占总数的3.51%；属于规范性文件的有357件，占总数的73.61%。用0.44%和3.51%相比较，国务院所属机构实施文件中属于规章的比例仅为省级人民政府的12.54%；用24.84%和73.61%相比较，国务院所属机构实施文件中属于规范性文件的比例仅为省级人民政府的33.75%。上述数据表明，国务院所属机构实施文件中法律位阶较高的规章和规范性文件占实施文件总数的比例都远低于省级人民政府。

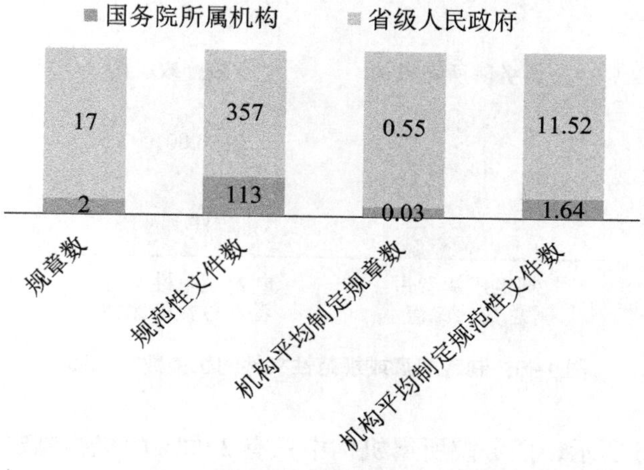

图 1-5：制定规章和规范性文件数对比图

2. 国务院所属机构制定的规章和规范性文件的数量较少。从总体上来看，一方面，国务院所属机构制定的规章和规范性文件的总数比省级人民政府少。如图 1-5 所表明的，部门规章的数量只有地方规章的 11.76%，国务院所属机构的规范性文件的数量只有省级人民政府规范性文件的 31.65%。另一方面，平均每个国务院所属机构制定的规章和规范性文件的数量也比省级人民政府少。平均每个国务院所属机构制定的规章数为 0.03，制定的规范性文件数为 1.64；平均每个省级人民政府制定的规章数为 0.55，制定的规范性文件数为 11.52。平均每个国务院所属机构制定的规章数量只有省级人民政府的 5.45%，平均每个国务院所属机构制定的规范性文件的数量只有省级人民政府的 14.24%。

3. 制定高位阶文件的国务院所属机构比较少。根据表 1-1，制定规章的国务院所属机构有 2 个，制定规范性文件的国务院所属机构有 49 个，但制定规章的省级人民政府有 17 个，制定规范性文件的省级人民政府有 31 个。

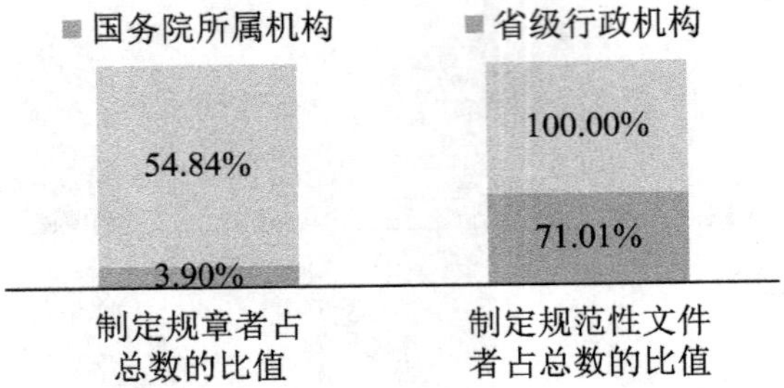

图 1–6：制定规章或规范性文件的机构数对比图

如图 1-6 所示，国务院所属机构中只有 3.90% 的机构制定了规章，有 71.01% 的机构制定了规范性文件；省级人民政府全部制定了规范性文件，并有 54.84% 的省级人民政府制定了规章。制定规章的国务院所属机构数只有省级人民政府数的 7.11%，制定规范性文件的国务院所属机构数则为省级人民政府数的 71.01%。

4. 对统计结果的分析。我们认为，不同位阶的实施文件都是对《条例》的落实，不能因为实施文件的位阶高就认定落实《条例》更为积极，也不能因为实施文件的位阶低就认定落实《条例》比较消极。虽然国务院所属机构制定规范性文件和规章的数量较少，但并不意味着实施《条例》不积极。我们的看法是，数据对比更多的是反映国务院所属机构和省级人民政府实施《条例》的表现形式有较大的差别。

地方行政机关高频率地以规范性文件和规章实施《条例》，说明中央的权威性和治理能力很强。中央政府的权威越高、治理能力越强，地方行政机关的响应度就会越高。反之，中央政府的权威不够或治理能力不强，地方行政机关的响应度就会较低。从我国 31 个省级人民政府均制定规范性文件或规章以实施《条例》来看，地方对中央的响应度足够高，映衬出中央政府的权威性和治理能力都很强。

国务院所属机构和省级人民政府在实施《条例》的方式上有所不同，可以从国务院所属机构和省级人民政府的性质差异进行分析。从性质上来看，表 1-1 中所列的国务院所属机构全部都可以列入人民政府的职能部门或法律法规授权组织，而省级人民政府属于一级人民政府。《宪法》第 90 条第 2 款规定:“各部、各委员会根据法律和国务院的行政法规、决定、命令，在本部门的权限内，发布命令、指示和规章。”根据《宪法》的这一规定，国务院各部门以及由国务院所属的法律法规授权组织是执行性的部门，主要工作是执行法律和国务院的行政法规、命令、决定。与之不同，根据《宪法》第 107 条的规定，地方各级人民政府应当依照法律规定的权限，管理本行政区域内的经济、教育、科学、文化、卫生、体育事业、城乡建设事业和财政、民政、公安、民族事务、司法行政、监察、计划生育等行政工作，发布决定和命令，任免、培训、考核和奖惩行政工作人员。地方各级人民政府是综合性的行政机关，不是专门性的行政机关，其职权比较概括。按照我国关于行政机关性质的设计，在《条例》的实施过程中，作为执行性机关的国务院所属机构更多地采用非规则类的工作落实和工作总结是符合其基本性质的。与之相比较，地方各级人民政府作为综合性的行政机关更多地采用制定规范性文件和规章的方式实施《条例》也是合乎其性质的。

四、《条例》的实施态势

（一）各年份的整体比较

由于检索时间是 2015 年 3 月，整个 2015 年的数据并不完整。因此，在各年份数据的整体比较方面，课题组并未选取 2015 年的数据，而选取了 2007 年至 2014 年各年份的数据。需要说明的是，《条例》是 2007 年 1 月 17 日制定的，因此 2007 年的数据仅限于该年 1 月 17 日至 12 月 31 日的数据。具体数据如表 1-3 所示。

表 1-3:《条例》各年度实施文件数

年份	文件总数	中央文件数	地方文件数
2007	289	18	271
2008	816	68	748
2009	400	32	368
2010	411	42	369
2011	557	61	496
2012	514	66	448
2013	522	86	436
2014	526	65	461

根据上述统计，我们对各年份的全年整体数据进行了比较，形成了图 1-7 和图 1-8。

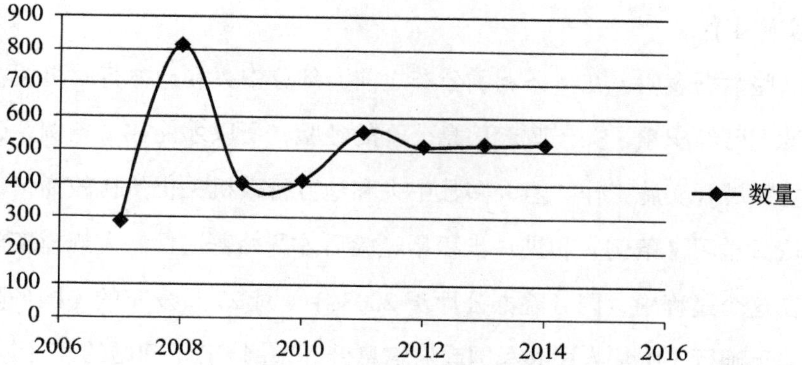

图 1-7：各年度实施数据曲线图

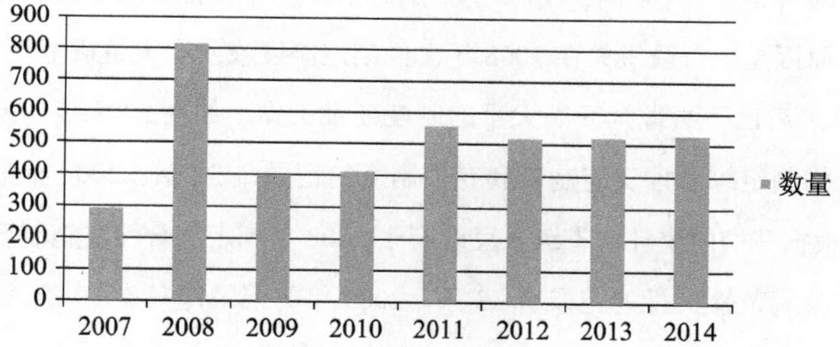

图 1-8：各年度实施数据柱状图

根据表 1-3、图 1-7 和图 1-8 所示，各行政机关实施《条例》的数值在 2008 年达到顶峰，近乎 2007 年的 3 倍。随后，数值在 2009 年大幅滑落。但此后并未继续滑落，而是逐步上升，最近三年基本保持平稳。并且，2008 年以后的每年数值都要高于 2007 年的数值。

总体上看，各行政机关在实施《条例》时仍以《条例》的实施时间为关键时间点。虽然在《条例》公布后，很多行政机关就已经开始了实施《条例》的准备工作或具体的实施工作，但其数量远远小于《条例》实施后的实施工作。

这些数据表明，在《条例》公布之前，部分中央和地方行政机关在一定程度上已经积累了关于政府信息公开的经验，所以才能在《条例》公布之后立刻展开实施工作。但大多数中央和地方行政机关仍然比较谨慎，愿意在认真学习《条例》和进一步积累经验后才开始普遍性、大规模实施工作。在这个过程中，国务院办公厅于 2008 年 4 月 29 日发布的《国务院办公厅关于施行〈中华人民共和国政府信息公开条例〉若干问题的意见》[①] 起到了进一步的推进作用。

2009 年之后，《条例》实施的数据较之 2008 年大幅下滑。造成此现象的重要原因是，行政机关在 2008 年已经制定制度或发布大量规范性文件，2009 年之后已不必继续开展大量的制度建设工作，如在 2008 年，国务院所属机构制定综合性实施制度和专项制度的记录是 32 条，2009 年则只有 7 条。根据我们的统计，省级人民政府于 2008 年制定综合性实施制度、专项制度及规范性文件的记录有 33 条，2009 年的记录却只有 10 条。因此，行政机关在 2009 年以后实施数据的大量减少是因为实施需求的减小，并非实施态度变得消极。

在上述数据和图表中，我们可以很清楚地看到 2012—2014 年的数值明显高于 2009—2011 年的数值。我们认为，这种现象除了显示各行政机关不断积累政府信息公开的经验并将这些经验转化为执法文件之外，还表明《条例》的实施状况与中央政府的推进力度存在正向相关关系。国务院办公厅在 2009—2011 年没有发布细化政府信息公开制度的规范性文件，

① 2008 年 4 月 29 日，国办发〔2008〕36 号。

在2012—2014年则相继公布了《国务院办公厅关于印发2012年政府信息公开重点工作安排的通知》[①]《国务院办公厅关于印发当前政府信息公开重点工作安排的通知》[②]和《国务院办公厅关于印发2014年政府信息公开工作要点的通知》[③]。国务院办公厅出台上述文件与同期实施文件数量上扬，是契合的。

（二）实施态势的地方作用

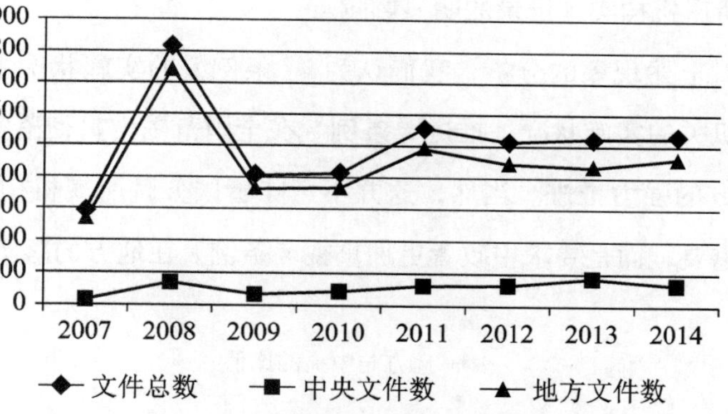

图1-9：中央和地方实施状况年度对比图

结合表1-3和图1-9，我们能清楚地看出，各年度地方行政机关实施记录折线图与实施记录总量折线图极为相近，国务院所属机构实施记录折线图则与前两者有较大的不同。具体而言，各年度《条例》实施数据的总量折线图与地方行政机关实施记录数折线图都有比较明显的起伏，数值的

---

①2012年4月28日，国办发〔2012〕26号。

②2013年7月1日，国办发〔2013〕73号。

③2014年3月17日，国办发〔2014〕12号。

谷峰、谷底比较突出，而国务院所属机构实施记录数折线图则相对平缓，数值的谷峰、谷底并不十分突出。

这种现象说明，在全国范围内，决定《条例》实施走向的是地方行政机关的实施记录。全国范围内实施数据大幅增加，是因为地方行政机关实记录的大幅增加；全国范围内的实施记录量的大幅滑坡，是因为地方行政机关实施记录的大幅滑坡；全国范围内的实施记录的相对平稳，是因为地方行政机关实施记录的平稳发展。相比较而言，全国范围内实施记录并未受国务院所属机构实施记录的明显影响。

通过对上述现象的分析，我们认为，《条例》的实施状况主要取决于地方行政机关的实施状况，推进《条例》在全国范围内贯彻落实的关键应当是各地方的强力推进。当然，这并不意味着国务院所属机构对《条例》的实施不重要，而是要求主政者更加重视《条例》在地方的落实力度。

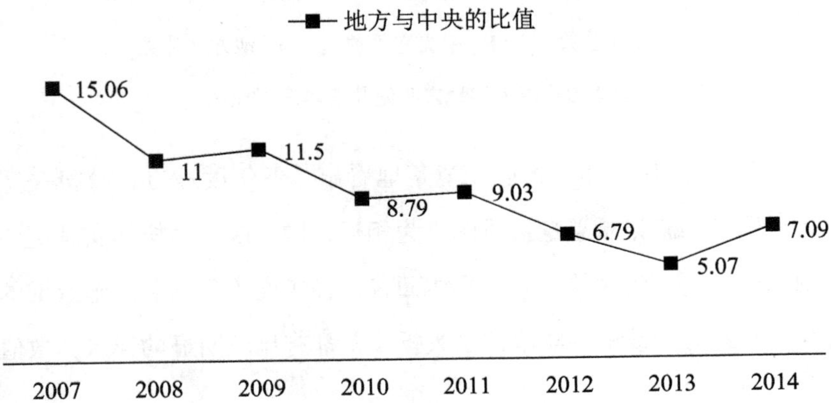

图 1–10：地方和中央实施数据的比值变化图

根据表 1-3 和图 1-10 所示，地方行政机关的实施数据量总是高于国务院所属机构的实施数据量，但两者之间的比值却是在不断变化的。总体而言，自2010年以来，地方行政机关的实施记录量与国务院所属机构的实施记录量的比值维持在5倍至9倍之间。2008年、2009年，该比值保持在11倍左右。非常特殊的是，在2007年，地方行政机关的实施数量是国务院所属机构实施数量的15倍以上，远远超过其他年度两者的比值。

深入观察地方行政机关和国务院所属机构在2007年实施《条例》的状况，便能发现巨大的比值并非偶然。在2007年全年，只有10个国务院所属机构有实施《条例》的记录。《条例》颁布后，共有69个国务院所属机构有实施《条例》的记录。在所有有实施数据的国务院所属机构中，只有14%的机构在2007年有实施记录。与之形成鲜明反差的是，2007年，全国范围内31个省级行政区划中，每一个都有实施《条例》的记录。这样的反差说明，对《条例》施行前的准备工作，地方的表现更为积极踊跃，启动更早，经验更丰富。

上述分析结果还可以从几个方面得到进一步佐证。第一，在2007年的所有记录中，国务院所属机构对《条例》的实施只有1项综合性实施制度和1项专项制度。与之相对应，地方对《条例》的实施则有9项综合性实施制度和17项专项制度。这说明，地方在设计政府信息公开制度的配套制度上更有经验，才能在《条例》尚未正式实施前就做好制度细化的准备。第二，在北大法宝V5数据库关于政府信息的数据库中，2007年之前，国务院所属机构建立政务公开制度的记录是39项，地方行政机关建立政务公开制度的记录则高达711项。从数量上来看，地方是中央的18倍以上，高于《条例》公布之后任何一年地方与中央的比值。这也说明，在《条例》公布之前，地方行政机关建立政府信息公开制度的探索和经验远远多于国务院所属机构。第三,《条例》在制定过程中大量吸收了地方的相关经验[①],为《条例》在地方的顺利实施打好了铺垫。从我国政府信息公开制度的建设历程来看,上述两点应当是国务院愿意看到的,也是国务院通过一系列的制度设计达成的。1984年,邓小平同志就指示开放信息资源。[②]1987年,党的十三大报告明确提出:"要提高领导机关的开放程度,重大事项要让人民知道,重大问题要经人民讨论。"在这种背景下,政府信息公开制度开始逐步得到推行。国务院在推行政府信息公开制度时首先选择的就是地方试点,中办、国办发布了《关于在全国乡镇政权机关全面推行政务公开制度的通知》[③]。相比较而言,国务院在全国范围内推行政府信息公开制度则是4年后的《全面推进依法行政实施纲要》[④]和5年后的《关于进一步推行政务公开的意见》[⑤]。显然,国务院在推行政府信息公开制度时首先是在地方,然后在总结经验以及实施其他立法的基础上推广到全国范围。从以上分析我们可以得知,地方行政机关在《条例》公布之前已经具有了比较丰富的建设政府信息公开制度的经验。这些实践经验支撑了地方行政机关对《条例》的顺利实施,取得了较为理想的实施状态。

---

① 时任国务院法制办公室主任曹康泰介绍,国务院制定《条例》全面总结了实践经验。参见曹康泰主编:《中华人民共和国政府信息公开条例读本(修订版)》,人民出版社2009年版,代序第3页。从我们的统计来看,这里所说的总结的实践经验应当大部分来自地方实践经验。

② 参见曹康泰主编:《中华人民共和国政府信息公开条例读本(修订版)》,人民出版社2009年版,代序第2页。

③ 2000年12月6日,中办发〔2000〕25号。

④ 2004年3月22日,国发〔2004〕10号。

⑤ 2005年3月24日,中办发〔2005〕12号。

五、各地方的实施比较

（一）各地方的实施数据及实施积极性分析

1.各地方实施的原始数据。为了考察各地方实施《条例》的情况，课题组将每一个省、自治区、直辖市实施的原始数据归类统计，形成了表1-4和图1-11。这里所说的每一个省、自治区、直辖市实施《条例》的数据包括该省所有行政机关实施《条例》的数据。

表1–4：各省、自治区、直辖市实施的原始数据总量排名

排名	省份	文件总数	排名	省份	文件总数
1	安徽	286	17	黑龙江	91
2	广西	259	18	湖南	87
3	福建	231	19	山西	85
4	上海	222	20	内蒙古	80
5	四川	202	21	新疆	78
6	辽宁	170	22	云南	74
7	江苏	156	23	青海	56
8	广东	154	24	天津	53
9	河南	146	25	北京	52
10	江西	132	26	贵州	47
11	浙江	121	27	重庆	43
12	河北	121	28	宁夏	37
13	山东	114	29	吉林	35
14	陕西	107	30	海南	35
15	甘肃	103	31	西藏	14
16	湖北	93			

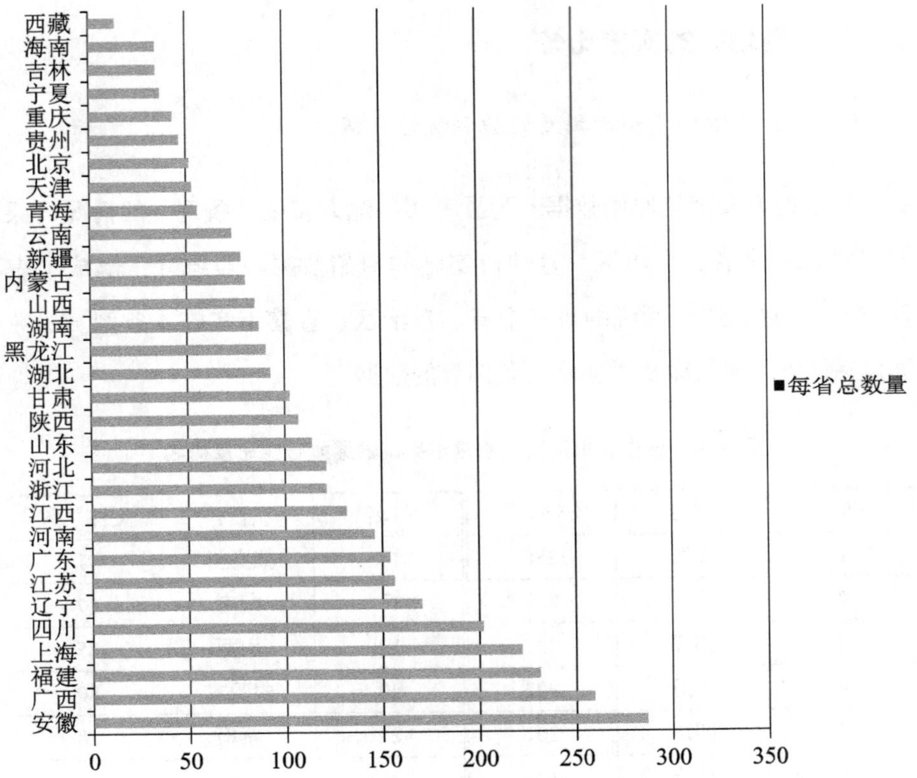

图 1–11：各省、自治区、直辖市实施的原始数据总量排名图

2. 各地方数据统计标准的不一致与数据的重新确定。

表 1-4 和图 1-11 所使用的数据是各省级行政区划内所有行政机关实施《条例》的原始数据，包括省、市、县三级人民政府及其职能部门实施《条例》的数据。但课题组发现，县一级人民政府及其职能部门实施《条例》的数据不能作为我们分析的依据。

在我们的检索结果中，只有 42 个县有实施《条例》的记录。这 42 个县分别是陵水黎族自治县、五峰土家族自治县、长白朝鲜族自治县、酉阳土家族苗族自治县、石柱土家族自治县、喀喇沁左翼蒙古族自治县、景宁畲族自治县、杜尔伯特蒙古族自治县、延庆县、阜新蒙古族自治县、新宾满族自治县、张家川回族自治县、木垒哈萨克自治县、秀山土家族苗族自治县、乐东黎族自治县、昌江黎族自治县、青龙满族自治县、孟村回族自治县、巴里坤哈萨克自治县、密云县、玉屏侗族自治县、肃北蒙古族自治县、道真仡佬族苗族自治县、焉耆回族自治县、白沙黎族自治县、大通回族土族自治县、新晃侗族自治县、金平苗族瑶族傣族自治县、岫岩满族自治县、元江哈尼族彝族傣族自治县、屏边苗族自治县、江华瑶族自治县、景东彝族自治县、漾濞彝族自治县、富川瑶族自治县、河口瑶族自治县、桓仁满族自治县、沿河土家族自治县、威宁彝族回族苗族自治县、宽甸满族自治县、清原满族自治县和镇沅彝族哈尼族拉祜族自治县。在上述42个县中，除北京市延庆县和密云县外，其他的均为自治县。按照检索结果，更多的县或县级市几乎全体缺席。这种调查结果让我们深感疑惑，我们需要查明，究竟是只有这42个县做了实施《条例》的实际工作，还是我们的检索结果本身值得商榷。为此，我们随机选取了几个县或县级市作为调查对象，包括经济发达地区的江苏省昆山市、内陆地区的安徽省凤阳县、西南地区的贵州省大方县以及西北地区的甘肃省平罗县。调查的结果是，这几个县都有实施《条例》的记录，并且还都有综合性实施制度或专项制度。比如，昆山市人民政府发布了《昆山市政府信息公开保密审查制度》等4项专项制度。[1] 凤阳县发布了《凤阳县政府信息公开工作年度报告制度（试行）》、《凤阳县政府信息依申请公开政府信息办法》等8项专

① 参见 http://www.ks.gov.cn/zwgk/lmy.jsp?itemId=5063，最后访问时间2015年7月28日。

项制度和《凤阳县县级政务（办事）公开示范点建设标准》等工作方案。[1] 大方县政府发布了《大方县人民政府信息公开暂行规定》这一综合性实施制度、《大方县政府信息社会评议制度（试行）》等4项专项制度和《大方县2012年政府信息公开重点工作安排》等工作方案和工作落实文件。[2] 平罗县政府则发布了《平罗县政务公开制度（试行）》等有关政务公开的10项制度。[3]

调查的结果表明，我们通过北大法宝V5数据库检索的结果在县这一层面上是不全面的，不足以反映县一级政府及其职能部门实施《条例》的情况，不能作为我们分析的依据。有鉴于此，课题组决定，在分析各地方实施《条例》的情况时，将分析目标缩小为省、市两级人民政府及其职能部门的实施数据。在我们检索的结果中，这两级人民政府及其职能部门实施《条例》的数据没有发生明显异常，可以作为我们分析的依据。同时，由于四个直辖市都没有下属地级市、行政公署或自治州，因此其数据没有纳入这一部分的分析对象。

表1–5：各省、自治区（不含县级以下）实施数据总量排名

省份	文件数	排名	省份	文件数	排名
安徽	286	1	湖北	92	15
广西	258	2	山西	85	16
福建	231	3	黑龙江	84	17

① 参见http://fy.czzwgk.gov.cn/opennessRules/?branch_id=53daf0554b1c371503ee2a11，最后访问时间2015年7月28日。

② 参见http://www.gzdafang.gov.cn/tmzf/zfxxgkxgzd/index.shtml，最后访问时间2015年7月28日。

③ 参见http://www.nxpl.gov.cn/info/4164/2185.htm，最后访问时间2015年7月28日。

续表

省份	文件数	排名	省份	文件数	排名
四川	202	4	湖南	81	18
辽宁	157	5	新疆	78	19
江苏	156	6	云南	63	20
广东	154	7	内蒙古	52	21
河南	146	8	青海	47	22
江西	132	9	贵州	45	23
山东	114	10	宁夏	37	24
浙江	110	11	吉林	35	25
河北	107	12	海南	27	26
陕西	107	13	西藏	14	27
甘肃	100	14			

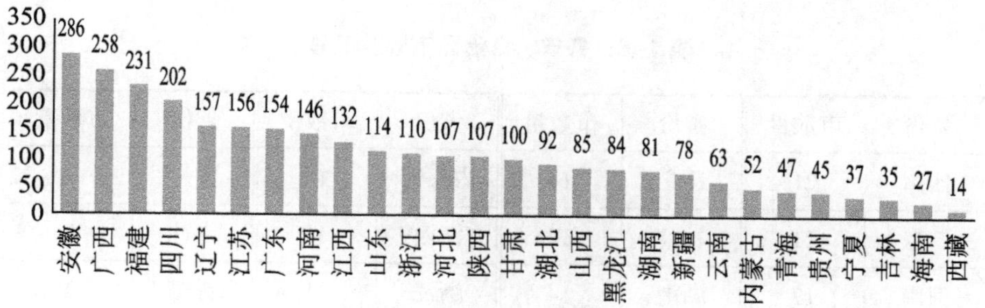

图 1-12：各省、自治区（不含县级以下）实施数据总量排名图

3. 各省、自治区（不含县级以下）实施数据的差异及影响因素分析。从表 1-5 和图 1-12 的显示情况来看，西北、西南和东北等边远地区实施数据总量比较少，实施工作有差距。实施数据总量比较多的各省、自治区，在表 1-5 和图 1-12 中未能反映出可能的原因或影响因素。实施数据总量排名前十名的省级行政区，既有广东、江苏、福建这样的沿海经济发达地区，也有安徽、河南等地处内陆的地区，还有分属东北地区和西部地区的辽宁省和四川省。在倒数十名的省级行政区中，有沿海地区的海南、内陆地区的湖南和东北地区的吉林和黑龙江。这样的反差说明我们需要寻找新的标准来判断，实施数据总量到底还受什么因素影响。

我们增选的标准是各省级行政区划中省、市人民政府总数的多寡。显然，省级行政区划中市级人民政府的数量越多，则该省实施数据量就越大。例如，广东省有 21 个市，海南省则只有 4 个市（其中还包括设立不久的三沙市）。广东省的行政机构明显多于海南省，那么广东省实施数据量比海南省实施数据量高，甚至高数倍，都是可以理解的。我们结合增选的标准制作了表 1-6、表 1-7 和图 1-13。

表 1-6：各省、自治区市数量汇总

省份	市数量	省份	市数量	省份	市数量	省份	市数量
四川	21	辽宁	14	内蒙古	12	贵州	9
广东	21	甘肃	14	江西	11	吉林	9
河南	17	湖南	14	浙江	11	青海	8
山东	17	新疆	14	河北	11	西藏	7
安徽	16	江苏	13	陕西	11	宁夏	5
云南	16	湖北	13	山西	11	海南	4
广西	14	黑龙江	13	福建	9		

表 1–7：各省、自治区市数量排名与实施数据总量排名对照表

省份	市数排名	文件数排名	省份	市数排名	文件数排名	省份	市数排名	文件数排名
四川	1	4	湖南	10	18	陕西	19	13
广东	2	7	新疆	11	19	山西	20	16
河南	3	8	江苏	12	6	福建	21	3
山东	4	10	湖北	13	15	贵州	22	23
安徽	5	1	黑龙江	14	17	吉林	23	25
云南	6	20	内蒙古	15	21	青海	24	22
广西	7	2	江西	16	9	西藏	25	27
辽宁	8	5	浙江	17	11	宁夏	26	24
甘肃	9	14	河北	18	12	海南	27	26

从表 1-7 中可以看出，有 6 个市数量排名前十位的省级行政区，实施数据总量也排在前十位；在市数量排名第 11 位至第 20 位的 10 个省级行政区中，有 7 个实施数据总量同样排在第 11 位第至 20 位；在市数量排名最后七位的 7 个省级行政区，则全部排在实施数据总量排名的最后七位。这样的统计数据表明，各省级行政区的市数量与该省级行政区的实施数据总量有很大的正向相关关系。一个省级行政区的市越多，该省的行政机关的总量也会越多，该省的实施数据总量也越有可能较多。反之亦然。

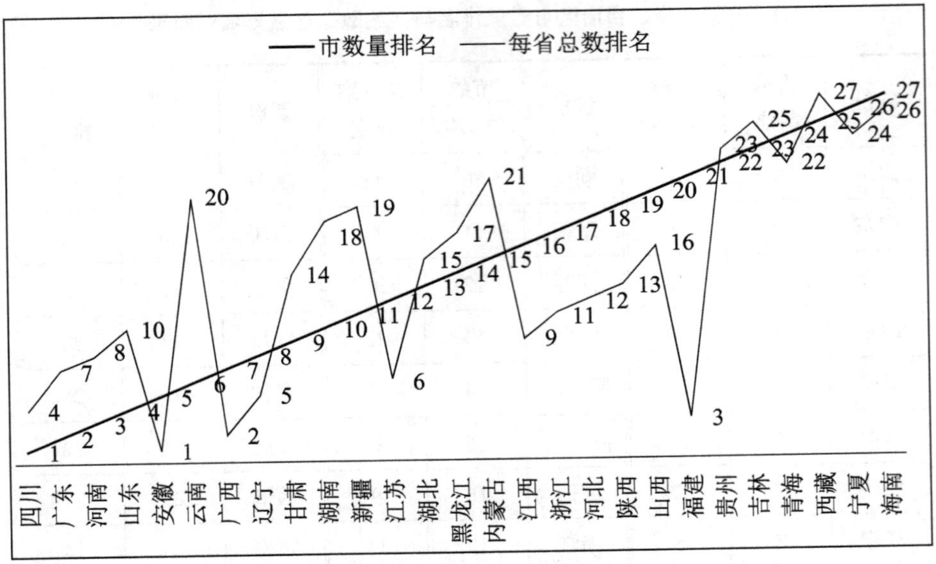

图 1–13：各省、自治区市数量排名与实施数据总量排名对照图

通过图 1-13，我们能更清楚地认识上述结论。在图 1-13 中，斜线表各省市数量的排名，不规则折线表示各省级行政区实施数据总量的排名。不规则折线与斜线距离越近，表示该省级行政区的市数量与实施数据总量的排名越接近，反之表示两种排名之间的差异越大。从图 1-13 来看，不规则折线偏离斜线较大、较突出的，主要是云南、湖南、福建三省和新疆维吾尔自治区。这表明，各省级行政区的市数量与它的实施数据总量有很大的正向相关关系这一结论是可靠的。

并且，从图 1-13 来看，各省级行政区的市数量越小，该结论的正确性越高。在 27 个省、自治区中，市数量排在最后七位的省、自治区的实施数据总量同样排在最后七位，图 1-13 中斜线与不规则折线之间的差距最小。在市数量排在后 12 位的省、自治区中，也只有福建省比较突出地不能适用我们的结论。因此，我们可以说，各省级行政区的市数量与它的实施数据总量有很大的正向相关关系这一结论，越是在市数量偏少的情况下正确性越高。

综上，就《条例》在地方的实施而言，省、自治区的市越多，该省、自治区的实施机关越多，该省、自治区的实施数据总量就越大；市越少，则实施机关越少，实施数据总量就越小。

4. 各省、自治区实施的积极性排名。前文分析表明，省、自治区的市数量与它的实施数据总量紧密相关。但是，上述结论不能直接反映各省、自治区、直辖市的实施积极性，因为某省、自治区实施数据总量并不能直接代表实施的积极性。我们认为，将各省、自治区实施数据总量除以该省及其市级人民政府数所得到的平均数，可以反映实施积极性。为此，我们制作了表 1-8 和图 1-14。

表 1–8：省级行政区（不含县级以下）实施积极性排名

省份	加权后数	排名	省份	加权后数	排名	省份	加权后数	排名
福建	23.1	1	陕西	8.92	10	湖南	5.4	19
广西	17.2	2	河南	8.11	11	海南	5.4	20
安徽	16.82	3	山西	7.08	12	青海	5.22	21
江苏	11.14	4	广东	7	13	新疆	5.2	22
江西	11	5	甘肃	6.67	14	贵州	4.5	23
辽宁	10.47	6	湖北	6.57	15	内蒙古	4	24
四川	9.18	7	山东	6.33	16	云南	3.71	25
浙江	9.17	8	宁夏	6.17	17	吉林	3.5	26
河北	8.92	9	黑龙江	6	18	西藏	1.75	27

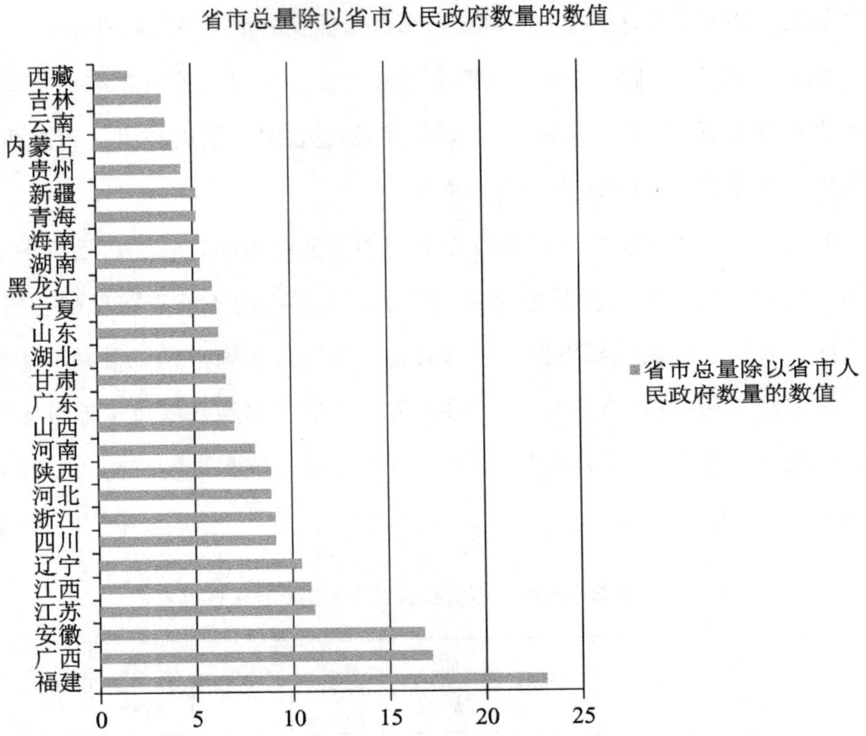

图 1–14：省级行政区（不含县级以下）实施积极性比较图

从表 1-8 和图 1-14 来看，各省、自治区的实施积极性并没有明显的规律，并没有与某种确定的指标形成正向或反向的相关关系。在各省、自治区实施数据总量除以该省、自治区及市人民政府数量所得数值的前十位中，既有福建、江苏这样的东部沿海省份，也有安徽、江西这样的中部省份，还有辽宁这样的东北省份、四川这样的西南省份、陕西这样的西部省份。这样的排序与各省、自治区在我国版图上所处的位置没有直接的关联。唯一有一些联系的是，表 1-8 和图 1-14 中的后八位省份均可算作边疆省份，并且前十位的省份中没有一个属于边疆省份。这也意味着，边疆省份在实施上需要进一步加强工作的积极性。

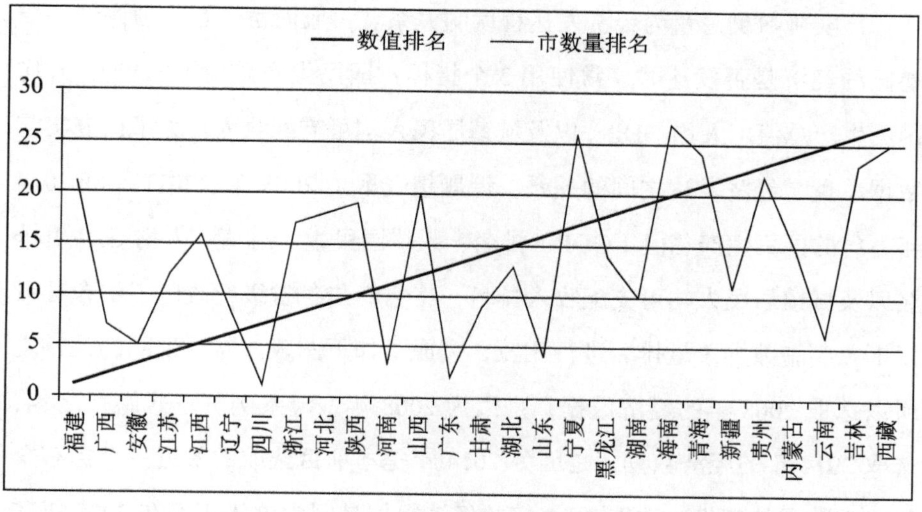

图 1-15：省级行政区（不含县级以下）市数排名与积极性排名对比图

图 1-15 表明，省级行政区的实施积极性与它的市数量之间，没有耦合关系，不能形成正向或反向的相关关系。在图 1-15 中，斜线表示各省级行政区实施数据总量除以它的市人民政府数量的数值排名，不规则折线表示各级行政区的市数量排名。不规则折线与斜线越靠近或相似度越高，说明两种排名之间的关系越密切，反之说明两种排名之间的关系越不明显。从图 1-15 来看，不规则折线与斜线之间的相似度太低，根本不足以在两种排名之间形成正向或反向的相关关系。

综上，我国各省、自治区的实施积极性并非由它的市数量决定。

（二）地方实施状况与经济发达程度分析

“仓廪实而知礼节”，经济比较发达的地区常在法治建设上被寄予更高的期望。为此，课题组特作专门研究。

1. 实施数据总量与经济发达程度的关系。一般而言，在我国评判一个地区的经济是否发达时，常使用 3 个指标：国民生产总值（GDP）、人均国民生产总值（人均 GDP）以及城镇居民人均可支配收入。为了探究实施数据总量与经济发达之间的关系，课题组选取了 2008 年、2011 年和 2014 年各省的国民生产总值（GDP）排名、人均国民生产总值（人均 GDP）排名以及城镇居民人均可支配收入排名，将它们与各省级行政区（不含县级以下）实施数据总量排名进行比较，完成了如下图表。需要说明的是，之所以选取 2008 年的经济数据，是因为 2008 年系《条例》正式施行之年，选取 2014 年的经济数据，是因为 2014 年是本项目选取的最近一个拥有全年完整数据的年份。选取 2011 年的经济数据是因为该年正好在 2008 年和 2014 年的中间，选取该年份的数据有助于反映经济数据的流畅性。

表 1–9：省级行政区（不含县级以下）实施数据总量排名与三年 GDP 总量排名对照表[①]

省份	省市总量排名	GDP 排名			省份	省市总量排名	GDP 排名		
		2008	2011	2014			2008	2011	2014
安徽	1	12	12	12	湖北	15	9	10	9
广西	2	15	15	16	山西	16	18	18	20
福建	3	11	11	11	黑龙江	17	16	16	17

① 图中经济数据引自“全国各省市 2008 年 GDP 排行”，载 http://www.tjcn.org/sjjy/201105/19812.html，最后访问时间 2015 年 8 月 17 日；“2011 年全国各省市人均 GDP 数据出炉”，载 http://www.ce.cn/macro/more/201202/09/t20120209_23057805.shtml，最后访问时间 2015 年 8 月 17 日；“2014 年全国各省 GDP 排名一览表”，载 http://www.askci.com/finance/2015/01/28/175945km54.shtml，最后访问时间 2015 年 8 月 17 日。

续表

省份	省市总量排名	GDP 排名			省份	省市总量排名	GDP 排名		
		2008	2011	2014			2008	2011	2014
四川	4	8	8	8	湖南	18	10	9	10
辽宁	5	7	7	7	新疆	19	21	21	21
江苏	6	3	2	2	云南	20	20	20	19
广东	7	1	1	1	内蒙古	21	14	13	13
河南	8	5	5	5	青海	22	26	26	26
江西	9	18	17	15	贵州	23	22	22	22
山东	10	2	3	3	宁夏	24	25	25	25
浙江	11	4	4	4	吉林	25	19	19	18
河北	12	6	6	6	海南	26	24	24	24
陕西	13	17	14	14	西藏	27	27	27	27
甘肃	14	23	23	23					

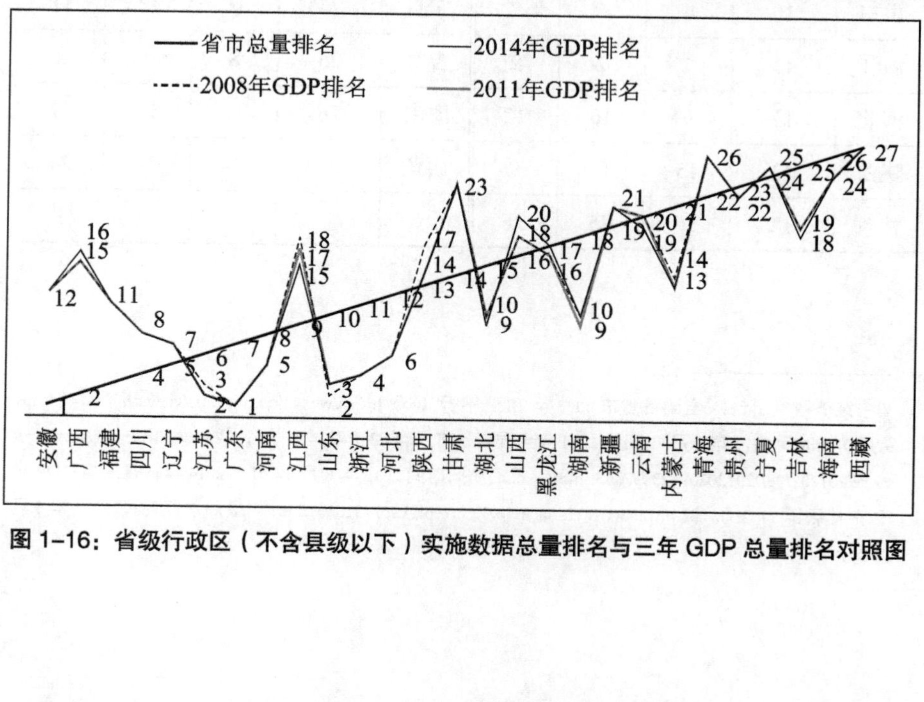

图 1-16：省级行政区（不含县级以下）实施数据总量排名与三年 GDP 总量排名对照图

表 1–10：省级行政区（不含县级以下）实施数据总量排名与三年人均 GDP 排名对照表[①]

省份	省市总量排名	人均 GDP 排名			省份	省市总量排名	人均 GDP 排名		
		2008	2011	2014			2008	2011	2014
安徽	1	23	22	22	湖北	15	13	9	10
广西	2	21	23	23	山西	16	11	14	18
福建	3	7	7	6	黑龙江	17	10	12	13
四川	4	20	20	20	湖南	18	17	15	15
辽宁	5	6	4	4	新疆	19	12	16	14
江苏	6	2	1	1	云南	20	25	26	25
广东	7	3	5	5	内蒙古	21	5	3	3
河南	8	14	17	19	青海	22	18	18	16
江西	9	22	21	21	贵州	23	27	27	17
山东	10	4	6	7	宁夏	24	16	13	11
浙江	11	1	2	2	吉林	25	8	8	8
河北	12	9	10	12	海南	26	19	19	17
陕西	13	15	11	9	西藏	27	24	24	24
甘肃	14	26	25	26					

① 图中经济数据引自："全国各省市 2008 年 GDP 排行"，载 http://www.tjcn.org/plus/view.php?aid=19813，最后访问时间 2015 年 8 月 19 日；"2011 年全国各省市人均 GDP 数据出炉"，载 http://www.ce.cn/macro/more/201202/09/t20120209_23057805.shtml，最后访问时间 2015 年 8 月 17 日；"2014 年各省人均 GDP 排序 吉林居第 11 位"，载 http://www.chinacity.org.cn/csph/csph/218209.html，最后访问时间 2015 年 8 月 19 日。

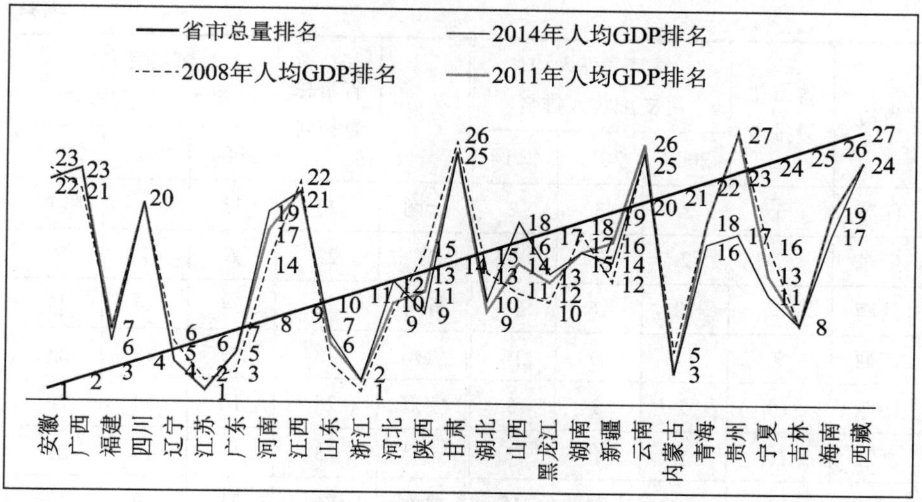

图 1-17：省级行政区（不含县级以下）实施数据总量排名与三年人均 GDP 排名对照图

表 1-11：省级行政区（不含县级以下）实施数据总量排名与三年城镇居民人均可支配收入排名对照表①

省份	省市总量排名	城镇居民人均可支配收入排名			省份	省市总量排名	城镇居民人均可支配收入排名		
		2008	2011	2014			2008	2011	2014
安徽	1	15	10	10	湖北	15	13	12	9
广西	2	8	8	11	山西	16	19	17	19
福建	3	4	4	4	黑龙江	17	25	24	22
四川	4	20	18	14	湖南	18	9	9	8
辽宁	5	7	6	6	新疆	19	26	26	25

① 图中经济数据引自："2006—2011 年各省（市、区）城镇居民人均可支配收入排序（元）"，载 http://www.nbs-sosn.cn/index.aspx?menuid=3&type=articleinfo&lanmuid=13&infoid=588&language=cn，最后访问时间 2015 年 8 月 21 日；"2014 年 31 省份人均收入排行公布（表）"，载 http://news.xinhuanet.com/politics/2015-02/28/c_127526301.htm，最后访问时间 2015 年 8 月 21 日。

续表

省份	省市总量排名	城镇居民人均可支配收入排名			省份	省市总量排名	城镇居民人均可支配收入排名		
		2008	2011	2014			2008	2011	2014
江苏	6	3	3	2	云南	20	11	11	17
广东	7	2	2	3	内蒙古	21	6	7	7
河南	8	12	16	13	青海	22	24	24	24
江西	9	17	21	16	贵州	23	23	23	23
山东	10	5	5	5	宁夏	24	16	20	20
浙江	11	1	1	1	吉林	25	18	19	21
河北	12	10	14	18	海南	26	21	13	12
陕西	13	14	15	15	西藏	27	22	23	26
甘肃	14	27	27	27					

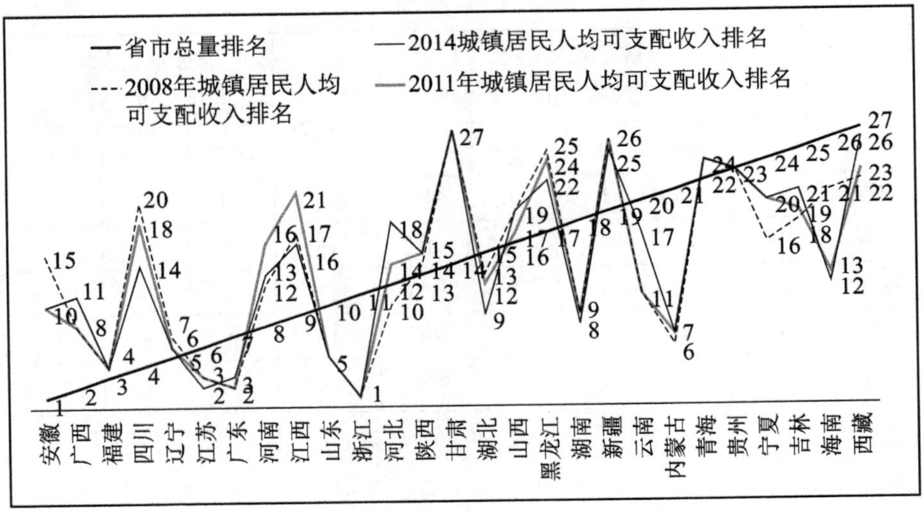

图 1-18：省级行政区（不含县级以下）实施数据总量排名与三年城镇居民人均可支配收入排名对照图

对照图 1-16、图 1-17 和图 1-18，我们发现：图 1-16 中，细实、细虚和粗灰不规则折线与粗实斜线之间的偏差相对较小；图 1-18 中细实、细虚和粗灰不规则折线与粗实斜线之间的偏差大一些；图 1-17 中细实、细虚和粗灰不规则折线与粗实斜线之间的偏差更大。图 1-16、图 1-17 和图 1-18 所反映的情况表明，省、自治区实施数据总量排名与该省、自治区 GDP 总量排名之间存在着较为明显的正向相关关系，与该省、自治区城镇居民人均可支配收入排名之间的正向相关关系不明显，而与该省、自治区人均 GDP 总量排名之间基本没有正向相关关系。

结合表 1-9、表 1-10 和表 1-11，上述结论能更清晰地反映出来。在表 1-9 中，实施数据总量排名的前 13 个省、自治区中，有广西壮族自治区、江西和陕西 3 个省份的 GDP 总量排名没有进入前 13 名（2008 年、2011 年、2014 年三年皆是如此）；在实施数据总量排名的后 14 个省、自治区中，2008 年有湖北、湖南 2 个省，2011 年和 2014 年有湖北、湖南和内蒙古自治区 3 个省份的 GDP 总量排名不在后 14 名之列。如果用比例进行计算的话，在实施数据总量排名前 13 名的省、自治区中，有 76.9% 的省份位于 GDP 总量排名前 13 名之列；在实施数据总量排名后 14 名的省、自治区中，有 81.0% 的省份位于 GDP 总量排名后 14 名之列。接近或超过 80% 的比例说明，实施数据总量排名与 GDP 总量排名之间有明显的正向相关关系。

在表 1-11 中，实施数据总量排名的前 13 个省、自治区中，2014 年有四川、江西、河北和陕西 4 个省，2008 年有安徽、四川、江西和陕西 4 个省，2011 年有四川、河南、江西、河北和陕西 5 个省的城镇居民人民可支配收入排名没有进入前 13 名；在实施数据总量排名的后 14 个省、自治区中，2008 年有湖北、湖南、云南和内蒙古自治区 4 个省份，2011 年有湖北、湖南、云南、海南和内蒙古自治区5个省份，2014年有湖北、湖南、海南和内蒙古自治区4个省份的城镇居民人民可支配收入排名不在后14名之列。如果用比例进行计算的话，在实施数据总量排名前13位的省、自治区中，有69.2%的省份位于城镇居民人均可支配收入排名前13名之列；在实施数据总量排名后14名的省、自治区中，有69.0%的省份位于城镇居民人均可支配收入排名后14名之列。这样的比例很难说明，实施数据总量排名与城镇居民人均可支配收入排名之间有明显的正向相关关系。

根据表1-10所示，在实施数据总量排名前13名的省、自治区中，2008年有安徽、四川、河南、江西、陕西和广西壮族自治区6个省份，2011年和2014年有安徽、四川、河南、江西和广西壮族自治区5个省份的人均GDP排名没有进入前13名；在实施数据总量排名后14名的省、自治区中，2008年有湖北、山西、黑龙江、吉林、新疆维吾尔自治区和内蒙古自治区6个省份，2011年有湖北、黑龙江、吉林、内蒙古自治区和宁夏回族自治区5个省份，2014年有湖北、黑龙江、吉林、宁夏回族自治区和内蒙古自治区5个省份人均GDP不在后14名之列。如果用比例进行计算的话，实施数据总量排名前13名的省、自治区中，平均有59.0%的省份位于人均GDP排名前13名，实施数据总量排名后14名的省、自治区中，平均有61.9%的省份位于人均GDP排名后14名之列。这样的比例说明，实施数据总量排名与人均GDP排名之间没有正向相关关系。

综上，省、自治区实施数据总量排名与它的GDP总量排名之间存在着较为明显的正向相关关系，与它的城镇居民人均可支配收入排名之间的正向相关关系不明显，而与它的人均GDP总量排名之间基本没有正向相关关系。经济发达不是依靠GDP总量一个指标就能判断的。我们认为，不能确定经济越发达实施数据总量越大，只能判断GDP总量越大的省、自治区实施数据总量就越高，即在GDP总量较大的省、自治区，《条例》有较为普遍的实施。

2. 实施积极性与经济发达程度关系。为了进一步研究经济发达程度与《条例》实施之间的关系，我们分析了实施积极性与经济发达程度之间的关系，制作了表1-12、表1-13、表1-14和图1-19、图1-20以及图1-21。

表1-12：实施积极性排名与三年GDP总量排名对照表

省份	数值排名	GDP排名			省份	数值排名	GDP排名		
		2008	2011	2014			2008	2011	2014
福建	1	11	11	11	湖北	15	9	10	9
广西	2	15	15	16	山东	16	2	3	3
安徽	3	12	12	12	宁夏	17	25	25	25
江苏	4	3	2	2	黑龙江	18	13	16	17
江西	5	18	17	15	湖南	19	10	9	10
辽宁	6	7	7	7	海南	20	24	24	24
四川	7	8	8	8	青海	21	26	26	26
浙江	8	4	4	4	新疆	22	21	21	21
河北	9	6	6	6	贵州	23	22	22	22
陕西	10	17	14	14	内蒙古	24	14	13	13
河南	11	5	5	5	云南	25	20	20	19
山西	12	16	18	20	吉林	26	19	19	18
广东	13	1	1	1	西藏	27	27	27	27
甘肃	14	23	23	23					

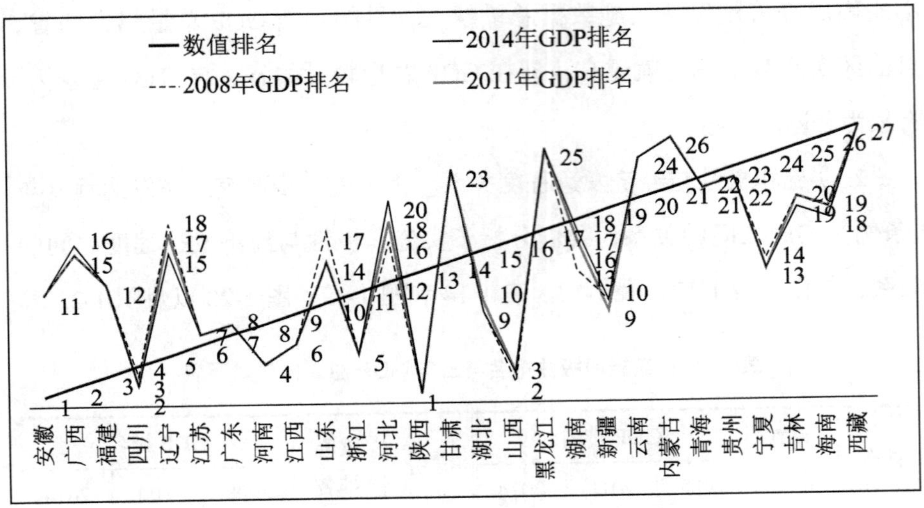

图 1-19：实施积极性排名与三年 GDP 总量排名对照图

表 1-13：实施积极性排名与三年人均 GDP 排名对照表

省份	数值排名	人均 GDP 排名			省份	数值排名	人均 GDP 排名		
		2008	2011	2014			2008	2011	2014
福建	1	7	7	6	湖北	15	13	9	10
广西	2	21	23	23	山东	16	4	6	7
安徽	3	23	22	22	宁夏	17	16	13	11
江苏	4	2	1	1	黑龙江	18	10	12	13
江西	5	22	21	21	湖南	19	17	15	15
辽宁	6	6	4	4	海南	20	19	19	17
四川	7	20	20	20	青海	21	18	18	16
浙江	8	1	2	2	新疆	22	12	16	14

续表

省份	数值排名	人均 GDP 排名			省份	数值排名	人均 GDP 排名		
		2008	2011	2014			2008	2011	2014
河北	9	9	10	12	贵州	23	27	27	17
陕西	10	15	11	9	内蒙古	24	5	3	3
河南	11	14	17	19	云南	25	25	26	25
山西	12	11	14	18	吉林	26	8	8	8
广东	13	3	5	5	西藏	27	24	24	24
甘肃	14	26	25	26					

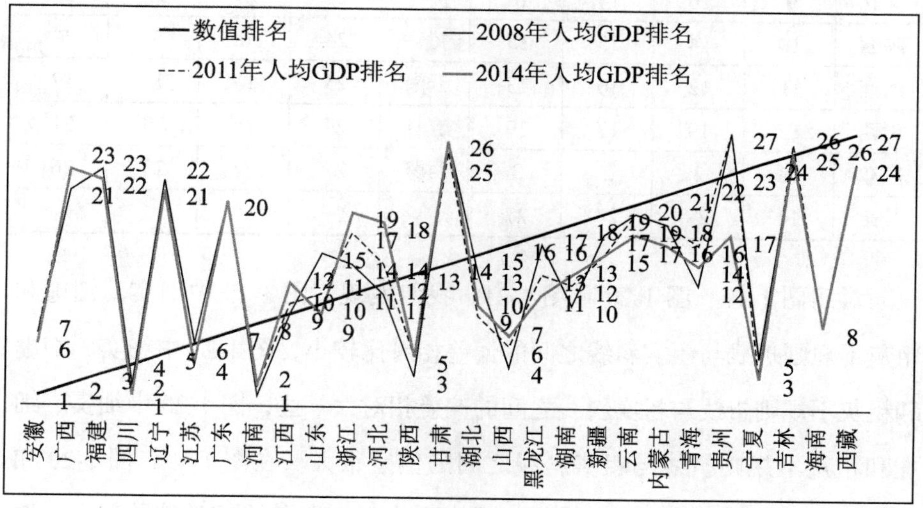

图 1–20：实施积极性排名与三年人均 GDP 排名对照图

表 1-14：实施积极性排名与三年城镇居民人均可支配收入排名对照表

省份	数值排名	城镇居民人民可支配收入排名			省份	数值排名	城镇居民人民可支配收入排名		
		2008	2011	2014			2008	2011	2014
福建	1	4	4	4	湖北	15	13	12	9
广西	2	8	8	11	山东	16	5	5	5
安徽	3	15	10	10	宁夏	17	16	20	20
江苏	4	3	3	2	黑龙江	18	25	24	22
江西	5	17	21	16	湖南	19	9	9	8
辽宁	6	7	6	6	海南	20	21	13	12
四川	7	20	18	14	青海	21	24	25	24
浙江	8	1	1	1	新疆	22	26	26	25
河北	9	10	14	18	贵州	23	23	22	23
陕西	10	14	15	15	内蒙古	24	6	7	7
河南	11	12	16	13	云南	25	11	11	17
山西	12	19	17	19	吉林	26	18	19	21
广东	13	2	2	3	西藏	27	22	23	26
甘肃	14	27	27	27					

对照图 1-19、图 1-20 和图 1-21，我们发现，图 1-19 中细实、细虚和粗灰不规则折线与粗实斜线之间的偏差相对比较小，图 1-21 中细实、细虚和粗灰不规则折线与粗实斜线之间的偏差相对大一些，图 1-20 中细实、细虚和粗灰不规则折线与粗实斜线之间的偏差很大。在图 1-19、图 1-20 和图 1-21 中，细实、细虚和粗灰不规则折线与粗实斜线之间的偏差越小，说明所比较的两项指标之间的正向相关关系越明显，反之说明所比较的两项指标之间的正向相关关系越不明显。图 1-19、图 1-20 和图 1-21 所反映的情况表明，省、自治区实施积极性排名与该省、自治区 GDP 总量排名之

间具有一定的正向相关关系，与该省、自治区城镇居民人均可支配收入排名之间的正向相关关系明显程度差一些，而与该省、自治区人均 GDP 总量排名之间没有正向相关关系。

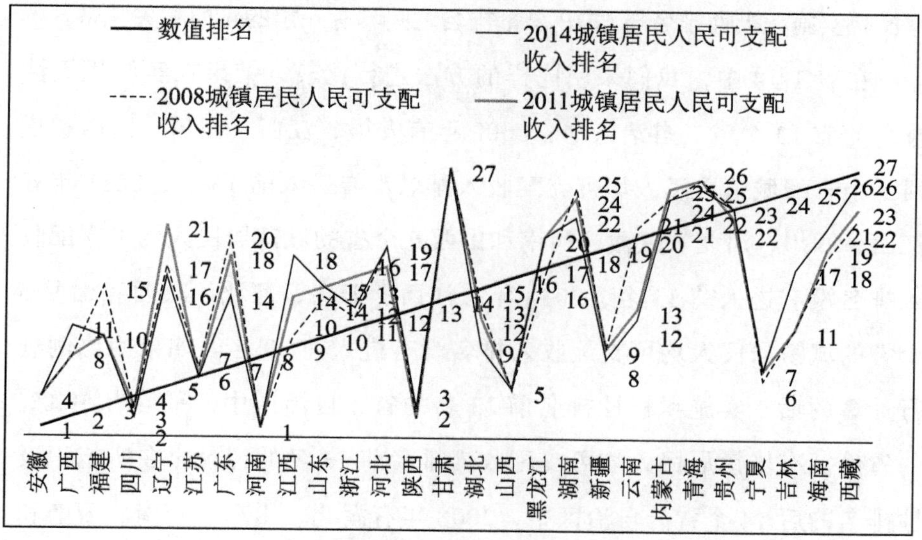

图 1-21：实施积极性排名与三年城镇居民人均可支配收入排名对照图

结合表 1-12、表 1-13 和表 1-14，上述结论能更清晰地反映出来。如果我们将表 1-12 中的 27 个省、自治区分为前 13 个和后 14 个两个部分，则在实施积极性排名前 13 名的省、自治区中，有广西壮族自治区、江西、陕西和山西 4 个省份的 GDP 总量排名没有进入前 13 名（2008 年、2011 年、2014 年三年均是如此）；在实施积极性排名的后 14 个省、自治区中，2008 年、2011 年和 2014 年均有 4 个省、自治区的 GDP 总量排名不在后 14 名之列，其中，2008 年是湖北、山东、黑龙江和湖南 4 个省，2011 年和 2014 年是湖北、山东、湖南和内蒙古自治区 4 个省份。如果用比例进行计算的话，在实施积极性排名前13名的省、自治区中，有69.2%的省份拥有GDP总量排名前13名的记录；在实施积极性排名后14名的省、自治区中，71.4%的省份位于GDP总量排名后14名之列。70%的比例能够反映实施积极性排名与GDP总量排名之间具有一定的正向相关关系。

在表1-14中，我们采用同样的方法进行比较，结果在实施积极性排名的前13个省、自治区中，2008年有安徽、江西、四川、山西和陕西5个省的城镇居民人均可支配收入排名没有进入前13名，2011年有江西、四川、河北、陕西、河南和山西6个省的城镇居民人均可支配收入排名没有进入前13名，2014年有江西、四川、河北、陕西和山西5个省的城镇居民人均可支配收入排名没有进前13名。如果用比例进行计算的话，实施积极性排名前13名的省、自治区中，平均有59.0%的省份拥有城镇居民人均可支配收入排名前13名的记录。在实施积极性排名的后14个省、自治区中，2008年有湖北、山东、湖南、云南和内蒙古自治区5个省份，2011年有湖北、山东、湖南、海南、云南和内蒙古自治区6个省份，2014年有湖北、山东、湖南、海南和内蒙古自治区5个省份的城镇居民人均可支配收入排名不在后14名之列。如果用比例进行计算的话，实施积极性排名后14名的省、自治区中，平均有66.7%的省份位于城镇居民人均可支配收入排名后14名之列。从数据来看，两项比值均有下滑，这说明实施积极性排名与城镇居民人均可支配收入排名之间的正向相关关系不如实施积极性排名与GDP总量排名之间的正向相关关系那么明显。更重要的是，在表1-12中，实施积极性排名的变化与GDP总量排名的变化更加同步，只有甘肃省的这两项数据对比比较突兀。在表1-14中，实施积极性排名的变化与城镇居民人均可支配收入排名的变化缺少足够的同步关系，数据对比突兀的情况更多，除甘肃省外，湖北、湖南、内蒙古自治区和海南4个省、自治区的两项数据都给人强烈的反差印象。因此，我们认为，不能肯定实施积极性排名与城镇居民人均可支配收入排名之间存在正向相关关系。

在表1-13中，在实施积极性排名的前13个省、自治区中，2008年有广西、安徽、江西、四川、河南和陕西6个省，2011年有广西、安徽、江西、四川、河南和山西6个省，2014年有广西、安徽、江西、四川、河南和山西6个省的人均GDP排名没有进入前13名。在实施积极性排名的后14个省、自治区中，2008年有湖北、山东、黑龙江、吉林、新疆维吾尔自治区和内蒙古自治区6个省份，2011年和2014年均有湖北、山东、吉林、黑龙江、宁夏回族自治区和内蒙古自治区6个省份的人均GDP排名不在后14名之列。如果用比例进行计算的话，实施积极性排名前13名的省、自治区中，53.8%的省份拥有人均GDP排名前18名的记录；实施积极性排名后14名的省、自治区中，57.1%的省份人均GDP排名位于后14名之列。50%多一点的比例说明，实施积极性排名和人均GDP排名之间几乎没有明显的正向相关关系。

综上，我们认为，各省、自治区对《条例》的实施积极性排名与GDP总量排名之间具有一定的正向相关关系，实施积极性排名与人均GDP排名之间几乎没有正向相关关系，不能肯定实施积极性排名与城镇居民人均可支配收入排名之间存在正向相关关系。

表1-13和图1-20没有说明实施数据总量排名与人均GDP排名之间的正向相关关系。但是，与表1-9至表1-12以及表1-14、图1-16至图1-19以及图1-21相比，却反映了一种反向的趋势。我们看到，在表1-13和图

1-20中，人均GDP排名靠后的省、自治区排在实施数据总量排名前列的情况很多；在实施数据总量排名前10名的省、自治区中，有4个省份的人均GDP排在20名及20名以外；在实施数据总量排名前14名的省、自治区中，有7个省份的人均GDP排在前13名之外。这两项的比例分别是40%和50%。这是一个惊人的数据，也是在表1-9、表1-10、表1-11、表1-12以及表1-14中没有出现过的数据。这说明，我国人均GDP不够多的地区，实施《条例》的积极性却非常强烈，甚至形成了规模化的趋势。

总之，经济越发达则法律规范的实施规模越大、实施积极性越强的结论无法在《条例》的实施过程中得到确认。目前，我们只能确认，GDP规模越大的省份，实施《条例》的数据总量越多，很多人均GDP不够多的非经济发达省份却有着较强的实施《条例》的积极性，其积极性甚至超过了很多人均GDP较高的省份。

我们得出的结论可能与我们的研究对象有关。不同的法律规范在各地区的实施情况很可能不同。在经济发达的地区，与经济有关的法律规范可能得到更大规模的实施。《条例》作为一个与经济活动并无直接、强烈联系的法律规范，则可能有不同的实施状况。同一法律规范的不同实施形式，也可能有不同的实施结果。在经济发达的地区，《条例》在依申请公开以及司法中的实施可能更为频繁，而对行政机关的实施则无法得出相同的结论。因此，我们通过对数据的分析认为，不能确认经济越发达则法律规范的实施规模越大、实施积极性越强的结论在行政机关实施《条例》的过程中有明显的表现。

（三）地方实施状况与需求关系

1.《条例》实施与需求的总体规律。对政府信息的需求量，间接的取决于经济发展程度，但最直接的却取决于人口数。我国地理学家胡焕庸于1935年提出了划分我国人口密度的对比线，即胡焕庸线，或称“黑河—腾冲一线”。该线首次揭示了我国人口分布规律，在新中国成立后被全国人口普查证实[①]。2014年4月11日晚间，腾讯QQ同时在线用户图再次印证了胡焕庸线[②]，说明该线在今天仍然有效。

胡焕庸线从黑龙江省黑河到云南省腾冲，大致为倾斜45度基本直线，线东南方36%的国土居住着96%的人口，线西北方64%的国土居住着4%的人口。根据胡焕庸线的划分，内蒙古自治区大部、陕西省小部、甘肃省大部、宁夏回族自治区、青海省、新疆维吾尔自治区、四川省小部和西藏自治区在该线的西北方。从以省份为单位进行计算的角度出发，我们把胡焕庸线西北方的省份界定为内蒙古自治区、甘肃省、宁夏回族自治区、青海省、新疆维吾尔自治区和西藏自治区这6个省份，其他省、自治区和直辖市的数据则界定为线东南方的数据。胡焕庸线西北方6个省、自治区的实施数据总量是328条，同时间段全国27个省、自治区（我国台湾地区的数据未计入）的实施数据总量是3000条；西北方省份实施数据量占比10.93%，东南方省份实施数据量占比89.07%。我们选取的数据排除了胡焕庸线西南方四个直辖市的数据。这四个直辖市的实际数据都不低，尤其是

---

①参见葛美玲、封志明：“基于GIS中国2000年人口之分布格局研究——兼与胡焕庸1935年之研究对比”，《人口研究》2008年第1期。

②参见“2亿QQ用户在线亮出‘胡焕庸线’”，载《深圳晚报》2014年4月18日，第B09版。

上海的总数据高达222条。因此，胡焕庸线西北方省份实施数据量的占比应该更低，东南方省份实施数据量占比应能超过90%。基于上述统计，我们认为，胡焕庸线基本能反映我国地方行政机关实施数据分布的规律。

地方行政机关的实施数据量主要集中在胡焕庸线的东南方向。在胡焕庸线的西北方向，地方行政机关实施数据量很少。这说明，我国地方行政机关实施数据量的分布与我国人口密度的分布即需求有密不可分的关系，在人口密度较大的胡焕庸线东南方地区主导着地方实施数据总量；在人口密度较小的胡焕庸线西北方地区，地方行政机关实施数据量很少。

2. 地方实施记录的法律位阶、内容类型与需求的关系。按照对行政机关实施数据的分类，我们分别统计了胡焕庸线西北方和东南方行政机关制定的规章、规范性文件和非规则类记录的数量，同时统计了胡焕庸线西北方和东南方行政机关制定的综合性实施制度、专项制度、工作方案和工作落实的数量，制作了如下图表。

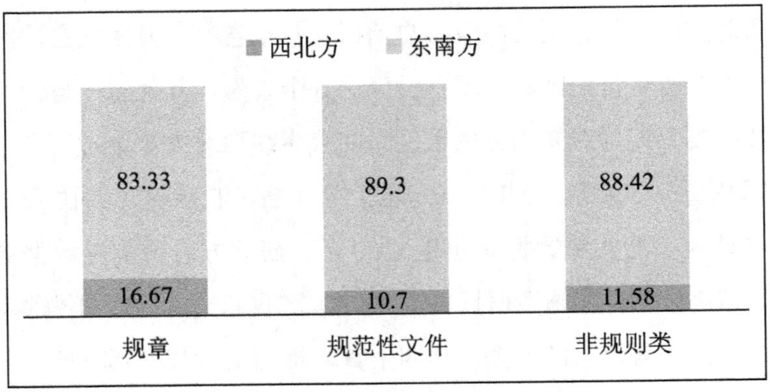

图1-22：胡焕庸线西北方与东南方不同位阶实施记录比例图

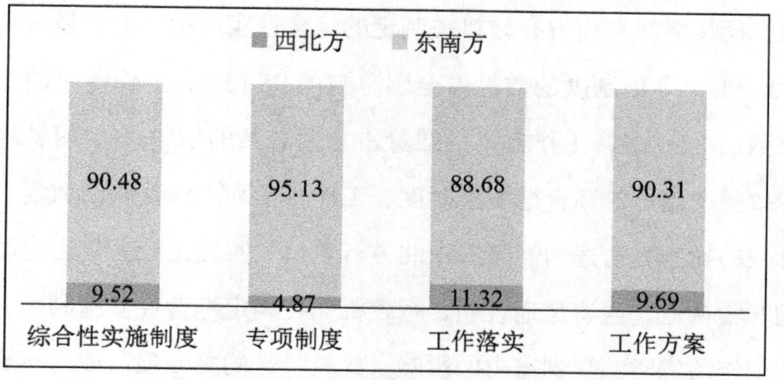

图 1-23：胡焕庸线西北方与东南方内容类型实施记录比例图

如图 1-22 所示，胡焕庸线西北方行政机关所制定规章的数量占全国总数的 16.67%，规范性文件的数量占全国总数的 10.7%，非规则类实施记录的数量占全国总数的 11.58%。与之相对应，胡焕庸线东南方行政机关所制定规章的数量占全国总数的 83.33%，规范性文件的数量占全国总数的 89.3%，非规则类实施记录的数量占全国总数的 88.42%。在制定规章方面，胡焕庸线西北方行政机关占全国总数的比例与前述胡焕庸线西北方行政机关实施记录总量占全国总数的比例有一定的差距，相差了 6 个百分点；在制定规范性文件和非规则类实施记录方面，则与胡焕庸线西北方行政机关实施记录总量占全国总数的比例极为接近。这说明，行政机关在选择何种位阶的实施形式时同样受到实施需求的深刻影响，并且较低位阶的实施形式受到的影响更为明显。

如图 1-23 所示，胡焕庸线西北方行政机关制定的综合性实施制度的数量占全国总数的 9.52%，专项制度的数量占全国总数的 4.87%，工作落实的数量占全国总数的 11.32%，工作方案的数量占全国总数的 9.69%。与之相对应，胡焕庸线东南方行政机关制定的综合性实施制度的数量占全国总数的90.48%，专项制度的数量占全国总数的95.13%，工作落实的数量占全国总数的88.68%，工作方案的数量占全国总数的90.31%。胡焕庸线西北方行政机关制定的综合性实施制度、工作方案和工作落实的数量占各项全国总数的比例与前述胡焕庸线西北方行政机关实施记录总量占全国总数的比例非常接近。这清楚地说明，行政机关在确定综合性实施制度、工作方案和工作落实时，受到需求的影响。比较特殊的是专项制度。胡焕庸线西北方行政机关制定的专项制度的数量占全国总数的比例与胡焕庸线西北方行政机关实施记录总量占全国总数的比例相比，其数值只有一半不到。从胡焕庸线本身具有的含义来说，这种较大的差距反而更能说明需求对专项制度数据量的影响。胡焕庸线西北方专项制度的数量占全国总数的比例与胡焕庸线西北方人口数量占全国总数的比例是最接近的。同时，胡焕庸线强调的是我国西北地区人口数量少这一规律。数值偏小更能证明我们对胡焕庸线的借鉴是有价值的。

以上分析说明，就地方行政机关实施《条例》的数据量来看，无论以法律位阶还是以内容类型作为考察方向，胡焕庸线都基本有效。在胡焕庸线西北方人口密度较低的地区实施的活跃度较低，胡焕庸线东南方人口密度较大的地区实施的活跃度较高。政府信息的需求度对地方行政机关实施数据量有着重大的影响。前述分析还表明，政府信息需求与实施数据量之间的正向相关关系在制度建设层面，尤其在专项制度层面，效果更明显。

3. 胡焕庸线对地方行政机关实施数量分布规律的解释。胡焕庸线是气候变化的产物，不是人力强行造成的结果。人口密度可以说明对政府信息的需求大小。根据这一原理，地方行政机关实施数据的分布规律不是由地方行政机关的主观因素决定的，往往是由需求决定的，地方行政机关的实施积极性与实施数据分布的不一致能证明这一点。

六、省级行政区的实施积极性分析

（一）省一级的实施有赖于省级职能部门的积极性

在这部分，我们分析省级人民政府及其职能部门的实施状况。

表 1-15：省级总文数与省级职能部门文数对比表

省份	总文数	部门文数	总数排名	部门文数排名	省份	总文数	部门文数	总数排名	部门文数排名
上海	122	99	1	1	河南	26	17	16	14
安徽	85	49	2	3	浙江	25	18	18	13
天津	51	34	3	2	湖南	24	9	19	20
广西	48	7	4	21	宁夏	24	7	19	21
四川	47	27	5	6	山东	21	10	21	18
江苏	46	28	6	4	云南	21	6	21	24
重庆	45	23	7	8	北京	19	6	23	24
河北	42	28	8	4	青海	18	3	24	28
福建	37	17	9	14	吉林	18	10	24	18
陕西	34	21	10	9	江西	17	6	26	24
黑龙江	33	20	11	11	新疆	16	7	27	21
广东	32	21	12	9	海南	15	2	28	30
湖北	32	24	12	7	山西	14	6	29	24
辽宁	32	12	12	17	西藏	11	1	30	31

续表

省份	总文数	部门文数	总数排名	部门文数排名	省份	总文数	部门文数	总数排名	部门文数排名
甘肃	29	20	15	11	贵州	10	3	31	28
内蒙古	26	14	16	16					

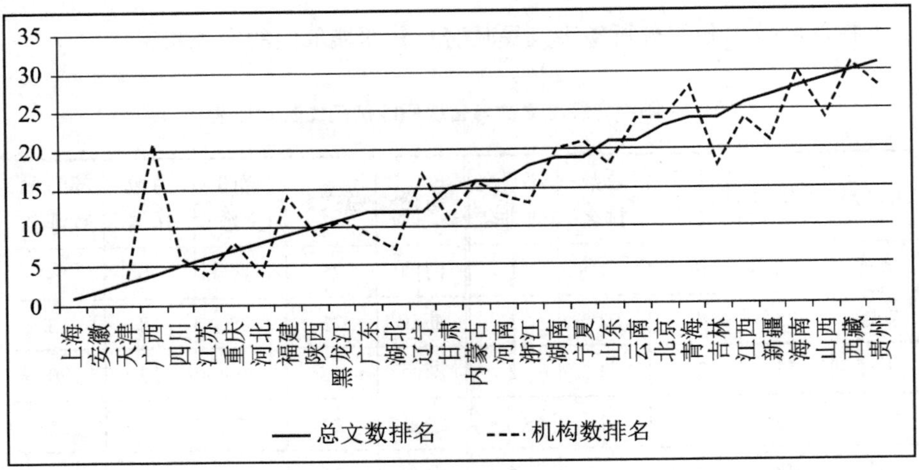

图 1-24：省级总文数与省级职能部门文数排名对比图

表 1-16：省级总文数与省级人民政府文数对比表

省份	总文数	政府文数	总数排名	政府文数排名	省份	总文数	政府文数	总数排名	政府文数排名
上海	122	23	1	3	河南	26	9	16	25
安徽	85	36	2	2	浙江	25	7	18	30
天津	51	17	3	11	湖南	24	15	19	13
广西	48	41	4	1	宁夏	24	17	19	11
四川	47	20	5	6	山东	21	11	21	21

续表

省份	总文数	政府文数	总数排名	政府文数排名	省份	总文数	政府文数	总数排名	政府文数排名
江苏	46	18	6	10	云南	21	15	21	13
重庆	45	22	7	5	北京	19	13	23	17
河北	42	14	8	16	青海	18	15	24	13
福建	37	20	9	6	吉林	18	8	24	27
陕西	34	23	10	3	江西	17	11	26	21
黑龙江	33	13	11	17	新疆	16	9	27	25
广东	32	11	12	21	海南	15	13	28	17
湖北	32	8	12	27	山西	14	8	29	27
辽宁	32	20	12	6	西藏	11	10	30	24
甘肃	29	19	15	9	贵州	10	7	31	30
内蒙古	26	12	16	20					

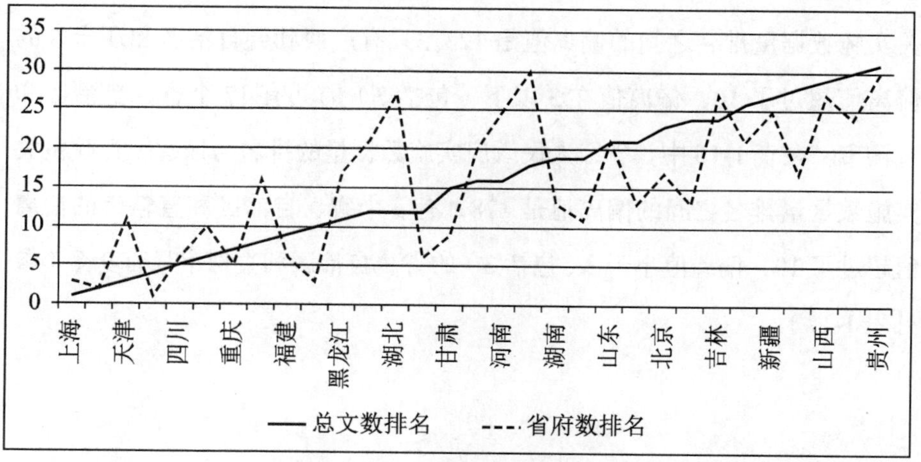

图 1-25：省级总文数与省级人民政府文数排名对比图

在图 1-24 和图 1-25 中，斜线代表各省级行政机关实施数据量的排名，不规则折线分别代表该省省级职能部门实施数据量排名和该省省级人民政府实施数据量排名。不规则折线与斜线的偏离幅度越小，表明两者的趋同程度越强，说明各省级行政机关实施数据总量排名受到不规则折线代表的数值的影响越大，反之，说明各省级行政机关实施数据量排名受到不规则折线所代表数值的影响越小。

图 1-24 和图 1-25 显示，代表省级人民政府实施数据量排名的不规则折线与代表省级行政机关实施数据量排名的斜线之间的偏离幅度较大，代表省级职能部门实施数据量排名的不规则折线与代表省级行政机关实施数据量排名的斜线之间的偏离幅度相对较小。这说明，对省级行政机关实施数据量排名来说，该省省级职能部门的实施数据量排名有着更为重要的影响。

我们针对表 1-15 和表 1-16 作进一步的数据统计，发现上述结论是能够成立的。在表 1-15 中，省级职能部门实施数据量的排名与该省级行政机关实施数据量排名之间的偏离值是 123，只有广西壮族自治区和辽宁省的偏离值超过了 10，偏离值在 3 以下（包括 3）的共有 17 个省、自治区和直辖市。在表 1-16 中，省级人民政府实施数据量的排名与该省级行政机关实施数据量排名之间的偏离值是 178，有 5 个省、自治区和直辖市的偏离值超过了 10，偏离值小于 3（包括 3）的省、自治区和直辖市只有 9 个（参见表 1-17）。

表 1–17：表 1–15 和表 1–16 数据对照表

指标	表 1-15 所示数据	表 1-16 所示数据
偏离值总数	94	177
偏离值超过 10 的省、自治区和直辖市	1	3
偏离值小于或等于 3 的省、自治区和直辖市	20	11

从表 1-17 显示的数据对比来看，省级职能部门实施数据量排名和省级行政机关实施数据量排名之间的差距明显较小，超过半数的省、自治区和直辖市在省级职能部门实施数据量排名与省级行政机关实施数据量排名基本一致，两项数值有明显偏差的情况只有两例。根据这些数据，我们可以说，对于省级行政机关实施数据量排名来说，该省省级职能部门实施数据量排名的确有着更为重要的影响。

上述数据分析结论可以展现的问题是,《条例》在省一级的实施上，更多地依赖省级职能部门的实施积极性。省级职能部门的实施数据量越多,《条例》在该省省一级的实施数量也相应的越多。基于各省省级职能部门的数量基本相同，我们可以说，省一级实施《条例》的情况较大程度上取决于省级职能部门实施《条例》的积极性，而不取决于省级人民政府实施《条例》的积极性。进一步而言，对省级人民政府实施《条例》来说，自身的积极性固然重要，但更重要的应当是积极促使所属职能部门提高实施《条例》的积极性。

从制度的层面上来看，这意味着《条例》的实施与《宪法》第 107、

108条和《地方各级人民代表大会和地方各级人民政府组织法》[①]第59条的落实重点之间的关联。《宪法》第107条规定，县级以上地方各级人民政府依照法律规定的权限，管理本行政区域内的经济、教育、科学、文化、卫生、体育事业、城乡建设事业和财政、民政、公安、民族事务、司法行政、监察、计划生育等行政工作，发布决定和命令，任免、培训、考核和奖惩行政工作人员。第108条规定，县级以上的地方各级人民政府领导所属各工作部门和下级人民政府的工作。在这两条中，第108条侧重于县级以上人民政府采取措施领导所属各工作部门实施法律规范，第107条则没有这样的倾向，可以理解为既包含县级以上人民政府亲自实施法律规范，也包含县级以上人民政府通过发布决定和命令等方式领导所属工作部门实施法律规范。从我们对《条例》实施数据的分析来看，在法律规范的实施过程中，更需要突出的是将《宪法》第107条和第108条结合起来后的实施，即更需要省级人民政府突出领导所属工作部门实施法律规范的职能。

相同的情况出现在我们对《地方各级人民代表大会和地方各级人民政府组织法》第59条的分析上。根据该条的规定，县级以上地方各级人民政府行使的职权既包括执行本级人民代表大会及其常务委员会的决议，以及上级国家行政机关的决定和命令，规定行政措施，发布决定和命令；也包括领导所属各工作部门和下级人民政府的工作。结合上述对《条例》实施数据的分析，我们同样认为在法律规范的实施中，省级人民政府在注重

① 1979年7月1日全国人大通过，1982年12月10全国人大常委会第一次修正，1986年12月2日全国人大常委会第二次修正，1995年2月28日全国人大常委会第三次修正，2004年10月27日全国人大常委会第四次修正。

自身执行法律规范的同时，更需要注意对《地方各级人民代表大会和地方各级人民政府组织法》第59条第2项，即领导所属工作部门工作的职责加以切实履行。

（二）较大的市实施《条例》更为积极和稳定

1. 较大的市实施《条例》总体上更为积极。课题组对《条例》在市一级的实施进行了数据统计，以实施数据大于或等于10条为标准进行排序。

表1–18：实施数据量不少于10条的城市实施情况简表

序号	城市	总量	综合	专项	方案	总结	落实	规章	规范性文件	非规则类
1	福州	81	1	3	43	0	34	0	47	34
2	南宁	71	2	2	45	1	19	0	51	20
3	鞍山	45	0	2	20	0	23	0	22	23
4	河池	31	1	3	22	1	4	0	26	5
5	宁波	30	2	5	15	0	15	2	15	15
6	合肥	30	0	5	15	0	10	0	20	10
7	南昌	28	2	5	8	0	13	0	15	13
8	淮南	28	0	1	18	0	9	0	19	9
9	萍乡	27	1	0	16	3	7	0	17	10
10	铜陵	27	1	2	18	0	6	0	21	6
11	漳州	24	0	1	17	0	6	0	18	6
12	阿坝	23	1	6	14	1	1	0	21	2
13	广州	22	0	0	15	1	6	0	15	7

续表

序号	城市	总量	综合	专项	方案	总结	落实	规章	规范性文件	非规则类
14	兰州	21	1	0	13	0	7	0	14	7
15	滁州	21	0	3	8	0	10	0	11	10
16	六安	21	0	2	14	0	5	0	16	5
17	龙岩	21	0	2	13	0	6	0	15	6
18	成都	21	2	5	12	0	1	1	19	1
19	杭州	20	3	4	5	0	6	2	12	6
20	襄阳	19	0	3	8	0	8	0	11	8
21	钦州	19	0	1	18	0	1	0	19	0
22	厦门	19	1	2	13	0	3	0	16	3
23	石家庄	19	0	8	7	0	4	0	15	4
24	徐州	18	0	6	8	0	4	0	14	4
25	沈阳	18	1	13	1	2	1	0	15	3
26	宝鸡	18	0	0	12	1	5	0	12	6
27	张家界	17	1	0	8	0	8	0	9	8
28	玉林	17	0	3	11	1	2	0	14	3
29	宁德	17	0	1	8	0	8	0	9	8
30	青岛	16	0	2	11	0	3	0	13	3
31	北海	16	0	2	13	0	1	0	15	1
32	邯郸	16	3	1	5	0	7	1	8	7
33	赣州	15	1	2	7	0	5	0	10	5
34	洛阳	15	1	0	10	1	3	0	11	4

续表

序号	城市	总量	综合	专项	方案	总结	落实	规章	规范性文件	非规则类
35	莆田	15	0	4	8	0	3	0	12	3
36	白银	14	0	1	10	0	3	0	11	3
37	吐鲁番	14	0	0	8	1	5	0	8	6
38	黑河	14	0	0	11	0	3	0	11	3
39	太原	14	0	1	11	0	2	0	12	2
40	济南	13	0	0	9	1	3	0	9	4
41	株洲	13	0	0	8	0	5	0	8	5
42	开封	13	1	0	8	0	4	0	9	4
43	镇江	13	0	0	10	0	3	0	10	3
44	蚌埠	13	0	1	8	0	4	0	9	4
45	西安	13	1	4	3	0	5	0	8	5
46	南阳	12	0	1	9	0	2	0	10	2
47	南京	12	0	1	11	0	0	0	12	0
48	无锡	12	0	1	6	0	5	0	7	5
49	温州	12	0	3	3	0	6	0	6	6
50	大连	12	0	1	8	0	3	0	9	3
51	宿州	12	0	0	9	0	3	0	9	3
52	贵阳	12	1	2	6	0	2	1	9	2
53	商洛	12	2	0	8	0	2	0	10	2
54	淄博	11	0	3	5	0	3	0	8	3
55	威海	11	0	2	3	0	6	0	5	6

续表

序号	城市	总量	综合	专项	方案	总结	落实	规章	规范性文件	非规则类
56	郑州	11	0	4	2	1	4	0	6	5
57	来宾	11	0	0	11	0	0	0	11	0
58	盐城	11	0	1	4	0	6	0	5	6
59	淮安	11	0	0	5	0	6	0	5	6
60	巴彦淖尔	11	0	1	8	0	2	0	9	2
61	黄山	11	0	0	8	0	3	0	8	3
62	泸州	11	0	0	6	0	5	0	6	5
63	内江	11	0	0	8	0	3	0	8	3
64	达州	11	1	3	5	0	2	0	9	2
65	巴中	11	2	0	8	1	0	0	10	1
66	咸阳	11	1	2	6	1	1	0	9	2
67	衡水	11	0	0	4	2	5	0	4	7
68	朔州	11	0	1	6	0	4	0	7	4
69	鹰潭	10	0	1	4	1	4	0	5	5
70	吉安	10	0	1	5	0	4	0	6	4
71	惠州	10	1	3	6	0	0	0	10	0
72	贵港	10	1	0	5	1	3	0	6	4
73	百色	10	0	0	8	0	2	0	8	2
74	绍兴	10	0	5	5	0	0	0	5	0
75	沧州	10	0	2	4	0	4	0	6	4

续表

序号	城市	总量	综合	专项	方案	总结	落实	规章	规范性文件	非规则类
76	吕梁	10	0	5	3	0	2	0	8	2

表 1–19：实施数据量不少于 10 条的城市实施数据排名表

排名 城市	总量	方案	落实	规范	非规	排名 城市	总量	方案	落实	规范	非规
福州	1	2	1	2	1	白银	35	27	43	31	46
南宁	2	1	3	1	3	吐鲁番	35	33	24	54	17
鞍山	3	4	2	4	2	黑河	35	21	43	31	46
河池	4	3	33	3	27	太原	35	21	57	26	59
宁波	5	10	4	15	4	济南	39	30	43	43	36
合肥	5	10	6	7	6	株洲	39	33	24	54	27
南昌	7	33	5	15	5	开封	39	33	33	43	36
淮南	7	5	8	8	9	镇江	39	27	43	37	46
萍乡	9	9	12	12	6	蚌埠	39	33	33	43	36
铜陵	9	5	15	5	17	西安	39	71	24	54	27
漳州	11	8	15	11	17	南阳	45	30	57	37	59
阿坝	12	13	66	5	59	南京	45	21	72	26	72
广州	13	10	15	15	13	无锡	45	51	24	63	27
兰州	14	14	12	22	13	温州	45	71	15	65	17
滁州	14	33	6	31	6	大连	45	33	43	43	46
六安	14	13	24	13	27	宿州	45	30	43	43	46

续表

排名 城市	总量	方案	落实	规范	非规	排名 城市	总量	方案	落实	规范	非规
龙岩	14	14	15	15	17	贵阳	45	53	57	43	59
成都	14	19	66	8	69	商洛	45	33	57	37	59
杭州	19	59	15	26	17	淄博	53	59	43	54	46
襄阳	20	33	9	31	10	威海	53	71	15	71	17
钦州	20	5	66	8	72	郑州	53	75	33	65	46
厦门	20	14	43	13	46	来宾	53	21	72	31	72
石家庄	20	51	33	15	36	盐城	53	67	15	71	17
徐州	24	33	33	22	36	淮安	53	59	15	71	17
沈阳	24	76	66	15	46	巴彦淖尔	53	33	57	43	59
宝鸡	24	19	24	26	17	黄山	53	33	43	54	46
张家界	27	33	9	43	10	泸州	53	53	24	65	27
玉林	27	21	57	22	46	内江	53	33	43	54	46
宁德	27	33	9	43	10	达州	53	59	57	43	59
青岛	30	21	43	25	46	巴中	53	33	72	37	69
北海	30	14	66	15	69	咸阳	53	53	66	43	59
邯郸	30	59	12	54	69	衡水	53	67	24	76	13
赣州	33	51	24	37	27	朔州	53	53	33	63	36
洛阳	33	27	43	31	36	鹰潭	68	67	33	71	27

注：1. 由于所选取城市中制定综合性实施制度、专项制度和工作总结的数量不多，无须全部排名，因而数据排名表中没有综合性实施制度、专项制度和工作总结这三项。

2. 方案系工作方案，落实系工作落实，规范系规范性文件，非规系非规则类文件。

截止到 2015 年 6 月，我国共有 334 个地级行政区划单位（以下将地级行政区划单位简称为地级市），包括 291 个地级市、10 个地区、30 个自治州和 3 个盟，其中有 49 个属于较大的市。较大的市占所有地级市的比例是 14.7%。

表 1-18 和表 1-19 的数据却与上述比例有较大的差距。在实施数据量前十名的地级市中，福州市、南宁市、鞍山市、宁波市、合肥市、南昌市以及淮南市都属于较大的市。这就意味着，在实施数据量前十名的地级市中，有 70% 是较大的市。（参见图 1-26）。在表 1-18 所列举的所有 76 个地级市中，除了前述 7 个较大的市以外，还有广州市、兰州市、成都市、杭州市、厦门市、石家庄市、沈阳市、徐州市、青岛市、洛阳市、太原市、济南市、西安市、南京市、无锡市、大连市、贵阳市、淄博市、郑州市和邯郸市等 20 个较大的市。这就意味着，在全部实施数据量不少于 10 条的 76 个地级市中，有 27 个是较大的市，所占比例为 35.53%（参见图 1-27）。

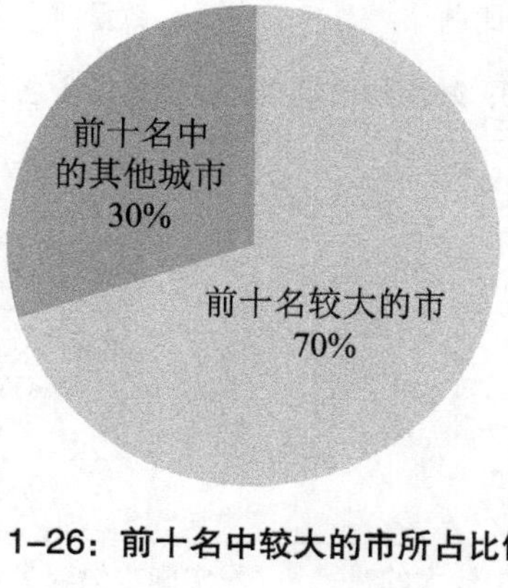

图 1-26：前十名中较大的市所占比例

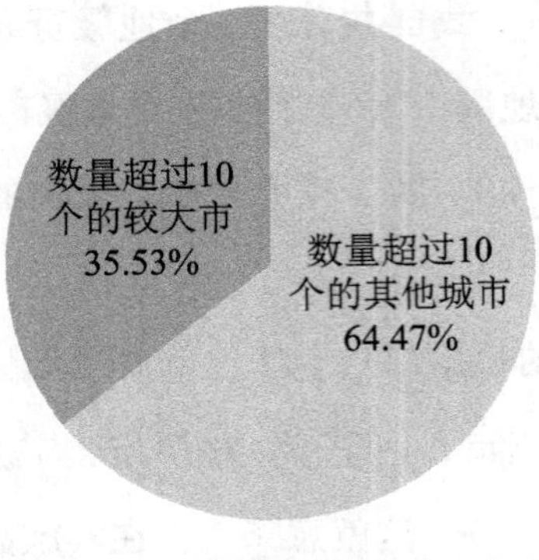

图 1-27：实施数据量不少于 10 条的市

我们根据上文整理的数据制作了图 1-28 和图 1-29。

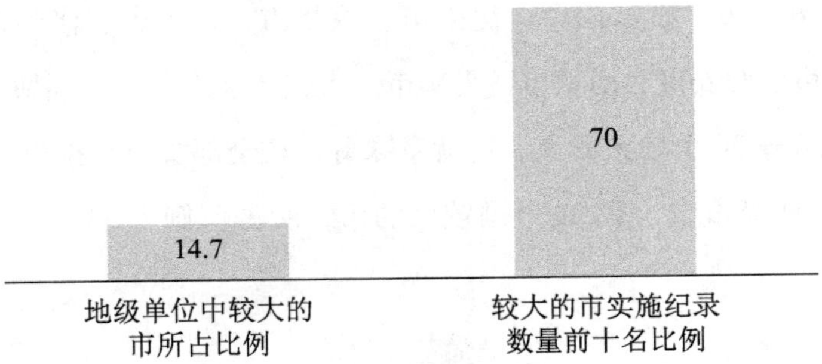

图 1-28：较大的市及实施数据量前十名占比图

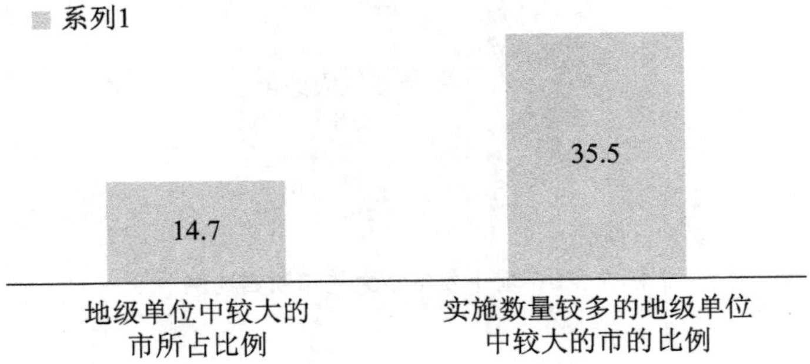

图 1-29：较大的市及实施数据量占比图

从图 1-29 来看，较大的市在实施数据量不少于 10 条的地级市中的比例明显高于较大的市占地级市的比例，前者的比例接近后者的两倍半。类似且更突出的表现在图 1-28 中。在图 1-28 中，较大的市占实施记录数据量前十名的地级市的比例几乎是较大的市占地级市比例的 5 倍。

所有地级市的行政机关的总数量都是基本相当的。我们整理的数据表现出的巨大反差说明，在所有的地级市中，较大的市作为一个整体相比较其他地级市而言，无疑拥有更积极的态度，也确实更多地在实施《条例》。

2. 较大的市在各类内容中均表现得更为积极。在课题组收集的实施数据类型中，工作总结部分存在较大的不足。比如，按照课题组根据数据库检索的结果，显示福州市人民政府没有作出过工作总结。但实际上，福州市人民政府自 2008 年以来每年都作出过工作总结。[①] 因此，根据检索的结果对各城市的工作总结情况进行分析就没有价值了。课题组只能以综合性实施制度、专项制度、工作方案和工作落实作为标准进行分析。

表 1-20：较大的市和其他地级市制度数据对比表

类别	有制度的较大市	有制度的其他地级市
数量	25	39
占自己比例	92.6%	79.6%
占总比	32.9%	51.3%

通过表 1-20，我们看到，在 76 个地级市中，一共有 64 个制定了综合

① 参见 http://jxj.fuzhou.gov.cn/zfxxgk/bmxsq/bmxx/bmxx01/ndbg/zfjgzbm/rmzf/，最后访问时间 2015 年 10 月 12 日。

性制度或专项制度。其中，有 25 个是较大的市，占总共 76 个地级市数量的 32.9%；有 39 个是其他地级市，占总共 76 个地级市的 51.3%。从制定了制度的较大的市（或其他地级市）占各自总数的比例来看，在 76 个地级市的 27 个较大的市中，有 25 个制定了制度，占比 92.6%；在 76 个地级市的其他 59 个地级市中，有 39 个制定了制度，占比 79.6%。通过数据对比，我们发现，76 个地级市总体上都比较愿意通过制度建设实施《条例》，但较大的市在比例上明显更胜一筹，较大的市比其他地级市更愿意通过建设制度实施《条例》。

表 1-21：较大的市工作方案和工作落实名次占比表

类型	较大的市名次总数占比（单位：%）	排名前列占比（单位：%）
工作方案	32.19	58.33
工作落实	30.42	63.63

在表 1-21 中，第 2 列的“较大的市名次总数占比”，是将 27 个较大的市所占名次相加的总和除以所有 76 个市所占名次相加的总和。这是为了将较大的市作为一个整体进行考察，从而比较清楚地了解较大的市作为一个整体在 76 个市中所处的位置。第 3 列的“排名前列占比”，是将排名前 10 名左右的较大的市的数量除以排名前列的市的数量。其中，“排名前列”是以前十名为基准进行选取的结果。由于在工作方案和工作落实数据排名中存在并列的情况，不能选取前十名，只能在工作方案数据中选取前 12 名，在工作落实数据中选取前 11 名，因此命名为“排名前列占比”，而不是“前十名占比”。

结合表 1-19 和表 1-21，可以看出，从总的比值来看，较大的市在工作方案数、工作落实文件数这两个标准上均有亮眼的表现，且这两项数值非常接近。以工作方案数量的多寡进行排名后，较大的市的名次相加除以所有 76 个城市的名次总和之后的比值是 32.19%，排名前 12 名的城市中有 7 个是较大的市。以工作落实文件数量的多寡进行排名后，较大的市的名次相加除以所有 76 个城市的名次总和之后的比值是 30.42%，排名前 11 名的城市中有 7 个是较大的市。

如果较大的市和其他地级市有着同样的积极性，那么在 76 个城市中，较大的市的各项名次加总都应当是全部地级市名次总和的 35.5%，排名前列的城市中较大的市所占比例也会是 35.5%。表 1-21 所显示的数据则表现出较大的市和其他地级市对《条例》的实施有着不同的积极性。在制定工作方案和工作落实文件中，较大的市的名次加总占全部地级市名次总和的比例均小于 35.53%，说明较大的市总体而言排名靠前，即较大的市更加积极。在排名前列占比中，较大的市所占的比例均远远大于 35.53%，说明较大的市在实施积极性上占据明显的优势。总之，较大的市在工作方案和工作落实文件上均比其他地级市更为积极。

总的来说，与其他地级市相比，较大的市在实施《条例》方面更加积极，不论是综合性实施制度、专项制度，还是工作方案、工作落实文件方面，都是如此。

3. 较大的市在不同位阶的文件上均有更为积极的表现。课题组设置的法律位阶包括规章、规范性文件和非规则类。在《立法法》修改之前，只有较大的市人民政府拥有制定规章的权力，其他地级市不能制定规章。这样，我们就不能从规章角度进行比较，而只能以是否制定规范性文件和非规则类文件进行比较。

表 1-22：较大的市不同法律位阶实施记录名次占比表

类型	较大的市名次总数占比（单位：%）	排名前列占比（单位：%）
规范性文件	24.96	60
非规则类	30.05	77.78

表 1-22 第 3 列“排名占比表”是将排名前 10 名左右的较大的市的数量除以排名前列的市的数量。其中，非规则类数据存在排名并列的情况，不能选取十个城市，因此，根据数据排名的实际情况，选取排名前九名的城市进行了统计。

根据表 1-22，以制定规范性文件数量的多寡进行排名后，较大的市的名次相加除以所有 76 个城市的名次总和的比值是 24.96%。其中，排名前十名的城市中有 6 个是较大的市，比值为 60%。以制定非规则类文件数量的多寡进行排名后，较大的市的名次相加除以所有 76 个城市的名次总和之后的比值是 30.05%。其中，排名前九名的城市中有 7 个是较大的市，比值为 77.78%。按照上文的分析方法，在名次总和所占比值方面，24.96% 和 30.05% 这两个数值均小于 35.53%，而在排名前列比例方面，60% 和 77.78% 这两项数值均远大于 35.53%。这说明，不论是规范性文件还是非规则类文件，较大的市均更为积极。

4. 较大市的实施更为稳定。在总数比较之外，课题组还对以上 76 个市每年的实施数据量进行了统计，并针对其中 27 个较大的市的数据量和排名进行了分析，得出了表 1-23。

表 1-23：较大的市年度名次总数和排名前列数占比表

	2007	2008	2009	2010	2011	2012	2013	2014	总计
名次总数占比	28.57	28.57	28.57	28.57	28.57	28.57	28.57	28.57	25.5
排名前列数占比	41.67	41.67	41.67	41.67	41.67	41.67	41.67	41.67	70

在表 1-23 中，“排名前列”是以前十名为基准进行选取的结果，原因是在历年的排名中，并列的情况很多，每年都不能选取前十名，否则就会漏掉研究对象。

结合表 1-23，我们发现，较大的市在“名次总数占比”这一项中，从 2007 年到 2014 年，每年的数值都高于最终的总计数值。在较大的市“排名前列数占比”这一项中，除 2013 年以外，其他年份的数值都低于最终的总计数值。在较大的市“名次总数占比”这一项中，数值越高，说明较大的市的总体名次越不乐观；相反，在较大的市“排名前列数量占比”中，数值越高，说明较大的市的总体数量越多。通过对表 1-23 的分析，我们发现，较大的市在 2007—2014 年的每个年度，群体排名都不如最终的总体排名。类似的，除 2013 年以外，较大的市在 2007—2014 年的其他年份，排名前列的情况也都不如最终的总体情况那么乐观。

在数据统计中，某一事物的各单项指标均不如总体指标亮眼，这说明该事物的各单项指标比较平均，与之对比的事物的各单项指标则存在相对较大的落差。在对较大的市的各年度数据和总体数据进行对比之后，我们能够结合上述论点得出结论，即作为一个群体，较大的市的实施数据量上能够实现相对的平稳，每年度的数据都相对不错，不存在某年特别多某年又特别少的情形。也就是说，相比较于其他地级市而言，较大的市对《条例》的实施能够保持比较稳定的力度，而其他地级市则可能较多地存在实施不够稳定、某些年份实施情况不乐观等问题。

较大的市与其他城市相比，城市化程度更高。较大的市对《条例》的实施具有更大的积极性和稳定性，说明城市化程度越高对《条例》的实施越积极、越稳定。

七、《条例》第 37 条的实施状况

《政府信息公开条例》第 37 条是关于公共企事业单位信息公开的规定，既有助于提高社会公共服务水平，又合乎公共管理的社会化趋势[①]，具有重大的积极意义，特作专门分析。第 37 条规定："教育、医疗卫生、计划生育、供水、供电、供气、供热、环保、公共交通等与人民群众利益密切相关的公共企事业单位在提供社会公共服务过程中制作、获取的信息的公开，参照本条例执行，具体办法由国务院有关主管部门或者机构制定。"相关部门是否根据《条例》要求制定了相应的具体办法，是评估第 37 条的实施状况的主要切入点。

（一）数据的检索

由于《条例》使用列举的方式规定了应当进行信息公开工作的若干领域的公共企事业单位，因此对其实施状况的评估应当从这些领域出发，依次检视针对这些领域的公共企事业单位的信息公开办法是否已经得以制定。至于其他领域可能存在的具体办法，更适合用来评价其自身的信息公

① 参见李广宇:《政府信息公开司法解释读本》，法律出版社 2015 年版，第 166 页。

开工作的实施状况，并不能直接用于评估《条例》第 37 条的实施。

课题组于 2015 年 3 月 26 日 17 时使用北大法宝“中央法规司法解释”数据库的高级检索功能对本部分所涉及的规范性文件进行了检索。课题组以“信息公开”为检索词，依次检索了发布部门为教育部、卫生部、国家人口和计划生育委员会（含国家计划生育委员会）、国家卫生和计划生育委员会、国家食品药品监督管理局、国家食品药品监督管理总局、国家能源局、住房和城乡建设部、国家环境保护总局、环境保护部和交通运输部的规范性文件，分别对应“教育、医疗卫生、计划生育、供水、供电、供气、供热、环保、公共交通”等领域。由于检索词的外延涵盖了“政府信息公开”，检索到的 96 个结果中出现了大量应予排除的规范性文件，实际构成第 37 条所称的具体办法的结果共有 16 条（如下表所示）。

表 1–24：第 37 条实施数据表

序号	文件名	发布时间	文件性质	制定主体	涉及领域	法宝引证码
1	教育部办公厅关于做好高校信息公开工作年度报告工作的通知	2014.10.8	部门规范性文件	教育部	教育	CLI.4.236181
2	教育部关于公布《高等学校信息公开事项清单》的通知	2014.7.25	部门规范性文件	教育部	教育	CLI.4.230158

续表

序号	文件名	发布时间	文件性质	制定主体	涉及领域	法宝引证码
3	教育部关于进一步推进高校招生信息公开工作的通知	2013.10.14	部门规范性文件	教育部	教育	CLI.4.214193
4	教育部办公厅关于做好2012—2013学年度高校信息公开工作年度报告工作的通知	2013.9.26	部门规范性文件	教育部	教育	CLI.4.211077
5	教育部关于进一步做好高等学校财务信息公开工作的通知	2013.8.19	部门规范性文件	教育部	教育	CLI.4.208819
6	教育部关于做好高等学校财务信息公开工作的通知	2012.11.16	部门规范性文件	教育部	教育	CLI.4.209673
7	教育部关于推进中小学信息公开工作的意见	2010.12.25	部门规范性文件	教育部	教育	CLI.4.143867
8	教育部办公厅关于施行《高等学校信息公开办法》的通知	2010.4.28	部门规范性文件	教育部	教育	CLI.4.129980

续表

序号	文件名	发布时间	文件性质	制定主体	涉及领域	法宝引证码
9	高等学校信息公开办法	2010.4.6	部门规章	教育部	教育	CLI.4.129981
10	卫生部关于做好食品安全标准信息公开工作的通知	2012.11.30	部门规范性文件	卫生部	医疗卫生	CLI.4.191201
11	卫生部关于加强血站信息公开工作的通知	2012.5.29	部门规范性文件	卫生部	医疗卫生	CLI.4.176899
12	医疗卫生服务单位信息公开管理办法（试行）	2010.6.3	部门规章	卫生部	医疗卫生	CLI.4.134457
13	国家人口计生委办公厅关于印发《人口和计划生育技术服务机构信息公开办法（试行）》的通知	2009.2.3	部门规范性文件	国家人口计生委	计划生育	CLI.4.115536
14	国家能源局关于印发《供电企业信息公开实施办法》的通知	2014.3.10	部门规范性文件	国家能源局	水、电、气、热供应	CLI.4.224355

续表

序号	文件名	发布时间	文件性质	制定主体	涉及领域	法宝引证码
15	住房和城乡建设部关于印发《供水、供气、供热等公用事业单位信息公开实施办法》的通知	2008.11.12	部门规范性文件	住房和城乡建设部	水、电、气、热供应	CLI.4.111836
16	环境保护部关于印发《环境保护公共事业单位信息公开实施办法（试行）》的通知	2010.7.16	部门规范性文件	环境保护部	环保	CLI.4.135561

（二）对检索结果的分析

下文将从发布时间、文件性质、涉及领域等多个角度出发，对国务院有关主管部门和机构对《条例》第37条的实施状况进行评估。

1. 发布时间

从图1-30可以看出，国务院各主管部门最早于2008年开始制定相关的具体办法。从时间上来看，在《条例》发布前并没有部门先行开展公共企事业单位信息公开的实践。在经历了2008年和2009年的探索之后，2010年制定的具体办法数量明显增加，并从2012年开始趋于稳定。这说明各部门对《条例》第37条的落实已经逐步走上正轨，相关的具体办法正在不断地得到丰富与完善。

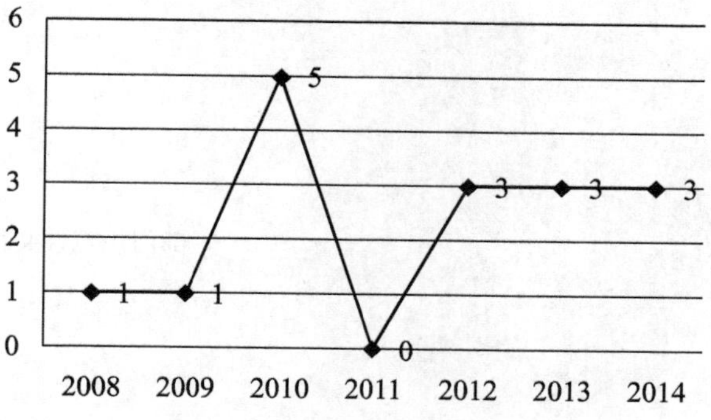

图 1-30：各项具体办法发布时间

2. 文件性质

如图 1-31 所示，16 个具体办法中仅有 12% 为部门规章，其余均为规范性文件。具体地说，部门规章为两个，即《高等学校信息公开办法》和《医疗卫生服务单位信息公开管理办法（试行）》。这两个具体办法的共同特点在于都是对其所在领域的信息公开事项进行的总体性规定，而非针对该领域中某一具体的义务主体或信息类型进行的规定。在规范性文件中，有关于某一义务主体的信息公开规定，如《卫生部关于加强血站信息公开工作的通知》；也有关于某一信息类型的公开规定，如《教育部关于做好高等学校财务信息公开工作的通知》。当然，两部部门规章都是关于某一领域的总体性规定，并不意味着所有的总体性规定均以部门规章的形式制定。事实上，供水、供电、供气、供热和环保等领域的具体办法都是以部门规范性文件的形式制定的。

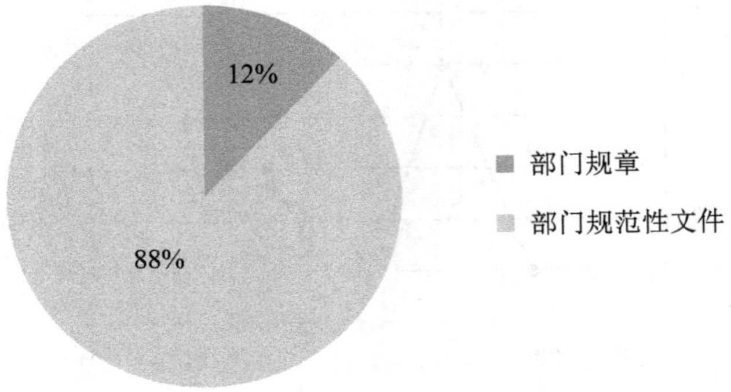

图 1-31：16 个具体办法中部门规章和部门规范性文件所占的比例

3. 涉及领域

从图 1-32 中可以看出，教育行政主管部门和医疗卫生行政主管部门制定的具体办法数量最多，而公共交通领域却未检索到任何具体办法。这说明不同领域的主管部门对《条例》第 37 条的落实情况差异很大。值得注意的是，尽管课题组已经采用了尽可能穷尽所有结果的检索方法，基于数据库本身收录的数据不全，仍然有一些具体办法无法通过可以预先设计的检索词检索出来。例如，卫生部制定的《卫生监督机构信息公开目录》《疾病预防控制机构信息公开目录》《卫生部关于全面推进医院院务公开的指导意见》《医院信息公开目录》《妇幼保健机构信息公开目录》《社区卫生服务机构信息公开目录》以及《乡镇卫生院信息公开目录》等文件，是以《卫生部关于做好贯彻实施〈中华人民共和国政府信息公开条例〉工作的通知》附件的形式存在的。通过检索词检索到的结果仅能够具体到《卫生部关于做好贯彻实施〈中华人民共和国政府信息公开条例〉工作的通知》，而未能显示附件的内容。该通知本身是关于“政府信息公开”的通知，并不属于对《条例》第 37 条的细化。因此，在统计时就会造成结果上的偏差。

再如，公共交通领域虽然没有检索到一份专门的具体办法，但是并不意味着行政主管部门没有进行该项工作。例如，《交通运输部 2010 年政府信息公开年度报告》中提到："在城市公共交通、驾驶员培训、机动车维修等社会普遍关注的行业，重点公开服务承诺、收费标准、办事结果、监督渠道等内容，提高行业的服务水平。"这种相关规定散见在主管部门自身的政府信息公开规定甚至是年报等并非法律规范的文件中的情形，很难在检索结果中得到直观的反映。因此，上图所反映的结果具有一定的局限性。

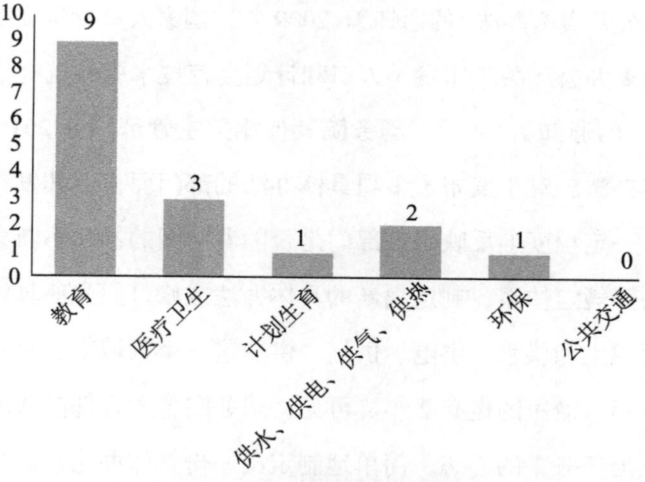

图 1–32：不同领域具体办法的制定情况

（三）第 37 条实施的总体认识

课题组在之前工作的基础之上，将上述统计指标进行综合观察，得以进一步对《条例》第 37 条的实施情况进行评估。

根据上文的分析，教育和医疗卫生行政主管部门制定的具体办法数量最多。两部门均是先制定总体性的规章，再发布专项内容的部门规范性文件。它们在实施第 37 条的过程中都形成了总体性规定和专项规定并存的局面。总体性规定对专项规定的制定进行指导，而专项规定对《条例》的细化又构成了对总体性规定的有益补充。这样的体系，对国务院其他各主管部门实施《条例》第 37 条具有示范意义。

如果将发布时间和涉及领域这两个指标结合在一起分析，还能够观察到对《条例》第 37 条的实施是由哪一个领域最先开始的。2008 年，住建部率先发布了《住房和城乡建设部关于印发〈供水、供气、供热等公用事业单位信息公开实施办法〉的通知》。2009 年，国家人口计生委制定了《国家人口计生委办公厅关于印发〈人口和计划生育技术服务机构信息公开办法（试行）〉的通知》。之后，国务院其他相关主管部门在 2010 年开始纷纷制定具体办法。对于发布了多项具体办法的部门而言，其发布时间的跨度有多大，一定程度上反映出该部门是否随着时间的推移不断尝试完善自身的信息公开规定体系，制定出新的具体办法或修订原先的具体办法。在教育、医疗卫生和供水、供电、供气、供热这三个领域中，时间跨度最大的达到了 6 年，最短的也有 2 年。可见，国务院各主管部门并不仅仅是抱着完成“政治任务”的心态，简单地制定出一份具体办法，而是能够在实践当中不断地充实和丰富现有的制度，这是值得肯定的。

本章小结

总的来说，中央和地方通过制定实施措施较好地实施了《条例》。国务院所属机构和 31 个省级人民政府对《条例》都制定了实施措施。从实施措施的内容来看，包括设置实施制度、安排工作、具体落实和总结工作等。各行政机关对《条例》的实施保持了较好的持续性和稳定性。自《条例》公布以来，除2009年和2010年为避免重复建设实施制度而实施数据量偏少外，每年都有数量可观的实施记录。实施数据的统计表明，中央政府具有很强的权威性和治理能力。省级人民政府为响应中央政府的要求，比国务院所属机构制定了更多的规章和规范性文件。

《条例》的实施状况更多地取决于地方，而非中央。《条例》的实施数据量年度分布曲线与省级人民政府的响应曲线高度相似，而与中央有较大的差异。地方较之中央更早地启动了实施准备工作，经验也更为丰富。省级人民政府的实施数据量在2007年达到了最高点。地方和中央的实施文件在内容类型、法律位阶上有着各自的偏好。省级人民政府更偏好制定制度，制定制度的省级人民政府的比例远高于国务院所属机构。省级人民政府在实施中，工作方案占比最高；国务院所属机构则没有这个特点。省级人民政府较之国务院所属机构更倾向于制定规章和规范性文件。影响地方和中央差异的因素除中央的权威性和治理能力外，还包括《条例》的内容、地方试点以及实施主体等因素。《条例》的内容一定程度上左右了不同内容实施文件的数量。这是因为，《条例》第3条第1、3款授权省级人民政府组织领导、省级人民政府办公厅或其他政府信息公开主管部门推进、指导、协调、监督本行政区域的政府信息公开工作，《条例》第7、14、29条授权省级人民政府制定5类专项制度，而只有第7、14条授权国务院所属机构制定2类专项制度。地方试点或地方先行是我国典型的行政法治发展模式，在《条例》的实施中表现突出，地方实施记录的数量远远超过中央，并决定了《条例》实施记录的整体运行态势。省级人民政府和国务院所属机构在性质上存在差异。省级人民政府依据宪法是综合性机关、本行政区域的决策机关。国务院所属机构是执行部门，决策的性质较弱。省级人民政府更偏好制定规章和规范性文件，而国务院所属机构则更多地制定工作总结和工作计划。

省、自治区实施《条例》的数据量取决于需求，无论是总体情况、不同内容类型的实施记录，还是各种法律位阶的实施文件均是如此。人口稠密的地方，实施《条例》的需求较大，实施数据量也较多。反之亦然。省、自治区实施《条例》的数据量与该省、自治区行政机关的数量存在正向相关关系。省、自治区市级行政区划越多，行政机关的数量也就越多，实施数据量越大。省、自治区实施《条例》的数据量与经济发达程度之间没有显著的正向相关关系，经济发达的省份并没有明显高于其他省份的实施数据量。省、自治区实施《条例》的积极性则没有明显的规律，也不能明显左右实施数据量的大小，实施数据量的大小主要还是由客观条件决定的。《条例》在省一级的实施更有赖于省级职能部门的积极性，省级职能部门实施《条例》的频率较大程度上决定着该省实施《条例》的总体情况。《条例》在市一级的实施，表现出较大的市更加积极的规律。较大的市作为一个整体在总体情况、不同内容类型和不同法律位阶等的实施数据上全面超越其他市。同时，较大的市实施《条例》也比其他的市更稳定，各年度实施数据量之间的差异比较小。这说明，城市化程度越高对《条例》的实施越积极、越稳定。

《条例》的良好实施表明了行政法规实施的一般规律，即国务院对实施工作的强有力领导和地方政府的高度响应。当然，在《条例》实施中也提出了应当未雨绸缪的问题。在现行行政诉讼体制之下，省级人民政府较多地制定规章，就需要同级人大和国务院承担更高的监督责任。

课题组在之前工作的基础之上，将上述统计指标进行综合观察，得以进一步对《条例》第37条的实施情况进行评估。

《条例》第37条系关于公共企事业单位的信息公开规定。从该条的实施来看，教育和医疗卫生行政主管部门制定的具体办法数量最多，形成了总体性规定和专项规定并存的局面，对国务院其他主管部门实施《条例》第37条具有示范意义。评估表明，国务院各主管部门并不仅仅是抱着完成“政治任务”的心态，简单地制定出一份具体办法，而是能够在实践当中不断地充实和丰富现有的制度。

第二章 综合性实施制度文本的分析

一、研究动机、样本和思路

通过“北大法宝”数据库检索到的政府信息公开实施文本，类别丰富多样。大多数实施文本显然并非创制规范，而仅仅是对之前政府信息公开工作的总结或对之后工作的落实。但综合性实施制度在文本结构上往往参照《条例》制定，且内容上亦具有规范性质。在《条例》公布后制定的综合性实施制度，到底包括哪些内容，具有哪些功能？

在检索到的数据中，综合性实施制度文本共有 58 份，其中有两份（序号 23、33）系重复文本，实为 57 份，详见表 2-1。其中，序号 1-38 为国务院所属机构制定，而序号 39-58 为部分省、自治区、直辖市人民政府制定。

表 2-1：综合性实施制度样本表

序号	文件名称	简称
1	国家中医药管理局政府信息公开办法	中医药管理局办法
2	国土资源部政府信息公开工作规范	国土资源规范

续表

序号	文件名称	简称
3	国家邮政局政府信息公开工作办法	国家邮政局办法
4	中华人民共和国海关政府信息公开办法	海关办法
5	国家卫生计生委政府信息公开管理办法	生生委办法
6	全国社会保障基金理事会政府信息公开管理办法	社保基金会办法
7	国家发展和改革委员会政府信息公开实施办法	国家发改委办法
8	人力资源社会保障部政府信息公开实施办法	人社部办法
9	国家旅游局贯彻落实《政府信息公开条例》的实施办法	国家旅游局办法
10	国家食品药品监督管理局政府信息公开工作办法	国家食药监局办法
11	国家外国专家局政府信息公开实施办法	国家外专局办法
12	国家烟草专卖局政府信息公开工作办法	国家烟草局办法
13	住房和城乡建设部政府信息公开实施办法	住建部办法
14	国土资源部政府信息公开暂行办法（失效，12）	国土部办法
15	国家文物局政府信息公开实施办法（试行）	国家文物局办法
16	司法部政府信息公开实施办法	司法部办法
17	工业和信息化部政府信息公开工作办法	工信部办法
18	中国保险监督管理委员会政府信息公开办法	中国保监会办法
19	工商行政管理系统政府信息公开办法（试行）	工商行政办法
20	国家海洋局政府信息公开实施办法（试行）	国家海洋局办法
21	文化部政府信息公开实施办法（试行）	文化部办法
22	国家人口计生委政府信息公开规定（试行）	人口计生委规定
23	民政部机关政府信息公开暂行办法	民政部办法

续表

序号	文件名称	简称
24	中国银行业监督管理委员会政府信息公开管理办法（试行）	中国银监会办法
25	审计机关政府信息公开规定（试行）	审计机关规定
26	国家发展和改革委员会政府信息公开暂行办法（失效，22）	国家发改委办法
27	气象部门政府信息公开办法	气象部门办法
28	中华人民共和国交通运输部施行《政府信息公开条例》办法	交通部办法
29	教育部机关政府信息公开实施办法	教育部办法
30	国家知识产权局政府信息公开暂行办法	国家知产局办法
31	国家铁路局政府信息公开实施办法（暂行）	国家铁路局办法
32	民航行政机关政府信息公开办法	民航办法
33	民政部机关政府信息公开工作暂行办法	与序号 23 重复
34	国务院机关事务管理局政府信息公开暂行办法	国务院机关办法
35	财政部机关政府信息公开实施暂行办法	财政部办法
36	国家宗教事务局政府信息公开暂行办法	国家宗教局办法
37	国家测绘局政务公开规定	国家测绘局规定
38	国家邮政局政务公开工作办法（暂行）[失效]	国家邮政局办法
39	北京市政府信息公开规定	北京规定
40	天津市政府信息公开规定	天津规定
41	河北省实施《中华人民共和国政府信息公开条例》办法	河北办法

续表

序号	文件名称	简称
42	山西省政府信息公开规定	山西规定
43	辽宁省政府信息公开规定	辽宁规定
44	黑龙江省政府信息公开有关制度（试行）	黑龙江制度
45	上海市政府信息公开规定	上海规定
46	浙江省政府信息公开暂行办法	浙江办法
47	安徽省政府信息公开办法	安徽办法
48	福建省政府信息公开办法	福建办法
49	山东省政府信息公开办法	山东办法
50	湖南省实施《中华人民共和国政府信息公开条例》办法	湖南办法
51	四川省贯彻《中华人民共和国政府信息公开条例》实施办法（试行）	四川办法
52	贵州省政府信息公开暂行规定	贵州规定
53	云南省政府信息公开规定	云南规定
54	陕西省政府信息公开规定	陕西规定
55	甘肃省政府信息公开试行办法	甘肃办法
56	青海省实施《中华人民共和国政府信息公开条例》办法	青海办法
57	宁夏回族自治区实施《中华人民共和国政府信息公开条例》办法	宁夏办法
58	新疆维吾尔自治区实施《中华人民共和国政府信息公开条例》办法	新疆办法

为了分析上述57份综合性实施制度的内容和功能，本研究通过把它们与《条例》相关条文进行比对，从而了解和发现它们是不是《条例》的重复性规定、概括性规定或细化规定。所谓重复性规定，即综合性实施制度的内容仅是对《条例》原文的重复，或规定的主要内容与《条例》基本重合。所谓概括性规定，即综合性实施制度的内容是对《条例》规定的重申、强调、提炼和概括。所谓细化规定，即在《条例》的基础之上结合本部门或本行政区域的实际情况，对《条例》中的条款作进一步具体化的规定。

对各综合性实施制度总则一章的分析，课题组将主要考察有无制定目的、制定依据、实施原则、对政府信息的界定、适用范围和机构与职责等方面的表述或规定。对主动公开范围、不予公开范围、主动公开方式、主动公开程序、依申请公开程序以及监督与保障的分析，则主要观察其相比于《条例》而言，是否存在重复性规定、概括性规定或细化规定。

二、综合性实施制度的总则

（一）综合性实施制度总则简表

表2-2：综合性实施制度总则简表

序号	文件名简称	制定目的	制定依据	政府信息界定	适用范围	机构和职责	实施原则
1	中医药管理局办法	√	☆★	√	×	√	√
2	国土资源规范	√	☆★	√	×	√	◇
3	国家邮政局办法	√	☆★	√	√	√	√
4	海关办法	√	☆★	√	×	√	√

续表

序号	文件名简称	制定目的	制定依据	政府信息界定	适用范围	机构和职责	实施原则
5	生生委办法	√	☆★	√	×	√	√
6	社保基金会办法	√	☆	√	×	√	√
7	国家发改委办法	√	☆★	√	×	√	×
8	人社部办法	√	☆★	√	×	√	√
9	国家旅游局办法	√	☆★	√	√	√	×
10	国家食药监局办法	√	☆★	√	×	√	√
11	国家外专局办法	√	☆	√	×	√	√
12	国家烟草局办法	√	×	√	×	√	◇
13	住建部办法	√	☆★	√	√	√	◇
14	国土部办法	√	☆	√	×	√	√
15	国家文物局办法	√	☆	√	√	√	√
16	司法部办法	√	☆★	×	×	√	×
17	工信部办法	√	×	√	×	√	◇
18	中国保监会办法	√	☆★	√	×	√	√
19	工商行政办法	√	☆★	√	×	√	√
20	国家海洋局办法	√	☆	√	√	√	×
21	文化部办法	√	☆★	√	√	√	◇
22	人口计生委规定	√	☆★	√	×	√	√
23	民政部办法	√	☆	√	×	√	√
24	中国银监会办法	×	×	×	√	√	◆
25	审计机关规定	√	☆★	√	×	√	√

续表

序号	文件名简称	制定目的	制定依据	政府信息界定	适用范围	机构和职责	实施原则
26	国家发改委办法	√	▲	×	√	√	◇
27	气象部门办法	√	☆★	√	×	√	√
28	交通部办法	√	☆	√	√	√	√
29	教育部办法	√	☆	√	√	√	√
30	国家知产局办法	√	☆★	√	√	√	◇
31	国家铁路局办法	×	☆★	×	√	√	×
32	民航办法	√	☆★	√	√	√	√
33	与序号 23 重复						
34	国务院机关办法	√	☆	√	×	√	√
35	财政部办法	√	☆	√	×	√	√
36	国家宗教局办法	√	☆	√	×	√	√
37	国家测绘局规定	√	☆	×	√	√	◇
38	国家邮政局办法	√	☆★	√	×	√	◇
39	北京规定	×	☆★	√	√	√	◇
40	天津规定	√	☆★	×	√	√	◇
41	河北办法	√	☆	×	√	√	×
42	山西规定	√	☆	√	√	√	√
43	辽宁规定	√	▲	√	√	√	◇
44	黑龙江制度	√	☆★	×	×	×	×
45	上海规定	×	☆★	√	×	√	√
46	浙江办法	×	☆★	√	√	√	√

续表

序号	文件名简称	制定目的	制定依据	政府信息界定	适用范围	机构和职责	实施原则
47	安徽办法	√	☆★	√	√	√	√
48	福建办法	√	☆★	×	√	√	◇
49	山东办法	√	☆★	√	×	√	√
50	湖南办法	√	☆	×	×	√	◇
51	四川办法	√	☆★	√	√	√	◇
52	贵州规定	√	☆	√	√	√	◇
53	云南规定	√	☆	√	√	√	×
54	陕西规定	√	★	√	√	√	◇
55	甘肃办法	√	☆★	√	√	√	◇
56	青海办法	√	☆★	√	√	√	◇
57	宁夏办法	√	☆★	×	√	√	×
58	新疆办法	√	☆★	×	√	√	√

注：1. 制定依据中的☆系指以《政府信息公开条例》为依据，★系指以《政府信息公开条例》以外的法律规范为依据，▲系指笼统的依据，如表述为“法律法规”“有关规定”等。

2. 实施原则中的√，系指包括合法、公正、公平和便民、及时、准确的原则，以及三安全一稳定；◇系指合法、公正、公平和便民、及时、准确的原则；◆系指三安全一稳定。

表 2-2 所反映的是综合性实施制度总则部分的情况。结合《条例》的规定和综合性实施制度的内容，这一部分的统计指标设为制定目的、制定依据、政府信息界定、适用范围、机构和职责以及实施原则六项。其中，制定目的、政府信息界定、机构和职责以及实施原则分别与《条例》的第

1条、第2条、第3、4条和第5、6、8条相对应，而制定依据和适用范围则是作为《条例》下位规范的综合性实施制度所特有的内容。

（二）基于具体指标的分析

就各项统计指标而言，57份综合性实施制度的情况各不相同。

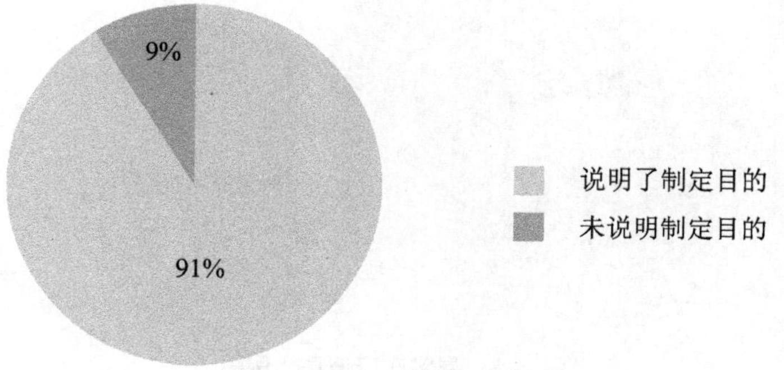

图2-1：制定目的比例图

图2-1是综合性实施制度关于制定目的的说明情况。其中，52份文件对制定目的作了表述，占总数的91%。有5份文件未说明制定目的，占总数的9%。

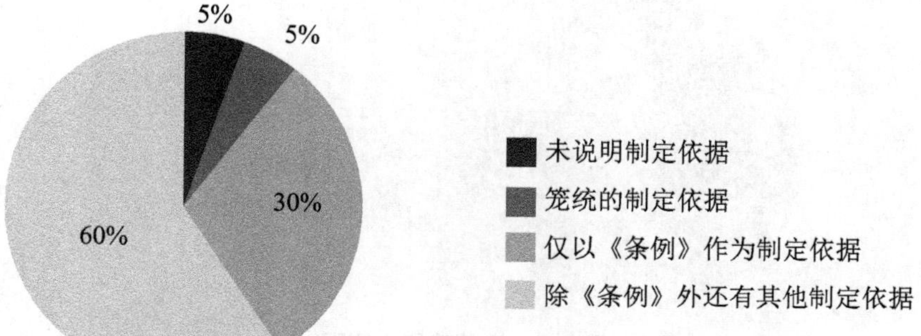

图2-2：制定依据比例图

图 2-2 是综合性实施制度关于制定依据的说明情况。共有 54 份文件说明了制定依据，占总数的 95%。有 3 份文件没有说明制定依据，占总数的 5%。在 54 份说明了制定依据的文件中，有 3 份对制定依据只是作了笼统表述，有 17 份仅以《条例》作为制定依据，而余下的 34 份除《条例》外还有其他制定依据，分别占 57 份实施制度的 5%、30% 和 60%。

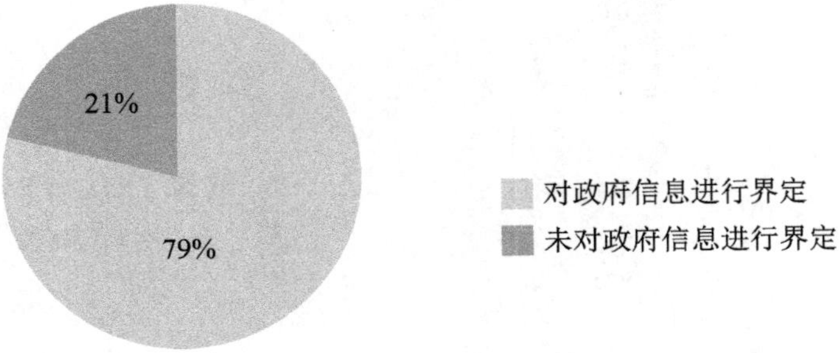

图 2–3：界定政府信息比例图

图 2-3 是综合性实施制度对政府信息的界定情况。共有 45 份实施制度对政府信息进行了界定，占总数的 79%。有 12 份文件则未对政府信息进行界定，占总数的 21%。

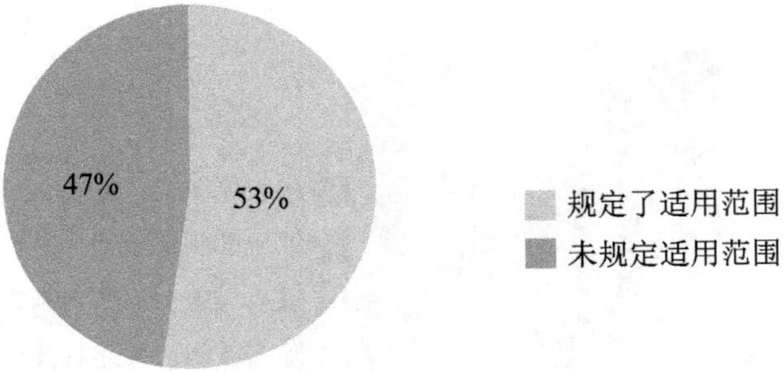

图 2–4：适用范围比例图

图 2-4 是综合性实施制度对其适用范围的规定情况。在 57 份实施制度

中，共有 30 份制度规定了适用范围，占总数的 53%；而共有 27 份制度未对适用范围进行规定，占总数的 47%。

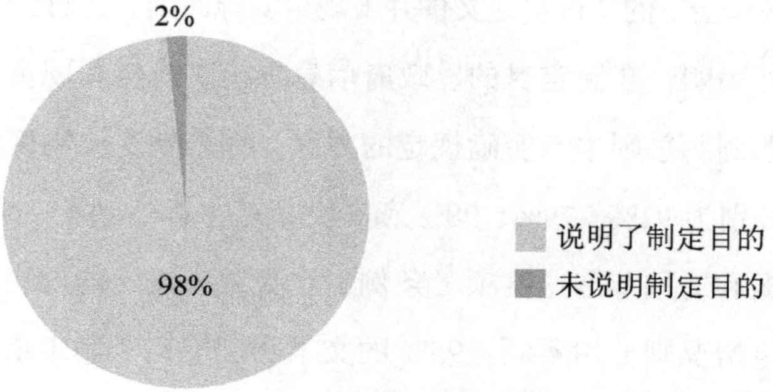

图 2–5：机构和职责比例图

图 2-5 是综合性实施制度对本单位政府信息公开工作的机构和职责的规定情况。在所有数据文件中，仅有 1 份未就此进行规定，占总数的 2%；其余 56 份均规定了政府信息公开工作的机构和职责，占总数的 98%。

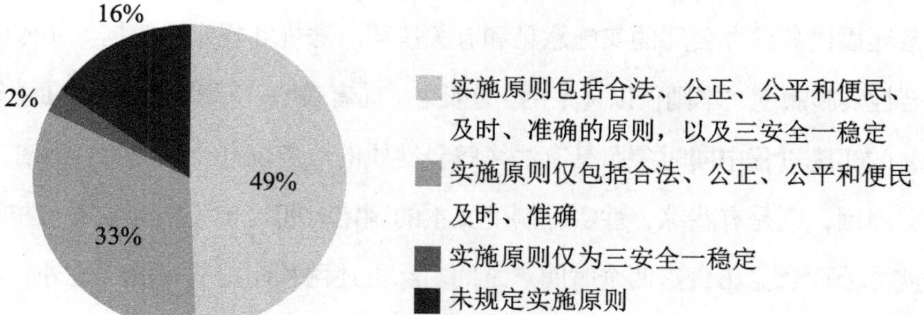

图 2–6：实施原则比例图

图 2-6 是综合性实施制度对其实施原则的规定情况。其中，有 28 份文件的实施原则包括合法、公正、公平和便民、及时、准确的原则，以及三安全一稳定，占总数的 49%；有 19 份文件的实施原则仅包括合法、公正、公平和便

民、及时、准确，占总数的33%；另有1份文件的实施原则仅为三安全一稳定，占总数的2%。以上总计48份实施文件，均包含了关于实施原则的规定，占总数的84%；余下的9份实施文件并未规定实施原则，占总数的16%。

上述统计表明，在制定目的、政府信息界定、机构和职责以及实施原则这四个《条例》总则中有明确规定的方面，综合性实施制度的落实较为理想，比例分别为91%、79%、98%和84%，基本都达到了八成甚至更高。对于制定依据和适用范围这两项《条例》本身并未规定的内容，综合性实施制度的制定情况则截然不同：95%的文本明确规定了制定依据，但只有53%的文本对其适用范围作出了规定。适用范围并不是《条例》明确规定的内容，但却是法律文件的必要内容，也是综合性实施制度在制定主体权限范围内落实《条例》所不可或缺的，因而应当有所规定。

图2-2表明，综合性实施制度文本对制定依据的规定各有不同。60%的综合性实施制度文本对制定依据的规定趋向多元化，不仅以《条例》为依据，而且还以国务院办公厅的实施意见和有关法律、法规和规定为依据。30%的综合性实施制度文本则仅以《条例》为依据。前者表明，行政机关可以在《条例》的实施过程中同时参照具有法律解释性质的国务院办公厅意见。后者的部分原因，则是有些综合性实施制度文本的制定时间处于《条例》发布和国务院办公厅意见出台这两个时间点之间。除上述两种制定依据的规定外，还有5%的综合性实施制度文本仅对制定依据作笼统说明，如依据“法律法规”“有关规定”的规定，难以直接体现出对《条例》的实施，有待改进。

图2-6所反映的综合性实施制度文本对实施原则的规定亦存在进一步完善的空间。《条例》第5、6、8条明确规定了合法、公正、公平，便民、及时、准确以及三安全一稳定原则。但即便是在84%对实施原则有所规

定的文本中，能够完整表述上述实施原则的文本也仅占总数的 49%。这意味着超过半数的综合性实施制度文本或是未规定实施原则，或是仅规定了《条例》中的部分实施原则。

总之，国务院所属机构和各省级人民政府所制定的综合性实施制度文本的总则部分，基本上落实了《条例》的总则内容，表现基本良好。但部分综合性实施制度文本在适用范围、制定依据和实施原则方面，对《条例》的落实还需要进一步完善。

（三）基于总则的中央与地方比较

前文是对 57 份综合性实施制度总则整体情况的评估。这 57 份文件还可以按制定主体是国务院所属机构还是地方行政机关（以下分别简称中央和地方）进行分析。通过分析由中央制定的 37 份综合性实施制度文件和由地方制定的 20 份综合性实施制度文件，我们可以得到新的认识。

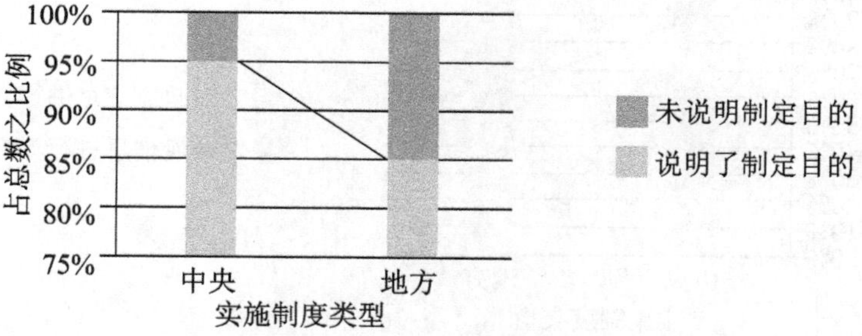

图 2-7：中央和地方综合性实施制度文件制定目的对比图

图 2-7 所反映的是中央和地方综合性实施制度在对制定目的上的不同情况。据图可知，有 95% 的中央综合性实施制度文件规定了制定目的，有 85% 的地方综合性实施制度文件规定了制定目的。从比例上来看，中央的

综合性实施制度文件更为理想。

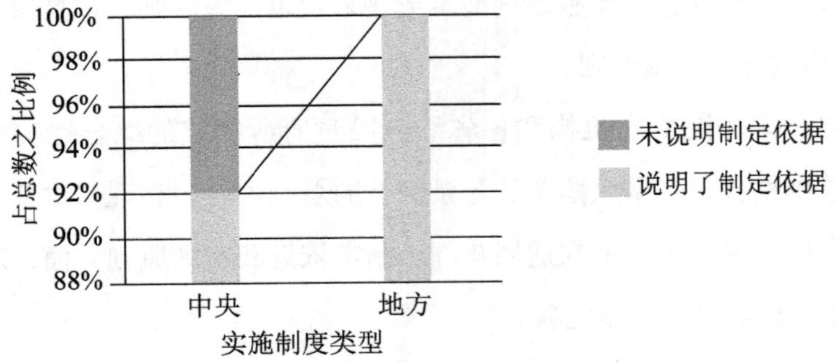

图 2-8：中央和地方综合性实施制度制定依据对比图

图 2-8 所反映的是中央和地方综合性实施制度文件在制定依据上的不同情况。地方的 20 份综合性实施制度文件都规定了制定依据。有 3 份未规定制定依据的综合性实施制度文件均系中央制定，占 37 份中央综合性实施制度文件的 8%。

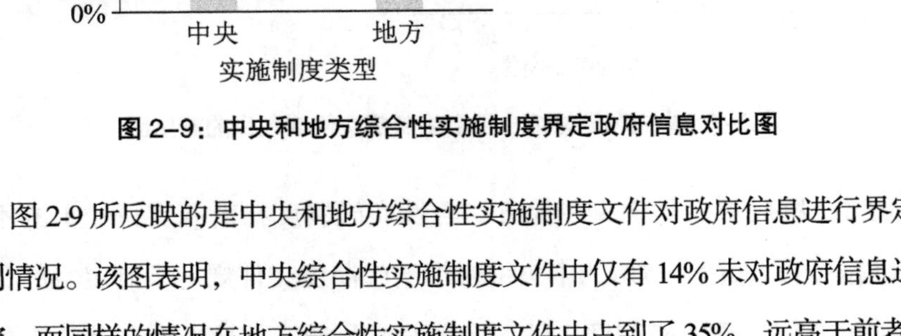

图 2-9：中央和地方综合性实施制度界定政府信息对比图

图 2-9 所反映的是中央和地方综合性实施制度文件对政府信息进行界定的不同情况。该图表明，中央综合性实施制度文件中仅有 14% 未对政府信息进行界定，而同样的情况在地方综合性实施制度文件中占到了 35%，远高于前者。

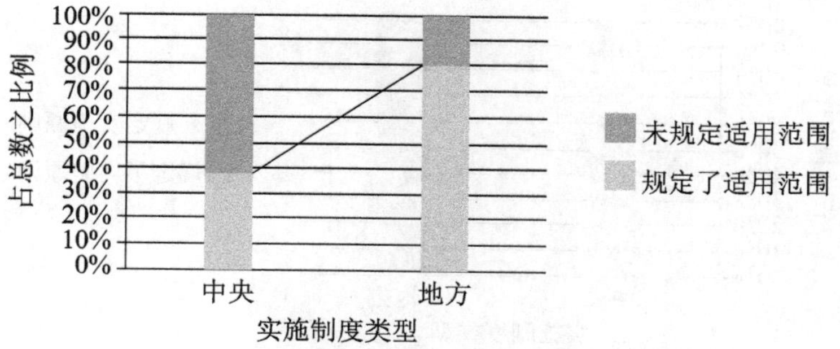

图 2-10：中央和地方综合性实施制度文件适用范围对比图

图 2-10 所反映的是中央和地方综合性实施制度文件规定适用范围的不同情况。可以看出，地方的实施情况明显要好于中央，相比于后者仅仅有 38% 的适用范围规定比例，前者 80% 的数据显然更令人满意。

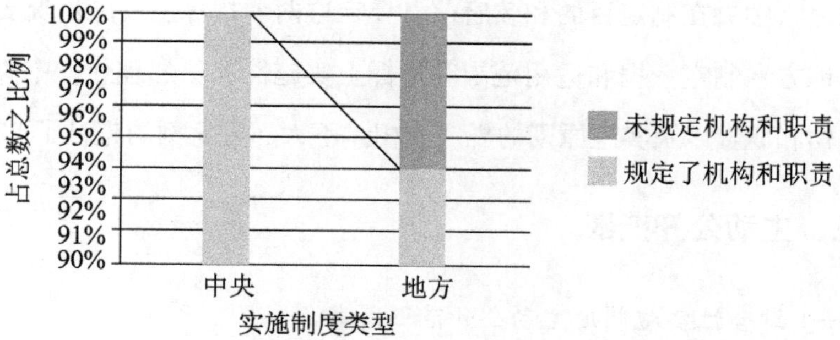

图 2-11：中央和地方综合性实施制度规定机构和职责对比图

图 2-11 所反映的是中央和地方综合性实施制度文件规定政府信息公开工作机构和职责的不同情况。在这一指标上，地方综合性实施制度文件 95% 的比例，不如中央综合性实施制度文件 100% 的比例理想。但从绝对数上来看，地方综合性实施制度文件中只有 1 份未就此作出规定，因此可以认为中央和地方在这一指标上的实施情况都很理想。

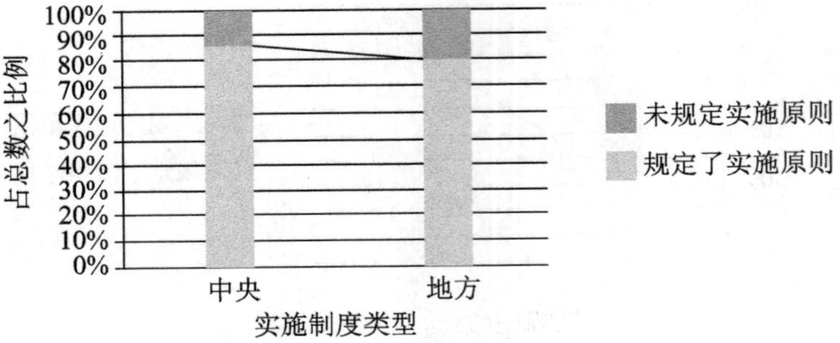

图 2-12：中央和地方综合性实施制度实施原则对比图

图 2-12 所反映的是中央和地方综合性实施制度文件规定实施原则的情况。从图中可以看出，两者规定实施原则的比例分别为 86% 和 80%，彼此情况基本相同且均达到了较高水平，对《条例》的落实程度均较良好。

总之，中央在制定目的和政府信息界定这两项指标上实施情况更为出色，而地方在制定依据和适用范围等指标上实施情况更加理想；中央和地方在机构和职责以及实施原则的规定上相差不大，且比例均超过了 80%。

三、主动公开范围

（一）综合性实施制度主动公开范围简表

表 2-3：综合性实施制度主动公开范围简表

序号	文件名简称	重复	概括	细化	序号	文件名简称	重复	概括	细化
1	中医药管理局办法	√	√	√	30	国家知产局办法	√		√
2	国土资源规范	√	√	√	31	国家铁路局办法	√	√	√

续表

序号	文件名简称	重复	概括	细化	序号	文件名简称	重复	概括	细化
3	国家邮政局办法	√		√	32	民航办法	√		√
4	海关办法	√		√	33	与序号 23 重复			
5	生生委办法	√	√		34	国务院机关办法		√	√
6	社保基金会办法		√		35	财政部办法	√	√	√
7	国家发改委办法	√	√	√	36	国家宗教局办法	√	√	√
8	人社部办法	√		√	37	国家测绘局规定	√		√
9	国家旅游局办法	√		√	38	国家邮政局办法	√		√
10	国家食药监局办法	√	√	√	39	北京规定		√	√
11	国家外专局办法		√	√	40	天津规定	√		
12	国家烟草局办法			√	41	河北办法		√	√
13	住建部办法	√		√	42	山西规定		√	√
14	国土部办法	√	√	√	43	辽宁规定	√	√	√
15	国家文物局办法	√		√	44	黑龙江制度	√		√
16	司法部办法	√	√	√	45	上海规定	√	√	

续表

序号	文件名简称	重复	概括	细化	序号	文件名简称	重复	概括	细化
17	工信部办法	√	√	√	46	浙江办法	√	√	
18	中国保监会办法	√	√	√	47	安徽办法		√	√
19	工商行政办法	√	√	√	48	福建办法		√	
20	国家海洋局办法	√		√	49	山东办法		√	
21	文化部办法	√	√	√	50	湖南办法		√	
22	人口计生委规定	√		√	51	四川办法	√	√	√
23	民政部办法	√	√	√	52	贵州规定	√		
24	中国银监会办法	√	√	√	53	云南规定		√	√
25	审计机关规定	√		√	54	陕西规定	√		√
26	国家发改委办法	√		√	55	甘肃办法		√	
27	气象部门办法	√	√	√	56	青海办法	√	√	√
28	交通部办法	√		√	57	宁夏办法	√		√
29	教育部办法	√		√	58	新疆办法	√		√

表 2-3 所反映的是综合性实施制度有关主动公开范围的情况。主动公开范围对公民的知情权有着直接的影响。从《条例》的篇章结构来看，它被放在了除总则以外最为靠前的位置。《条例》中主动公开范围的规定，有第 9–2 条共四条规定。其中，第 9 条为概括式规定，无论是公开的内容还是公开义务主体均比其他 3 个条文要广泛。第 10–12 条则对不同行政机关

所应重点公开的内容作了列举规定。在以公开为原则的前提下，一般是无须就应当公开的政府信息范围作列举性规定的。《条例》中的列举式规定其实所起到的只是一种提示作用。[①] 从《条例》第 10–12 条的表述来看，要求行政机关在自身职权范围内确定主动公开的具体内容。把所列举的内容则被定性为重点公开的内容，与提示作用是一致的。国务院所属机构、地方行政机关所制定的综合性实施制度中有关主动公开范围的规定，则可以被认为是对《条例》中“在其职责范围内确定主动公开的政府信息的具体内容”的一种实施措施。这些综合性实施制度在确定本行政机关主动公开范围时，对《条例》的规定进行了何种方式的落实和多大程度的细化，可以反映国务院所属机构和地方行政机关对《条例》主动公开范围的实施状况。

（二）基于具体指标的分析

综合性实施制度文本在重复性规定、概括性规定和细化规定的比例上各有不同，且大量存在多种类型交叉组合的现象。

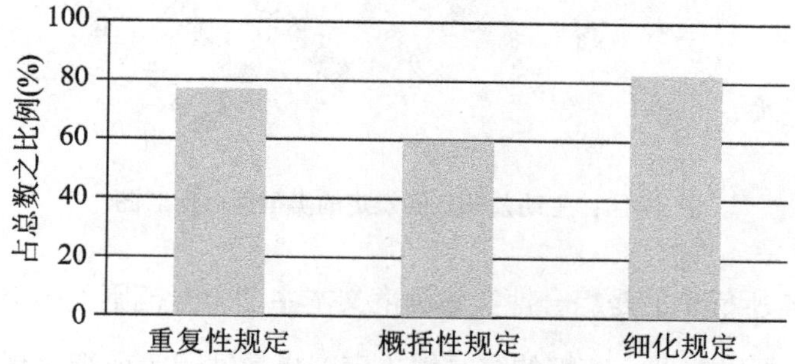

图 2–13：主动公开范围规定的类型占比图

① 参见李广宇:《政府信息公开司法解释读本》，法律出版社 2015 年版，第 238 页。

图 2-13 所反映的是综合性实施制度文本中主动公开范围规定的类型占总数的比例。从图中可以看出，细化规定最多，达到了 82%；重复性规定占总数的比例居次，亦有 77%；而相比之下概括性规定出现的比例最低，仅有 60%。由此可见，综合性实施制度文本大多能够结合自身实际对《条例》第 9–12 条的规定进行细化，同时综合运用重复性和概括性规定的方式，确定行政机关的主动公开范围。重复性规定的比例如此之高，很大部分的原因在于实现了行政机关的表态性功能，也有部分原因在于行政自主性不足。这种现象在立法领域也曾长期严重存在。[①] 现在，《立法法》第 73 条第 4 款规定："制定地方性法规，对上位法已经明确规定的内容，一般不作重复性规定。"对规范性文件中的重复性规定，也到该治理的阶段了。

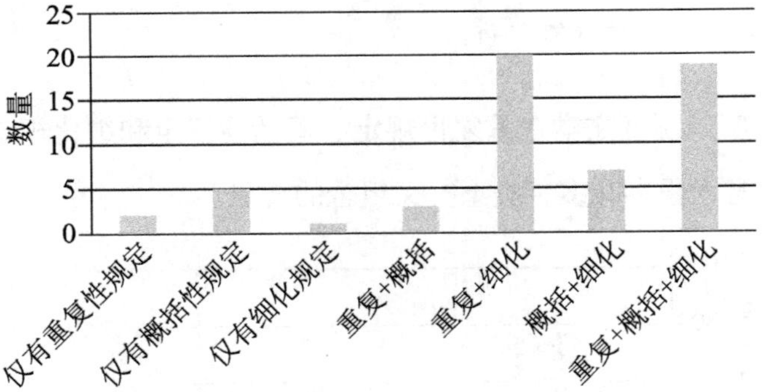

图 2–14：主动公开范围规定的类型组合比对图

图 2-14 所反映的是综合性实施制度文本主动公开范围不同类型规定的组合情况。可以看到，纯粹的重复性规定、概括性规定或细化规定都比较有限，分别为 2 份、5 份和 1 份。这反映出行政机关在落实"条例"规定

① 参见叶必丰等："行政裁决：地方政府的制度推力"，《上海交通大学学报》（哲社版）2013 年第 2 期。

时的多种考虑和需要。在各种不同组合中，又以“重复 + 细化”以及“重复 + 概括 + 细化”这两种组合的次数为多，分别有 20 次和 19 次。这意味着 68% 的综合性实施制度文本都同时存在重复性规定和细化规定，其中半数还存在概括性规定。

考虑到政府信息公开是以公开为原则[①]，除了例外情形之外应该在最大限度内对政府信息予以公开，列举的主动公开范围应当尽可能的全面；即便仅仅是提示性规定，也应该尽可能多地保障公民的知情权。《条例》所采取的概括式加列举式规定足以构筑一个较为全面的主动公开范围，同时要求行政机关根据《条例》的规定在其职权范围内确定公开的内容。因此，接近七成的综合性实施制度同时存在重复性规定和细化规定这两种规定类型也就不足为奇了。概括性规定往往能够进一步重申、强调《条例》的规定，同时避免了重复性规定，因而也是对《条例》的落实和对公民知情权的保障。

举例来说，表 2-2 中的《文化部政府信息公开实施办法（试行）》第 7 条系主动公开范围的规定，在类型上同时存在重复性规定、概括性规定和细化规定的现象。其中，重复性规定有“文化部部门规章及规范性文件”（对《条例》第 10 条第 1 项的重复），概括性规定有“文化行政许可事项”（对《条例》第 10 条第 7 项的概括），细化规定则包括了“文化业务”中除“文化行政许可事项”之外的其他事项（可以被认为是对《条例》第 9 条第 1 项的细化），以及“机构职能，包括机构概况、领导介绍、内设机构和职责”（对《条例》第 9 条第 3 项的细化）。表 2-2 中的《民政部机关

① 参见李广宇：《政府信息公开司法解释读本》，法律出版社 2015 年版，第 238 页。

政府信息公开暂行办法》第 9 条，也同时存在三种类型的规定。其中，第 2、3 项分别是对《条例》第 10 条第 1、7 项的重复性规定，第 7 项则是对《条例》第 10 条第 2、3 项的概括性规定，而第 1、4 项是对《条例》第 9 条第 3 项的细化规定，第 5、6 项则是对《条例》第 9 条第 1 项的细化规定。综观 57 份综合性实施制度文件，重复性规定和概括性规定往往是针对《条例》第 10–12 条的规定，而细化规定多是针对《条例》第 9 条的规定。这是因为《条例》第 9 条本身是概括性规定，实践中必须加以细化才能够直接用来规范行政机关的政府信息公开工作；而《条例》第 10–12 条是国务院对各行政机关主动公开范围中应当重点公开的内容所作的提示，各行政机关在制定自身的实施制度时必然会对此直接进行落实，因此对此类规定往往会出现重复性或概括性规定。

（三）基于公开范围的中央和地方比较

统计发现，中央和地方综合性实施制度有关公开范围规定存在的不同类型及其组合，表现出了中央和地方行政机关的不同倾向。

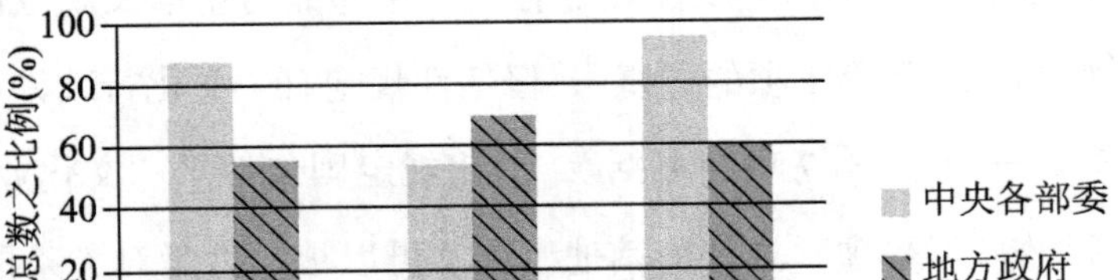

图 2–15：中央和地方主动公开范围规定类型对比图

图 2-15 是对中央和地方行政机关在制定综合性实施制度时，在主动公

开范围方面所存在的不同类型规定的比较。可以看出，在中央综合性实施制度的公开范围规定中，重复性规定和细化规定的比例均高于地方综合性实施制度，而后者中的概括性规定比例则要高于前者。

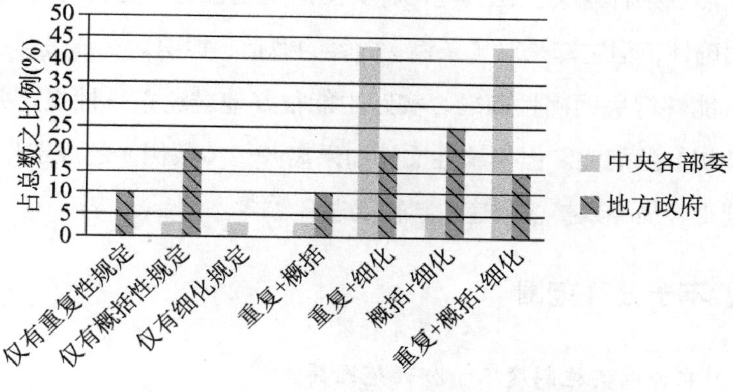

图 2–16：中央和地方主动公开范围规定的类型组合对比图

图 2-16 是对中央和地方综合性实施制度中主动公开范围不同类型规定的组合的比较。从中可以看出，中央综合性实施制度中公开范围规定的组合，主要集中在“重复 + 细化”以及“重复 + 概括 + 细化”这两种类型上，各占总数的 43%。这也意味着同时存在重复性规定和细化规定的文本占中央各部委制定的综合性实施制度总数的 86%，高于整体水平。反观地方综合性实施制度，在公开范围规定的组合上，除了没有纯粹的细化规定之外，其余组合类型占总数的比例均分布在 10% 到 25% 之间，呈现出多样化和较为分散的倾向。中央综合性实施制度中公开范围的细化规定、“重复 + 细化”和“重复 + 概括 + 细化”这三种组合类型，表现更为明显。地方综合性实施制度中公开范围的规定，在重复性规定、纯粹的概括性规定、“重复 + 概括”以及“概括 + 细化”这四种组合类型上，表现更加活跃。

如前文所言，主动公开范围的重复性规定和细化规定，对更全面地保障公民知情权还是有促进作用的。地方综合性实施制度对公开范围的规定有各种类型以及多样化的组合类型，其中往往普遍存在概括性规定。概括性规定虽然在某种意义上比其他两种类型的规定覆盖了更大的范围，缺乏必要的明确性，但它却是对《条例》内容的概括、援引。它通过与《条例》的结合，能够解决明确性问题，实践中能很好地避免重复性规定并重申、提示《条例》的规定。但实施性文件如果离开了《条例》的规定作概括性规定，则很容易导致扩权或违法，需要避免。

四、不予公开范围

（一）综合性实施制度不予公开范围简表

表 2-4：综合性实施制度不予公开范围简表

序号	文件名简称	重复	概括	细化	序号	文件名简称	重复	概括	细化
1	中医药管理局办法			√	30	国家知产局办法	√		
2	国土资源规范	√		√	31	国家铁路局办法	√		
3	国家邮政局办法	√		√	32	民航办法	√		
4	海关办法	√		√	33	与序号 23 重复			
5	生生委办法	√		√	34	国务院机关办法	√		√
6	社保基金会办法	√			35	财政部办法	√		

续表

序号	文件名简称	重复	概括	细化	序号	文件名简称	重复	概括	细化
7	国家发改委办法	√			36	国家宗教局办法	√		√
8	人社部办法	√		√	37	国家测绘局规定	√		
9	国家旅游局办法	√		√	38	国家邮政局办法	√		
10	国家食药监局办法	√			39	北京规定			√
11	国家外专局办法	√		√	40	天津规定	√		
12	国家烟草局办法	√			41	河北办法	没有相关规定		
13	住建部办法	√			42	山西规定	√		
14	国土部办法	√			43	辽宁规定	√		
15	国家文物局办法	√		√	44	黑龙江制度	√		√
16	司法部办法	√			45	上海规定	√		√
17	工信部办法	√			46	浙江办法	没有相关规定		
18	中国保监会办法	√			47	安徽办法	√		√
19	工商行政办法	√		√	48	福建办法	√		
20	国家海洋局办法	√			49	山东办法	√		√
21	文化部办法	√		√	50	湖南办法	√		√

续表

序号	文件名简称	重复	概括	细化	序号	文件名简称	重复	概括	细化
22	人口计生委规定	√			51	四川办法	√		
23	民政部办法	√			52	贵州规定	√		√
24	中国银监会办法			√	53	云南规定	没有相关规定		
25	审计机关规定	√		√	54	陕西规定	√		
26	国家发改委办法	√			55	甘肃办法	√		
27	气象部门办法	√			56	青海办法			√
28	交通部办法	√			57	宁夏办法			√
29	教育部办法	√		√	58	新疆办法	√		

表 2-4 所反映的是综合性实施制度文本不予公开范围规定的情况。《条例》对不予公开范围有明确规定，即第 14 条第 4 款的“两秘密一隐私”（国家秘密、商业秘密和个人隐私）；同时第 8 条所规定的“三安全一稳定”（国家安全、公共安全、经济安全和社会稳定）也被认为是关于不予公开范围的规定。然而，在“公开为原则、不公开为例外”的情况下，凡排除对某一项政府信息的公开，就必须符合法定的例外情形。第 14 条被归入公开范围章节，毫无疑问应属于法定的例外情形。第 8 条位于总则部分，是否也能够被看作法定的例外情形，却存在争议。① 再者，现有规定偏于原则性，实践中很难操作。第 8 条被安排在总则部分，也体现了原则性。

① 参见李广宇:《政府信息公开司法解释读本》，法律出版社 2015 年版，第 241 页。

最高法院试图通过司法解释加以细化。但基于必须"严格按照条例的明确规定确定例外信息"[①]，一些曾在司法解释的征求意见稿中出现的细化规定最终仍未被采纳。地方立法实践对公开的例外规定进行了较多探索，后文将专门展开讨论。

（二）基于具体指标的分析

《条例》对不予公开范围的规定非常概括，因此中央和地方综合性实施制度对不予公开范围的规定呈现出与其他部分显著不同的特点。

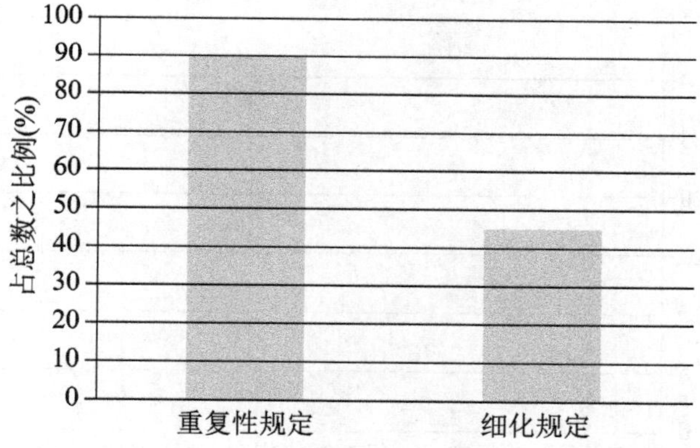

图 2–17：不予公开范围的规定类型占比图

图 2-17 所反映的是综合性实施制度文件不予公开范围规定类型占总数的比例。河北、浙江、云南三省并未对不予公开范围进行明确规定。有关不予公开范围的规定实际上只采集到了 54 组数据。对于综合性实施制度未对不予公开范围作出规定的，可以认为在实践中直接适

---

① 参见李广宇：《政府信息公开司法解释读本》，法律出版社 2015 年版，第 243 页。

用《条例》的规定。不予公开范围规定有别于其他部分之处在于，《条例》的规定十分概括，未给中央和地方综合性实施制度留下太多进一步概括的空间，反而留下很大的填补空间。全部 54 份文件均未出现概括性规定。

从图中可以看出，重复性规定的频率已经超过 90%，而细化规定只有 46%。这样的情形某种程度上正好与前文所讨论的最高法院司法解释的立场相一致，即不予公开范围的确定应当严格依据《条例》的明确规定，故而综合性实施制度与《条例》的重复率超过了九成。

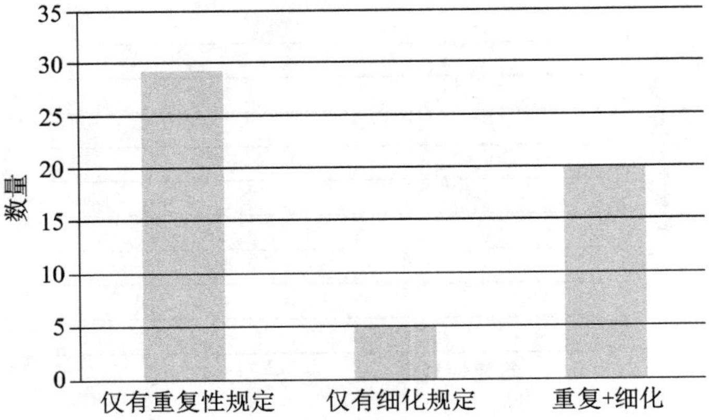

图 2–18：不予公开范围规定类型的组合图

图 2-18 所反映的是综合性实施制度不予公开范围的不同类型规定组合情况。由于没有概括性规定的类型，这一部分存在的类型组合也大大减少。重复性规定共出现 29 次，超过了纯粹的细化规定（5 次）和“重复 + 细化”（20 次）两种类型的总和。这也是对不予公开范围“严格按照条例规定”立场的又一次印证。

在大多数综合性实施制度文本都存在重复性规定的情况下，数量仅有其一半的细化规定就变得十分突出，代表了中央和地方行政机关对《条例》实施所做出的创造性的努力。综观综合性实施制度，对不予公开范围的细化主要分为两种。一种是使得《条例》的规定更加具有可操作性。例如，《北京市政府信息公开规定》第 8 条第 2 款对确定国家秘密、商业秘密所依据的法律规范，以及不予公开的个人隐私所涉及的领域进行了明确规定。另一种则是在《条例》规定之外作了扩展性规定。例如，《黑龙江省政府信息公开有关制度（试行）》第 1 条第 4 项规定，将诸如工作秘密、过程性信息也纳入不予公开的政府信息范围之内，实际上已经突破了《条例》原有的明确规定。这样的做法在实践中有其积极意义，使得《条例》的规定变得更加细化、更具有可操作性。但在《条例》之外另行增加不予公开的例外情形，有可能使得公民的知情权受到不当的限缩。《条例》有关不予公开范围的规定即使隐含了工作秘密、过程性信息，其解释权也不属于该综合性实施制度文件的制定机关。因此，扩大不予公开范围规定的合法性值得质疑。

（三）基于不予公开范围的中央和地方比较

图 2-19 是对中央和地方综合性实施制度对不予公开范围规定类型的比较。如图所示，中央和地方综合性实施制度文本中的重复性规定均多于细化规定。这与总体趋势一致。但对比出现频率，地方综合性实施制度文本中的重复性规定和细化规定更为接近。这就意味着地方相对于中央进行了更多的细化工作。

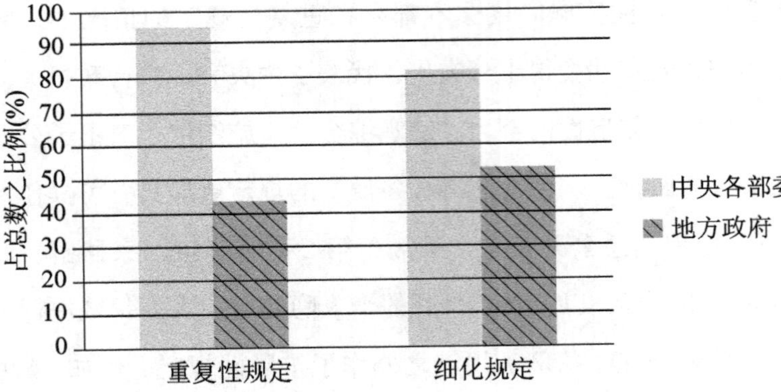

图 2-19：中央和地方不予公开范围的规定类型对比图

图 2-20 是对中央和地方综合性实施制度文本中不予公开范围的规定类型组合情况的比较。在“重复 + 细化”这一组合上，中央和地方差别不大，分别为 38% 和 35%。中央综合性实施制度文本中纯粹的重复性规定较多，达到了 57%，而地方则比中央低了 10 个百分点。相对应的，地方综合性实施制度文本中出现了更多的细化规定，比例达到了 18%，而中央则仅为 5%。这样的情形和前文所观察到的完全一致。地方在突破《条例》规定上展现出了比中央更大的灵活性和自由度。

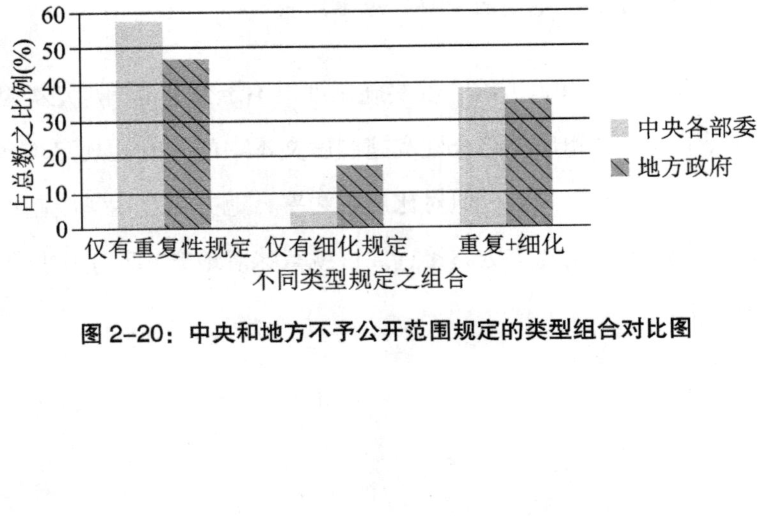

图 2-20：中央和地方不予公开范围规定的类型组合对比图

五、主动公开方式

（一）综合性实施制度主动公开方式简表

表 2–5：综合性实施制度主动公开方式简表

序号	文件名简称	重复	概括	细化	序号	文件名简称	重复	概括	细化
1	中医药管理局办法	√		√	30	国家知产局办法	√		
2	国土资源规范	√			31	国家铁路局办法	√		
3	国家邮政局办法	√			32	民航办法	√		
4	海关办法	√			33	与序号 23 重复			
5	生生委办法	√			34	国务院机关办法	√		
6	社保基金会办法	√	√		35	财政部办法	√		√
7	国家发改委办法	√	√		36	国家宗教局办法	√		
8	人社部办法	√		√	37	国家测绘局规定	√		
9	国家旅游局办法	√			38	国家邮政局办法	√		√
10	国家食药监局办法	√			39	北京规定	√		√

续表

序号	文件名简称	重复	概括	细化	序号	文件名简称	重复	概括	细化
11	国家外专局办法	√			40	天津规定	√		√
12	国家烟草局办法	√			41	河北办法	√		√
13	住建部办法	√		√	42	山西规定			√
14	国土部办法	√		√	43	辽宁规定	√		√
15	国家文物局办法	√			44	黑龙江制度	√		√
16	司法部办法	√			45	上海规定	√		√
17	工信部办法	√		√	46	浙江办法	√		√
18	中国保监会办法	√			47	安徽办法	√		√
19	工商行政办法	√			48	福建办法	√		√
20	国家海洋局办法	√			49	山东办法	√		√
21	文化部办法	√			50	湖南办法	√		√
22	人口计生委规定	√	√		51	四川办法	√		√
23	民政部办法	√		√	52	贵州规定	√		
24	中国银监会办法	√		√	53	云南规定	√		√
25	审计机关规定	√			54	陕西规定	√		√

续表

序号	文件名简称	重复	概括	细化	序号	文件名简称	重复	概括	细化
26	国家发改委办法	√		√	55	甘肃办法	√		
27	气象部门办法	√			56	青海办法	√		√
28	交通部办法	√		√	57	宁夏办法	√		√
29	教育部办法	√			58	新疆办法	√		√

表 2-5 所反映的是综合性实施制度规定主动公开方式的情况。《条例》第 15、16 条规定了主动公开方式。《国务院办公厅关于进一步加强政府信息公开回应社会关切提升政府公信力的意见》等国务院办公厅发布的规范性文件中也有对主动公开方式的补充性规定。第 15、16 条采用列举的方式，规定了行政机关主动公开政府信息时所应采取的方式，以及公民获取主动公开的政府信息的场所和设施。第 15 条所规定的“便于公众知晓的方式”及第 16 条所规定的“为公民、法人或者其他组织获取政府信息提供便利”，均与《条例》总则第 5 条所要求的便民原则相呼应，体现了《条例》总则的指导作用。

（二）基于具体指标的分析

《条例》有关主动公开方式的条文不多，综合性实施制度文本中的有关规定也比较少。尽管如此，综合性实施制度文本中仍存在重复性规定、细化规定和概括性规定。当然，三种规定类型的组合相应减少，只有纯粹重复性规定、纯粹细化规定、“重复 + 概括”以及“重复 + 细化”四种组合。

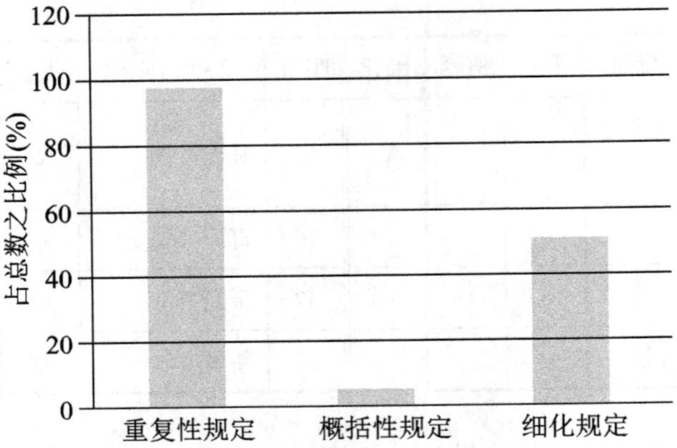

图 2-21：主动公开方式的规定类型占比图

图 2-21 所反映的是综合性实施制度文本中主动公开方式的规定类型占总数的比例。其中，概括性规定的比例最低，仅有 5%；细化规定居中，比例为 51%；重复规定最多，达到了 98%。也就是说，只有一份综合性实施制度文件对主动公开方式没有重复性规定。

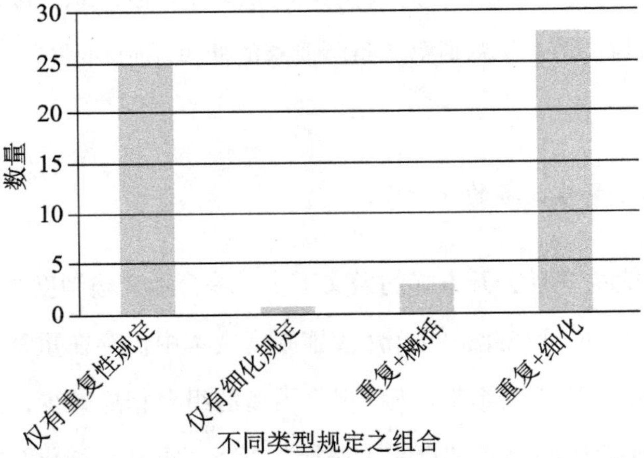

图 2-22：主动公开方式规定的类型组合示意图

图 2-22 所反映的是综合性实施制度文本中主动公开方式的各种规定组合。受前文指出的该部分概括性规定较少的影响，对包含概括性规定的组合，我们仅发现有“重复 + 概括”一种且仅为 3 次。纯粹重复性规定和“重复 + 细化”这两种类型分别出现了 25 次和 28 次。这意味着在众多存在重复性规定的综合性实施制度文本中，还有一半同时存在细化规定。在存在细化规定的综合性实施制度文本中，除了有一次系纯粹细化规定而没有其他类型的规定外，其他文本也都同时存在重复性规定。

《条例》本来已经采用列举方式规定了主动公开的方式。对此，我们想象中已经没有细化空间，行政机关予以实施即可。但实际上，综合性实施制度仍有一定的细化可能性。为了使这类情形得到更为清晰的呈现，我们有必要结合具体的规定内容来讨论。例如，《人力资源社会保障部政府信息公开实施办法》第 16 条第 2 项规定的“部主管的报刊及其他新闻媒体”，就是对《条例》第 15 条中“报刊”这一公开方式的进一步确定。该实施办法第 17 条将该部门户网站规定为政府信息公开的“主渠道”，并进一步规定其他方式公开的政府信息都“应当及时在部门户网站上公开”。这就构成了对《条例》第 15 条中“政府网站”的细化或具体化。再如，《上海市政府信息公开规定》第 16 条有关“本机关尚未设立政府网站”时公开方式的规定，以及第 19 条关于“应当通过新闻发布会公开”信息范围的规定，分别是对《条例》第 15 条中“政府网站”和“新闻发布会”这两种公开方式的细化或具体化规定。《条例》第 15 条规定了“……等便于公众知晓的方式公开”的不确定法律概念，这也为有关综合性实施制度文本对主动公开方式进行细化留有余地。例如，《财政部机关政府信息公开实施暂行办法》第 13 条第 5 项中的“触摸屏”和第 6 项“财政法规汇编”都是《条例》第15条没有列举到的公开方式，均为对《条例》第15条“……便于公众知晓的方式公开”的细化规定。由此可见，即使《条例》本身已经采用了细致的列举式规定，行政机关仍然能够在制定综合性实施制度之时对已列举的公开方式进行进一步的细化规定。

（三）基于主动公开方式的中央和地方比较

中央和地方综合性实施制度规定主动公开方式的类型和组合均呈现出较大的差异。

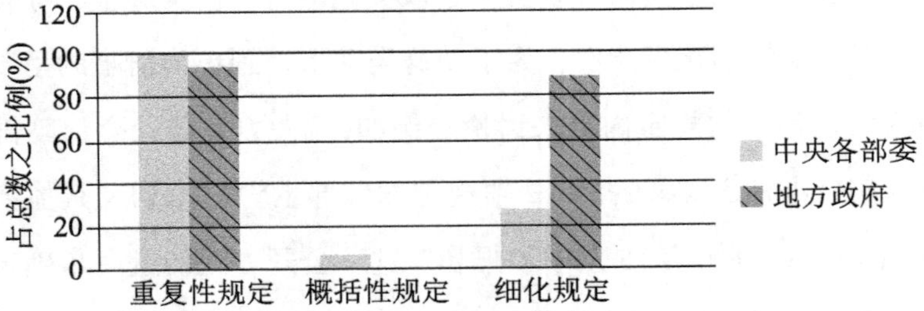

图 2-23：中央和地方主动公开方式规定类型对比图

图2-23是对中央和地方综合性实施制度文本规定主动公开方式的不同类型比较。中央和地方综合性实施制度文本中的主动公开方式均存在较多的重复性规定。中央综合性实施制度文本中对主动公开方式基本上没有概括性规定，地方综合性实施制度文本中则完全没有概括性规定，两者都存在一定的细化规定。中央综合性实施制度文本中主动公开方式的细化规定只有30%，是地方综合性实施制度文本中主动公开方式细化规定的三分之一。这表明，在主动公开方式规定上的地方特色，地方综合性实施制度文本落实《条例》规定时充分考虑了本地方的实际情况，发挥了实施文件

的作用。

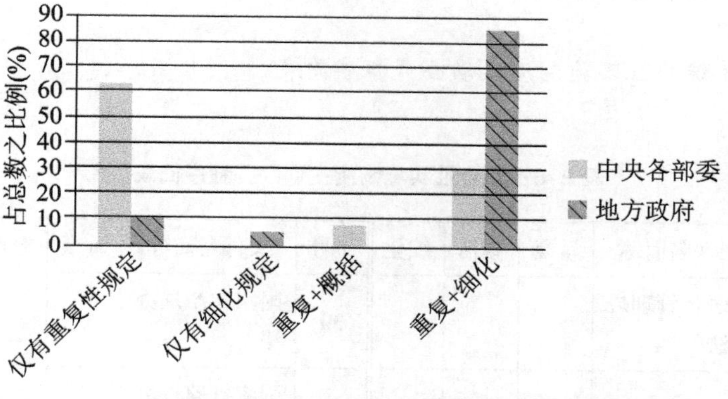

图 2-24：中央和地方主动公开方式规定的类型组合对比图

图 2-24 是对中央和地方综合性实施制度文本中主动公开方式不同类型规定的组合比较。纯粹细化规定只见于地方综合性实施制度对主动公开方式的规定，“重复 + 概括”规定则只见于中央综合性实施制度对主动公开方式的规定，且比例均为个位数，并不具有典型意义。纯粹重复性规定和“重复 + 细化”两种类型，均存在于中央和地方综合性实施制度文本，比例也不大。相比之下，中央综合性实施制度更倾向于重复性规定，而地方综合性实施制度则更偏向“重复 + 细化”的组合。不同倾向或偏好的可能原因，在于综合性实施制度的环境或条件的差异。国务院所属机构（中央机关）对政府信息的主动公开方式和载体具有高度的一致性或者相似性，官方网站和全国性媒体等。但在地方，各地的经济发展状况、通讯交通条件，甚至语言文字都存在较大差异。某地区所能采用的公开方式，另一地区未必有条件或有需要使用。

六、主动公开程序

（一）综合性实施制度主动公开程序简表

表 2-6：综合性实施制度主动公开程序简表

序号	文件名简称	重复	概括	细化	序号	文件名简称	重复	概括	细化
1	中医药管理局办法	√			30	国家知产局办法	√		
2	国土资源规范	√			31	国家铁路局办法	√		
3	国家邮政局办法	√			32	民航办法	√		
4	海关办法	√			33	与序号 23 重复			
5	生生委办法	√			34	国务院机关办法	√		
6	社保基金会办法	√	√		35	财政部办法	√		√
7	国家发改委办法	√			36	国家宗教局办法	√		
8	人社部办法	√		√	37	国家测绘局规定	√	√	
9	国家旅游局办法	√			38	国家邮政局办法	√	√	
10	国家食药监局办法	√			39	北京规定	√		√

续表

序号	文件名简称	重复	概括	细化	序号	文件名简称	重复	概括	细化
11	国家外专局办法	√			40	天津规定	√		√
12	国家烟草局办法	√		√	41	河北办法			√
13	住建部办法	√		√	42	山西规定	√		√
14	国土部办法			√	43	辽宁规定	√		
15	国家文物局办法			√	44	黑龙江制度	√		
16	司法部办法	√			45	上海规定	√	√	√
17	工信部办法	√		√	46	浙江办法	√	√	
18	中国保监会办法	√			47	安徽办法	√		√
19	工商行政办法	√		√	48	福建办法	√		√
20	国家海洋局办法				49	山东办法	√	√	√
21	文化部办法	√			50	湖南办法	√		√
22	人口计生委规定	√		√	51	四川办法	√		√
23	民政部办法	√			52	贵州规定	√		√
24	中国银监会办法	√			53	云南规定	√		√
25	审计机关规定	√			54	陕西规定	√		
26	国家发改委办法	√	√		55	甘肃办法	√		

续表

序号	文件名简称	重复	概括	细化	序号	文件名简称	重复	概括	细化
27	气象部门办法	√			56	青海办法	√		√
28	交通部办法	√			57	宁夏办法	√		√
29	教育部办法	√		√	58	新疆办法	√		

表 2-6 所反映的是综合性实施制度规定主动公开程序的情况。《条例》对主动公开程序的规定，包括第 17 条关于公开义务主体的规定、第 8 条关于主动公开期限的规定，以及第 19 条关于政府信息公开指南和目录编制的规定。

（二）基于具体指标的分析

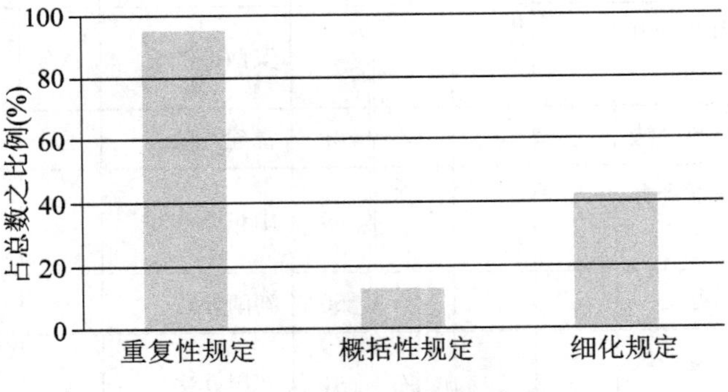

图 2-25：主动公开程序规定的不同类型占比图

图 2-25 所反映的是综合性实施制度主动公开程序的规定类型占总数的比例。需要特别指出的是，在全部 57 份综合性实施制度中，《国家海洋局政府信息公开实施办法（试行）》有关主动公开程序的规定，侧重于公开义务主体内部的程序性规定，所调整的是相关部门和单位与领导小组之间的关系，并不直接对外部相对人产生效力。同时，它在内容上也不构成对

《条例》相关规定的落实。因此，在这一部分计算综合性实施制度文本的总数为 56 份，相应的中央综合性实施制度文本数为 36 份。由上图可以看出，重复性规定在综合性实施制度文件中仍然是最高的，比例达到了 95%；概括性规定也与之前所发现的总体情况一样比例最低，为 13%；细化规定的比例则位于二者之间，为 43%。

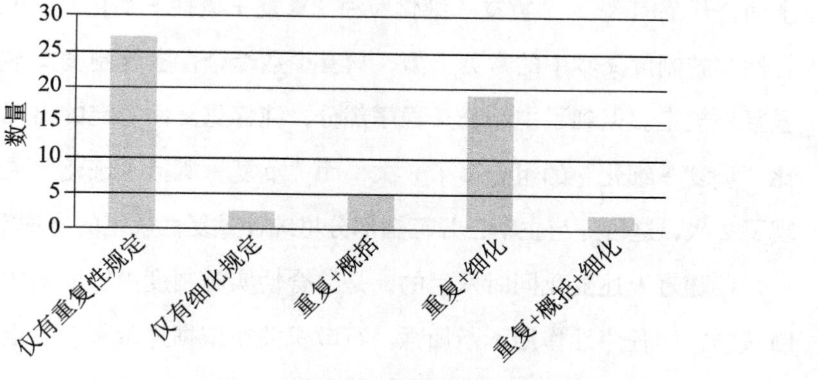

图 2-26：主动公开程序规定的类型组合示意图

图 2-26 所反映的是综合性实施制度文本中主动公开程序的不同类型规定组合情况。在能够被观察到的 5 种组合类型之中，纯粹细化规定、"重复 + 概括"以及"重复 + 细化 + 概括"出现的次数均在 5 次以下，而纯粹重复性规定和"重复 + 细化"的组合次数明显高于其他三种。其中，纯粹重复性规定出现次数最多，共出现 27 次，"重复 + 细化"则有 19 次。

从公开范围到公开方式再到公开程序，重复性规定、概括性规定和细化规定三种类型规定的占比词序并没有明显变化，但倾向性却有一定的变化。这种变化主要表现为重复性规定的比例逐渐抬升，而细化规定的比例则不断下降。在主动公开范围部分，重复性规定和细化规定的比例都在八成左右，甚至细化规定的比例有时更高。在主动公开方式部分，重复性规定的比例已经接近百分之百，但细化规定的比例则刚过一半。到主动公开程序部分，重复性规定的比例依然保持在 90% 以上，而细化规定的比例又下降了八个百分点。同时，在不同类型的组合上，“重复 + 细化”“重复 + 概括 + 细化”和纯粹重复性规定这三种组合的出现次数也是此消彼长。在主动公开范围部分，“重复 + 细化”和“重复 + 概括 + 细化”两种组合是综合性实施制度文本中的常见类型，只有少数综合性实施制度文本存在纯粹重复性规定。但到了主动公开程序部分，纯粹重复性规定的出现次数已经比“重复 + 细化”的组合多了 8 次，而“重复 + 概括 + 细化”更是仅仅出现了 2 次，这恰好与主动公开范围部分里纯粹重复性规定的出现次数相同。

伴随着上述变化同时发生的，是综合性实施制度内容的实体性意义不断减弱，而程序性作用不断加强。行政机关在依据《条例》制定其综合性实施制度时，对《条例》中的实体性规范更倾向于通过细化规定加以完善；而对《条例》中的程序性规范并没有找到太多的细化空间。在程序方面较为典型的细化尝试，主要是针对主动公开的期限规定。《条例》第 18 条要求在“政府信息形成或者变更之日起 20 个工作日内”公开。一些综合性实施制度文本并没有直接重复这一规定，而是规定了一个更短的期限，属于对《条例》原规定的细化。例如，《北京市政府信息公开规定》第 16 条将主动公开期限调整为 15 个工作日，《湖南省实施〈中华人民共和国政府信息公开条例〉办法》第 21 条则要求政府在 10 个工作日公开，同时规定如有特殊情况的，“最迟不得超过 20 个工作日公开”。当然，不同综合性实施制度的细化思路不尽相同。

（三）基于主动公开程序的中央和地方比较

观察发现，在综合性实施制度文本中主动公开程序的重复性规定比例远高于其他两种类型。具体到中央和地方综合性实施制度文本，各种规定类型的比例却是不一样的。

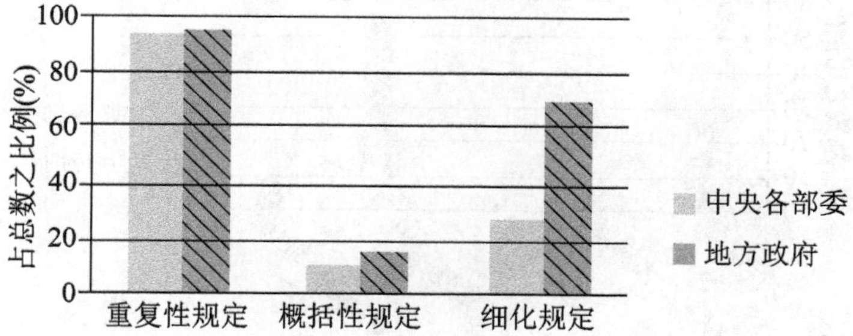

图 2-27：中央和地方主动公开程序规定类型对比图

图 2-27 是对中央和地方综合性实施制度文本中主动公开程序的不同规定类型比较。与主动公开方式类似的是，中央和地方的综合性实施制度文本中都有很高比例的重复性规定，分别只有 2 份和 1 份文本中没有发现重复性规定，而概括性规定的比例却较低。中央和地方综合性实施制度文本中主动公开程序的主要不同之处在于中央综合性实施制度文本中的细化规定比例仅为 28%，而地方综合性实施制度文本中的这一比例则高达 70%。这也进一步印证了前文所发现的规律，即地方综合性实施制度相对于中央综合性实施制度文本中而言，存在更多的细化规定，更多地结合了本地方的实际情况。

图 2-28 是对中央和地方综合性实施制度文本中主动公开程序的不同类型规定的组合比较。在五种组合类型中，纯粹细化规定、“重复 + 概括”以及“重复 + 概括 + 细化”出现的总次数比较少。三种组合在中央和地

方综合性实施制度文本中出现的频率不多，在两种文本间的差距也并未拉开。另两种组合即纯粹重复性规定和“重复＋细化”，却呈现出相反的现象：纯粹重复性规定系中央综合性实施制度文本中出现最多的一种类型，“重复＋细化”则在地方综合性实施制度文本中出现得更多。

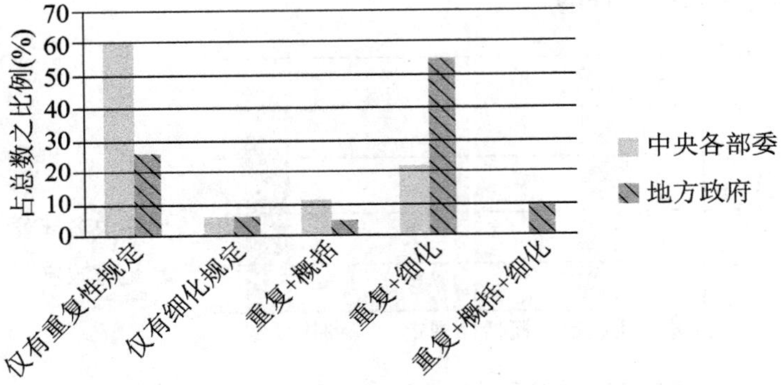

图 2–28：中央和地方主动公开程序规定的类型组合对比图

七、依申请公开程序

（一）综合性实施制度依申请公开程序简表

表 2–7：综合性实施制度依申请公开程序简表

序号	文件名简称	重复	概括	细化	序号	文件名简称	重复	概括	细化
1	中医药管理局办法	√		√	30	国家知产局办法	√		
2	国土资源规范	√		√	31	国家铁路局办法	√		√

续表

序号	文件名简称	重复	概括	细化	序号	文件名简称	重复	概括	细化
3	国家邮政局办法	√	√	√	32	民航办法	√		√
4	海关办法	√		√	33	与序号23重复			
5	生生委办法	√		√	34	国务院机关办法	√		
6	社保基金会办法	√		√	35	财政部办法	√		√
7	国家发改委办法	√		√	36	国家宗教局办法	√	√	√
8	人社部办法	√	√	√	37	国家测绘局规定	√		√
9	国家旅游局办法	√		√	38	国家邮政局办法	√		
10	国家食药监局办法	√		√	39	北京规定	√		√
11	国家外专局办法	√	√	√	40	天津规定	√		√
12	国家烟草局办法	√		√	41	河北办法	√	√	√
13	住建部办法	√		√	42	山西规定	√		√
14	国土部办法	√		√	43	辽宁规定	√		√
15	国家文物局办法		√	√	44	黑龙江制度	√		√
16	司法部办法	√	√	√	45	上海规定	√	√	√

续表

序号	文件名简称	重复	概括	细化	序号	文件名简称	重复	概括	细化
17	工信部办法	√		√	46	浙江办法	√	√	√
18	中国保监会办法	√		√	47	安徽办法	√		√
19	工商行政办法	√	√	√	48	福建办法	√		√
20	国家海洋局办法	√			49	山东办法	√		√
21	文化部办法	√	√	√	50	湖南办法	√		√
22	人口计生委规定	√	√	√	51	四川办法	√		√
23	民政部办法	√	√	√	52	贵州规定	√		√
24	中国银监会办法	√		√	53	云南规定	√		√
25	审计机关规定	√		√	54	陕西规定	√		
26	国家发改委办法	√		√	55	甘肃办法	√	√	√
27	气象部门办法	√	√		56	青海办法	√		√
28	交通部办法	√		√	57	宁夏办法	√	√	√
29	教育部办法	√	√	√	58	新疆办法	√		

表 2-7 所反映的是综合性实施制度依申请公开程序的情况。《条例》第 20–28 条详细地规定了依申请公开的程序。其中，第 20 条又具有指引性，把申请人的条件指向了第 13 条有关“三需要”的规定，因而“三需要”也是依申请公开程序规定的一部分。

（二）基于具体指标的分析

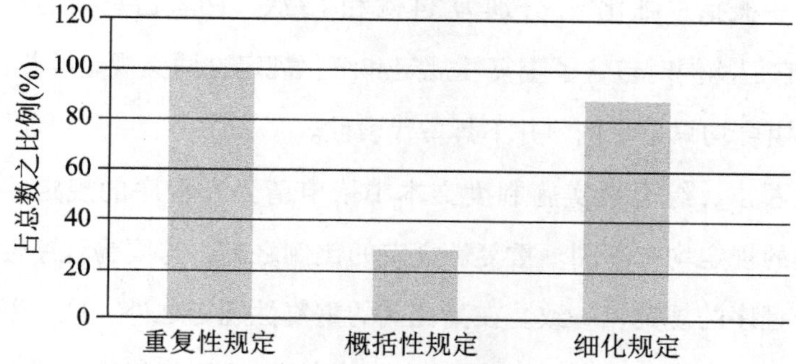

图 2–29：依申请公开程序规定的不同类型占比图

图 2-29 所反映的是综合性实施制度文本中依申请公开程序规定类型占总数的比例。这其中，概括性规定的出现频率明显低于其他两种类型的规定，仅为 30%；重复性规定和细化规定的出现频率均较高，分别达到了 98% 和 88%。

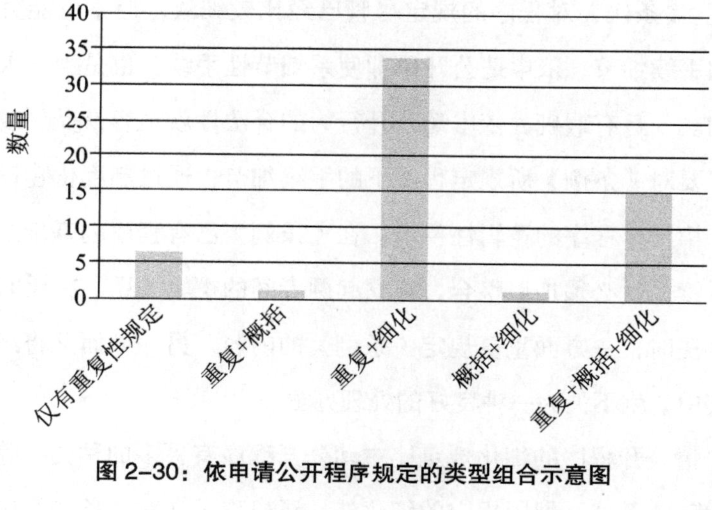

图 2–30：依申请公开程序规定的类型组合示意图

图 2-30 所反映的是综合性实施制度文本中依申请公开程序规定的不同类型的组合情况。其中，出现次数最多的两种组合类型是“重复 + 细化”和“重复 + 概括 + 细化”，分别为 34 次和 15 次，两者占总数的比例共计 86%，而它们均同时包含了重复性规定和细化规定这两类规定。相比之下，其他三种组合均只是个例，并不具备代表性。

可以看出，综合性实施制度文本中依申请公开程序的规定，与之前几个部分的规定均有不同。重复性规定的比例之高，与同为程序性规范的主动公开程序的规定相一致。在高比例的重复性规定之外，这一部分同时还存在很高比例的细化规定，因此在规定的类型组合上又以“重复 + 细化”以及“重复 + 概括 + 细化”这两种形式为主。这点又类似于主动公开范围部分的情况。之所以在程序性规范中出现如此多的重复性规定和细化规定，主要原因有三个方面：第一，《条例》对依申请公开程序的规定较为详细，条文较多。第二，程序性事宜很容易出差错，程序的制度化日益受到重视。《条例》对程序的规定尽管已经比较细致，但不可能穷尽具体操作中的手续细节。依申请公开中即使系细节性手续，也是当事人可以直观感受的。一旦有瑕疵，依申请公开行为的合法性就很容易受到攻击。因此，有必要对《条例》所规定程序下的手续细节，通过制度化建设予以统一规范。第三，程序的逻辑性要求。在《条例》已有程序的基础上，补充细节性手续，就必须加以整合，建立起两者间的逻辑关系。在没有其他良好关联办法时，一方面重复规定《条例》的内容，另一方面又将细节性补充嵌入其中，就不失为一种良好的处理办法。

依申请公开程序的细化规定比主动公开程序有更多的种类。除了有对《条例》第 24 条公开期限规定的细化外，还出现了在对《条例》中某一条规定进行细化时吸收《条例》中、甚至国务院办公厅意见中有关规定内容的现象。例如，《安徽省政府信息公开办法》第22条第1款关于公开申请内容的规定，相比于《条例》第20条第2款增加了三项新的内容，并修改了一项内容。其中，新增加的“获取政府信息的用途”其实是吸收了《条例》第13条有关“三需要”的规定；而修改后的第1项将《条例》中的“联系方式”细化为“电话号码、通信地址”，同时将《条例》第25条“出示有效身份证件或者证明文件”细化规定为“证件名称和号码”。再如，《工业和信息化部政府信息公开工作办法》第19条关于对申请的答复的规定系对《条例》第21条的细化。第19条第2项就吸收了《条例》第22条“区分处理”的规定，第6、7项则分别吸收了《国务院办公厅关于施行〈中华人民共和国政府信息公开条例〉若干问题的意见》中对申请人“就同一内容反复提出公开申请”以及不具备“三需要”等情形的有关规定。

（三）基于依申请公开程序的中央和地方比较

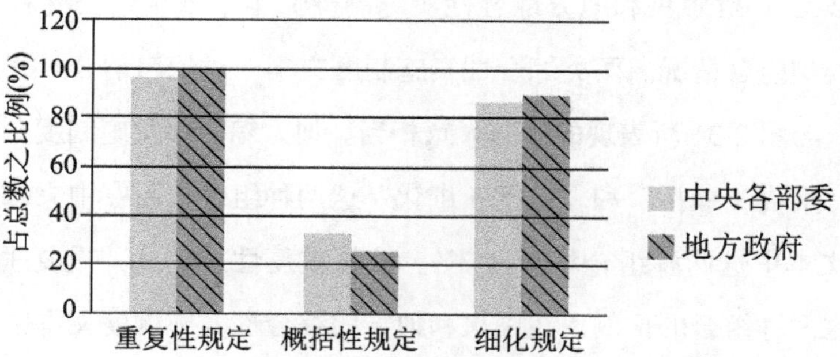

图2-31：中央和地方依申请公开程序规定的类型对比图

图 2-31 是对中央和地方综合性实施制度文本中依申请公开程序规定的各类型比较。如图所示，中央和地方综合性实施制度文本中无论在哪一种规定类型的比例上均十分接近。重复性规定的比例相差三个百分点，细化规定则相差四个百分点，即使是差异最大的概括性规定也只是相差了七个百分点。可以说，中央和地方综合性实施制度文本中依申请公开程序的规定类型，所表现出来的倾向是基本一致的。

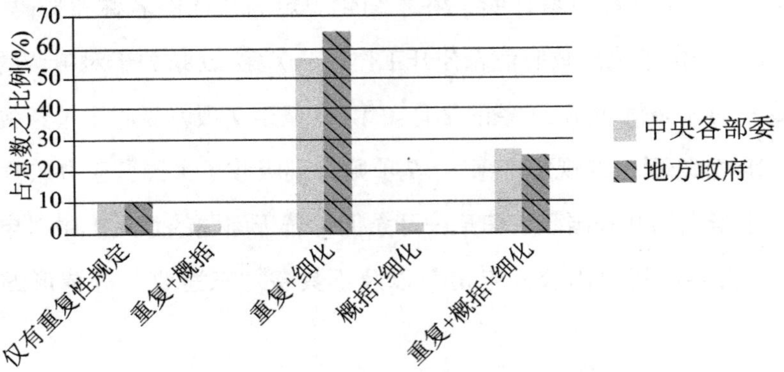

图 2–32：中央和地方依申请公开程序规定的类型组合对比图

图 2-32 是对中央和地方综合性实施制度文本中依申请公开程序规定的各种类型组合情况。两类综合性实施制度文本中对依申请公开程序规定的组合，与图 2-31 所表现的倾向大致相当。地方综合性实施制度文本中并未出现“重复 + 概括”和“概括 + 细化”这两种组合，而在中央综合性实施制度文本中这两种组合均只占 3%。纯粹重复性规定和“重复 + 概括 + 细化”这两种组合的比例，在中央和地方的综合性实施制度文本中的比例也近乎相同。即便是差异最大的“重复 + 细化”组合，地方综合性实施制度文本中的比例也只不过比中央综合性实施制度文本中的比例高了八个百

分点。中央和地方综合性实施制度文本中依申请公开程序的规定类型和组合，始终保持着较高的一致性。

八、监督与保障

（一）综合性实施制度规定监督与保障简表

表 2-8：综合性实施制度规定监督与保障简表

序号	文件名简称	重复	概括	细化	序号	文件名简称	重复	概括	细化
1	中医药管理局办法	√	√	√	30	国家知产局办法	√	√	
2	国土资源规范		√	√	31	国家铁路局办法	√		√
3	国家邮政局办法	√	√	√	32	民航办法	√	√	√
4	海关办法	√		√	33	与序号 23 重复			
5	生生委办法	√		√	34	国务院机关办法		√	√
6	社保基金会办法	√		√	35	财政部办法	√		√
7	国家发改委办法	√	√	√	36	国家宗教局办法	√	√	√
8	人社部办法	√	√	√	37	国家测绘局规定	√		√
9	国家旅游局办法		√	√	38	国家邮政局办法	√	√	√

续表

序号	文件名简称	重复	概括	细化	序号	文件名简称	重复	概括	细化
10	国家食药监局办法	√			39	北京规定	√		√
11	国家外专局办法	√		√	40	天津规定	√		√
12	国家烟草局办法	√			41	河北办法	√	√	√
13	住建部办法	√			42	山西规定	√		√
14	国土部办法	√		√	43	辽宁规定			√
15	国家文物局办法	√		√	44	黑龙江制度	√		√
16	司法部办法	√	√	√	45	上海规定	√		√
17	工信部办法	√		√	46	浙江办法	√		√
18	中国保监会办法	√		√	47	安徽办法	√		
19	工商行政办法	√	√	√	48	福建办法	√		√
20	国家海洋局办法	√		√	49	山东办法	√		√
21	文化部办法			√	50	湖南办法	√		
22	人口计生委规定			√	51	四川办法	√		
23	民政部办法	√		√	52	贵州规定	√		√
24	中国银监会办法	√		√	53	云南规定	√		√

续表

序号	文件名简称	重复	概括	细化	序号	文件名简称	重复	概括	细化
25	审计机关规定	√		√	54	陕西规定	√		
26	国家发改委办法		√	√	55	甘肃办法	√		
27	气象部门办法	√	√		56	青海办法	√		√
28	交通部办法	√		√	57	宁夏办法	√	√	√
29	教育部办法	√		√	58	新疆办法	√		√

表 2-8 所反映的是综合性实施制度文本中监督与保障部分的情况。《条例》第 29–35 条共计 7 条规定了有关监督和保障，主要包括考核评议、监督检查、年报制度、举报、复议、诉讼和责任追究等方面的内容。

（二）基于具体指标的分析

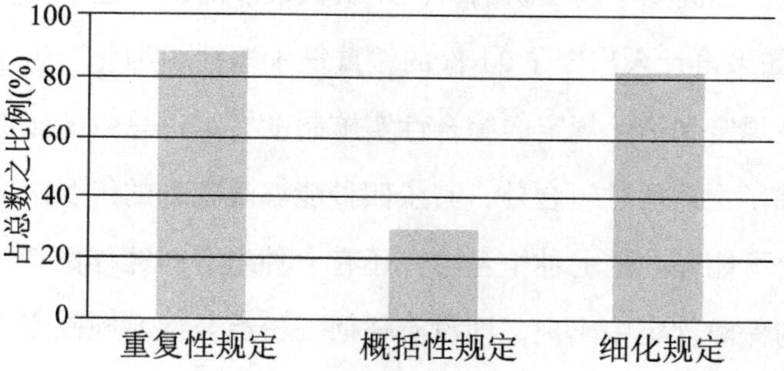

图 2–33：监督与保障的不同类型占比图

图 2-33 所反映的是综合性实施制度文本中监督与保障的规定类型占总数的比例。重复性规定比例最高，达到了 88%；细化规定以微弱的差距排

在中间，比例为82%；而概括性规定的比例远低于其他两种类型的规定，仅为30%。事实上，从57份综合性实施制度文本来看，概括性规定的比例都要低于其他两种规定类型。

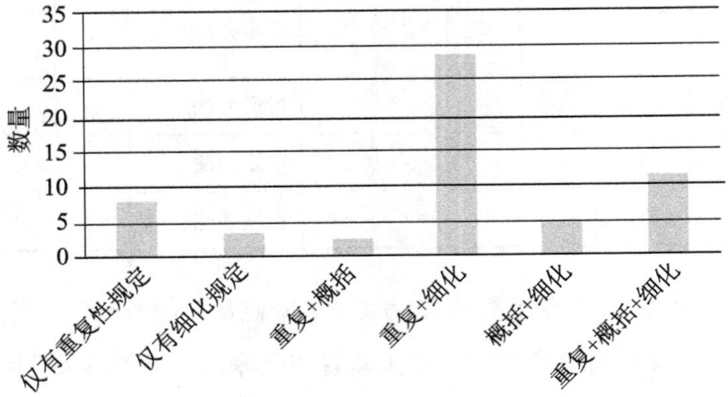

图 2-34：监督与保障规定的类型组合示意图

图2-34所反映的是综合性实施制度文本中监督与保障的各类型规定的组合情况。如同图中所反映的，出现次数最多的组合是“重复＋细化”，系29次。如果再计入出现了11次的“重复＋概括＋细化”组合，则同时出现重复性规定和细化规定的综合性实施制度文本占总数的比例已经超过了70%。除了上述两种组合外，其余四种能够观察到的组合次数均为个位数。理论上可能存在的七种组合中，还有一种组合即纯粹概括性规定并没有在监督与保障规定中出现，即没有任何一份综合性实施制度文件对监督与保障的规定仅仅系概括性规定。

综合性实施制度文本对《条例》监督与保障规定的细化，多见于对年报制度中年报公布期限的细化规定。例如，《国家旅游局贯彻落实〈政府信息公开条例〉的实施办法》第17条，除要求各单位在“次年1月31日前”将年度报告“报领导小组办公室”外，还要求提交截止日期为“每年11月30日前”的“年度工作总结”。仔细对比《条例》第31条与上述规定，会发现上述规定对《条例》的细化并不是将年报的公布时间提前，而是要求年报要“报领导小组办公室”，真正的着眼点是放在对年报公开程序的细化之上。在对需要接受外部监督的公开年报行为中嵌入内部监控机制，细化了《条例》的规定，有利于本单位的政府信息公开工作机构更好地发挥监督、指导作用。

（三）基于监督与保障的中央和地方比较

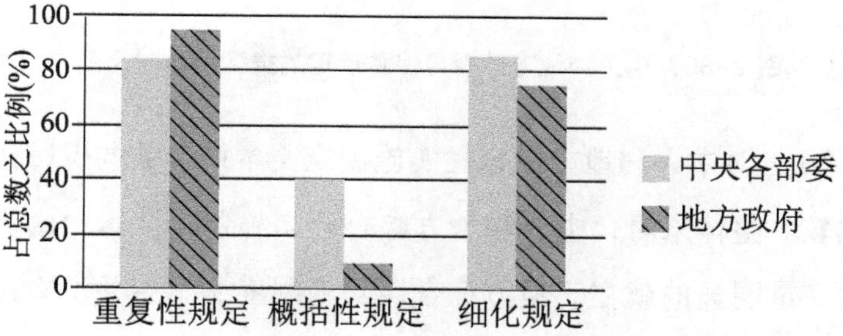

图2-35：中央和地方监督与保障规定的类型对比图

图2-35是对中央和地方综合性实施制度文本中监督与保障规定的类型比较。从图上来看，中央和地方综合性实施制度文本中出现的重复性规定和细化规定频率基本接近，分别仅相差了11%和9%。地方综合性实施制度文本中更多地出现了重复性规定，而中央综合性实施制度文本中则更多地出现了细化规定。在监督与保障部分比较特殊的是，中央综合性实施制度文本中概括性规定的比例明显高于地方综合性实施制度文本。出现这一现象的原因，主要是部分中央综合性实施制度文本中未就年报应该包含的

内容或依法追究责任的情形进行如《条例》原文般详细的列举式规定，而仅对《条例》第 32、35 条作概括性规定，以起到援引作用。

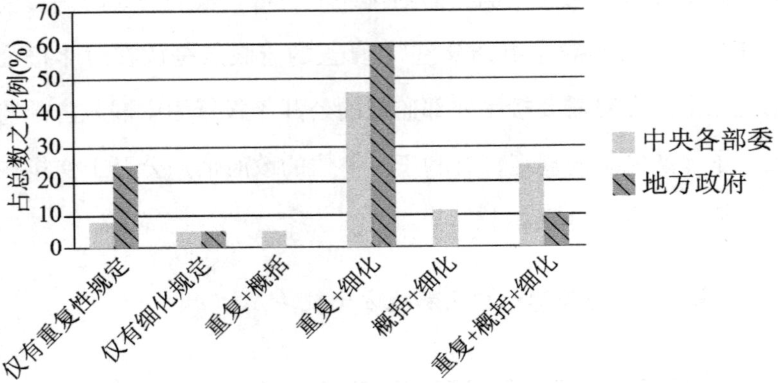

图 2-36：中央和地方监督与保障规定的类型组合对比图

图 2-36 是对中央和地方综合性实施制度文本中监督与保障规定的类型组合比较。整体来看，中央和地方综合性实施制度文本中的类型组合各有倾向，最明显的就在于地方综合性实施制度文本中并没有出现“重复 + 概括”和“概括 + 细化”两种组合。即使加上“重复 + 概括 + 细化”组合，在出现“重复 + 概括”“概括 + 细化”和“重复 + 概括 + 细化”三种组合的综合性实施制度文本中，中央综合性实施制度文本仍占据多数。这也是与前文所述的中央综合性实施制度文本中监督与保障部分出现的概括性规定较多，而地方综合性实施制度文本中出现较少的情形相吻合的。

九、各类规定的功能和影响因素

（一）各类规定的总体情况

表 2-9：综合性实施制度规定类型总表

	重复性规定比例（%）	概括性规定比例（%）	细化规定比例（%）
主动公开范围	77	60	82
不予公开范围	91	0	46
主动公开方式	98	5	51
主动公开程序	95	13	43
依申请公开程序	98	30	88
监督与保障	88	30	82
各部分规定平均比例	91	23	65

表 2-9 所反映的是除了总则一章之外，中央和地方制定的综合性实施制度文本中规定类型的总体情况。本表之所以排除总则，是因为该部分内容并非按照重复性、概括性和细化规定的类型进行统计。通过上表及上文的评估不难看出，三种类型的规定中，重复性规定的比例最高，达 91%；其次是细化规定，为 65%；概括性规定出现的频率则较低，仅为 23%。

（二）各类规定的功能

各种不同类型的规定都有它自身的功能。重复性规定尽管没有增加新的内容，似乎是一种规则抄袭，但它强调了《条例》规则的重要性，实现了文本逻辑的自洽，宣示了在本管理领域的效力，承诺了予以实施的决心。在我国等级森严和权力集中的行政系统，它至少起到了“政治表态”的效果。行政机关保证实施《条例》的表态，也是必要的。综合性实施制度中的概括性规定既是为了避免重复性规定，又往往是为了综合性实施制度自身逻辑上的自洽，并与《条例》相衔接。细化规定则是为了结合本地方本部门的实际情况实施《条例》，是制定实施性规定的应有目的。中央各部委相比于地方政府的综合性实施制度，细化规定的比例较低。这一方面反映了《条例》在应对复杂多变的地方性事务时的细化需要，另一方面也体现了地方政府在制度制定中的灵活性。因此，在评估各综合性实施制度时，就不能先入为主地对某种规定类型抱有肯定或者否定态度，不能简单地以某种类型规定的比例来判断《条例》实施的积极性。

（三）各类规定的影响因素

不同类型规定功能的实现，也就是哪些内容采用何种类型规定，至少受到以下三个因素的影响：

1. 受规定内容的影响。综合性实施制度中规定了多方面的内容，如主动公开范围、不予公开范围以及监督与保障等。这些规定都涉及当事人的各项权利能够在多大程度上得到实现，同时也意味着对行政机关在政府信息的公开和公民权利的救济上投入的精力多少。不同类型规定对上述问题带来的影响是各异的，同一类型规定对不同问题也可能带来不同的影响。这是制定主体在选择何种类型规定时必然会考虑的因素。具体来说，主动公开范围和监督与保障部分的细化规定越多，其公开的范围与对公民权利的救济所受到的限制也越多，而制定主体也使用了更多的细化规定来避免信息公开工作量和权利救济的大量增加；同时，在不予公开范围部分使用细化规定，又可以缩小不予公开范围。因此，制定主体对此宁愿采用重复性规定，综合性实施制度中这部分的重复性规定比例就高于细化规定。

2. 受《条例》条款的影响。不同类型规定所对应的《条例》条款也是不一样的。《条例》规定本身就有详有略，有具体的细致规定，也有一般条款式的概括规定，留给不同类型规定的空间也是各不相同的。对《条例》中的列举式条款，综合性实施制度文本中的重复性规定比例就比较高，或有对所列举的情形进行细化的空间，如主动公开范围的细化规定和重复性规定比例均高于概括规定，而主动公开方式部分的重复性规定比例之高则更为明显。对《条例》已经十分概括的条款，综合性实施制度已经没有进一步概括的空间，就不会出现概括性规定，如不予公开范围部分，就完全没有概括性规定。

3. 受制定时间的影响。一些早先制定的综合性实施制度往往由于缺乏实践经验作为支撑，细化规定的比例就不如晚近制定的综合性实施制度高。这一影响因素能解释中央和地方综合性实施制度不同类型规定比例上存在的差异。很多地方政府在《条例》出台前已经先行先试，开展了政府信息公开的实践。有的地方政府早于《条例》制定了本地方的政府信息公开规定。在《条例》出台后，根据《条例》制定综合性实施制度或修改已有的制度时，已经积累了不少实践经验。中央各部委大多是在《条例》出台后才开始制定相应的实施制度的，所具有的实践经验明显弱于地方政府。因此，中央综合性实施制度中的细化规定比例，也低于地方综合性实施制度。

本章小结

在中央各部委、各地方政府所制定的《政府信息公开条例》的综合性实施文件中，能够观察到的规定类型主要有重复性规定、概括性规定和细化规定三种。重复性规定尽管存在抄袭上位法的嫌疑，但是其同时又具备“政治表态”的功能。概括规定避免了对上位规则的直接抄袭，有利于综合性实施制度与条例的衔接，但在某些问题上可能构成对条例的扩大解释。细化规定则属于制定主体结合自身工作实际的具体规定。以上三种规定类型在检索到的综合性实施制度中出现的比例各异，且由于各类规定并非呈现出排他性的存在，故三种规定还有不同的组合形式。同时，三种规定类型在中央各部委和各地方政府所制定的综合性实施制度中出现的比例也有一定的差异。

在检索到的全部57份综合性实施制度中，重复性规定的出现比例最高，达到了91%；细化规定的出现比例居中，为65%；而出现最少的概括性规定仅为23%。这样的比例似乎可以说明，绝大多数的制定主体在制定综合性实施制度之时均无意对条例原文进行太大的突破，而是重在表明一种落实条例规定的决心。多数制定主体也能够从实施制度的制定目的出发，结合自身工作实际制定相应规则。概括性规定的比例最少，一方面，这表明各制定主体倾向于追求自身所制定规则的明确性，同时避免对条例原文所涵摄的内容进行扩张；另一方面，结合重复性规定高达91%的出现比例来看，亦能说明各制定主体在制定综合性实施制度时，并未有意识地避免对上位规范的直接抄袭。

前述三种规定类型可能仅出现其中的一种，或两两组合从而产生三种新的组合形式，亦可能同时出现全部三种类型。不同的组合形式有着不同的功能。“重复＋细化”可以在对条例原文进行强调的基础上，将部分过于笼统的规定变得更具可操作性，更符合本部门工作实际。“重复＋概括”可以在尊重条例原文所涵摄范围的基础上，尽可能地避免对原文机械地重复，同时为实际工作的开展留下更为充裕的空间。综合性实施制度的规定内容涉及政府信息公开工作的各个方面，而不同的工作内容均有不同要求。因此，不同规定的组合形式在综合性实施制度中所出现的比例也是不一样的，且其组合形式往往可以反映出相应部分政府信息公开工作的具体要求。

中央各部委所制定的综合性实施制度中，重复性规定所出现的比例往往高于各地方政府的实施制度。在主动公开范围和不予公开范围这两部分的规定中，中央各部委的细化规定比例明显超过各地方政府；在依申请公开程序、监督与保障这两部分规定中，中央各部委和各地方政府的细化规定比例相差不大；在其余部分中，地方政府的细化规定更多。概括性规定的比例整体较低，中央和地方的差异也不大。

第三章 基于司法案例的评估分析

一、研究目的和方法

（一）研究目的

1. 评价的反向思维

美国《联邦行政程序法》要求行政机关于每年 3 月 1 日前向国会呈交一份执行情报公开规定的年度报告。然而，该法并不要求报告表明行政机关向公众提供了多少情报的统计数字，而是要求报告表明行政机关拒绝向公众提供情报的次数和每次拒绝的理由，公众在被拒绝后提出申诉的次数、结果及驳回申诉的理由等。这样，使行政机关的报告不再是一份表明成绩的数字游戏，体现了法治的反向思维[①]。在本研究中，我们将借鉴和运用这种反向思维来评估《条例》的实施。这不仅有利于《条例》的优化和立法目的的实现，而且还能保障和增进我国政府信息公开实践的有效性、公平性和准确性。

① 参见叶必丰："法治与反向思维"，载《长江日报》1999 年 4 月 5 日。

2. 观察行政工作的窗口

行政审判不仅是解决行政争议的重要途径，而且也是观察行政工作的重要窗口。具体而言，本研究将通过对政府信息公开案件的省份分布与经济发展程度关系的分析，通过对政府信息公开案件被告和公开义务机关、原告等当事人信息的统计，通过对政府信息公开案件审结时间、终审法院的级别、胜诉率和上诉率等案件审理信息的统计，以及对政府信息公开案件中具体争点的统计，通过司法案例来全面评估行政机关对《条例》实施的情况，从而监督、支持行政机关在政府信息公开领域的依法行政，助力法治政府建设。

3. 总结司法实践的经验

霍姆斯认为："法律的生命不是逻辑，而是经验"①。卡多佐则进一步认为："法典和制定法的存在并不使法官显得多余，法官的工作也并非草率和机械。会有需要填补的空白，也会有需要澄清的疑问和含混，还会有需要淡化——如果不是回避的话——的难点和错误"②。基于这样一种思路，我们试图通过阅读大量政府信息公开的案件，梳理各级法院受理、审理政府信息公开行政案件的基本情况，考察各级法院在司法实践中如何适用《条例》《国务院办公厅关于做好政府信息依申请公开工作意见》（以下简称《意见》）《最高人民法院关于审理政府信息公开行政案件若干问题的规定》（以下简称《规定》）以及地方性法规、规章，了解《条例》在实施过程中的争点和遇到的突出问题，并从中归纳出带有普遍性并具有针对性的要

①[美]霍姆斯：《普通法》，冉昊等译，中国政法大学出版社 2006 年版，第 1 页。

②[美]卡多佐：《司法过程的性质》，苏力译，商务印书馆 1998 年版，第 4 页。

点，为《条例》的进一步修改，甚至为《条例》上升为法律做一些基础性工作。

（二）研究方法

1. 检索过程

为了全面梳理有关政府信息公开的司法案例，本课题拟通过北大法宝 V5 进行检索。检索方法如下：选择“司法案例”—“全文”，输入检索词“政府信息公开”，选择匹配方式“精确”—“同篇”—“检索”。其中，检索词“政府信息公开”系基于课题组有关法律文件的阅读积累，基本上可以反映司法实践对涉及政府信息诉讼案件的表述。

数据库对检索到的目标条目进行了自动排序。为了保证后续统计的可回溯性和可检验性，我们在每次检索时都复制、固定所有检索结果条目，并标注检索时间和检索词，形成了工作文档。

通过检索，截至 2015 年 4 月 4 日，涉及政府信息公开的刑事案例为 7 件、民事案例为 705 件、行政案例为 2020 件、知识产权案例为 14 件、执行案例为 2 件和国家赔偿案例 25 件，共获得检索结果为 2773 件。

2. 排除案例

（1）非行政案例。基于既定的研究范围和研究目的，本课题将研究范围限于有关“政府信息公开”的行政案例。排除仅仅把“政府信息”作为证据而出现在裁判文书中的刑事案例 7 件、民事案例 705 件、知识产权案例 14 件、执行案例 2 件和国家赔偿案例 25 件，同时排除 1 件无关案例①

① 参见李厚培案［（2013）粤高法行终字第 562 号］。

和4件重复案例后，最后剩下了2015件行政案例。

（2）非政府信息公开争议案例。通过仔细阅读判决书，我们发现，有必要对2015件行政案例进一步类型化，将其分为政府信息公开的争议案件和非政府信息公开的争议案件。政府信息公开的争议案件是指以“政府信息公开”为核心争点的案件（以下简称案件）。非政府信息公开争议的案件是指仅仅在全文中出现“政府信息公开”字样，但仅仅把政府信息作为证据（以下简称证据），并非以“政府信息公开”为核心争点的案件。

在实践中，非政府信息公开争议的案件具体表现为以下几种类型：

第一类案例，通过政府信息公开途径获得行政决定书，作为原告提起行政诉讼或行政复议的前提条件。如李长亮等案［（2015）蚌行终字第00053号］[①] 原告为核实拆迁行为的合法性问题，依据《条例》之规定，向蚌山区政府申请公开房屋征收的相关政府文件信息。蚌山区政府在法定的期限内向原告公开了其作出的《征收公告》。于是，原告对《征收公告》这个行政行为提起了行政复议。

第二类案例，通过政府信息公开途径确认关于行政处罚的政府信息不存在，从而证明自己的违法行为不存在。这主要集中在治安处罚领域。如程某某案［（2014）浙绍行终字第72号］上诉人提交了北京市公安局出具的《政府信息不存在告知书》，证实上诉人申请获取的“本人在天安门广场扰乱公共秩序被查获、立案和移交浙江省嵊州市公安局的信息”信息不存在，从而试图证明上诉人没有在天安门广场扰乱公共秩序。法院认可该

① 本部分案例名的缩写，参见叶必丰：《行政法与行政诉讼法》（第三版），高等教育出版社2015年版，第301页。

证据的真实性、合法性，但认为该政府信息不存在告知书不能否定北京市公安局天安门地区分局的《训诫书》所证明上诉人到天安门地区信访的真实性。

第三类案例，把通过政府信息公开途径获得的“政府信息”作为证明行政行为违法的证据。这是最常见的类型，主要体现在土地征收、拆迁许可、建设规划许可、教育行政、治安处罚、交通行政、工商行政、房产登记、社保信息、劳动保障及行政监督等领域。如葛某某案［（2014）通行初字第51号］上诉人通过向国家发展和改革委员会等行政机关申请信息公开，得到的答复是“该安置房的立项手续及规划许可证”等信息并不存在，从而证明北京市通州区住房和城乡建设委员会的房屋拆迁行为不具有合法性。

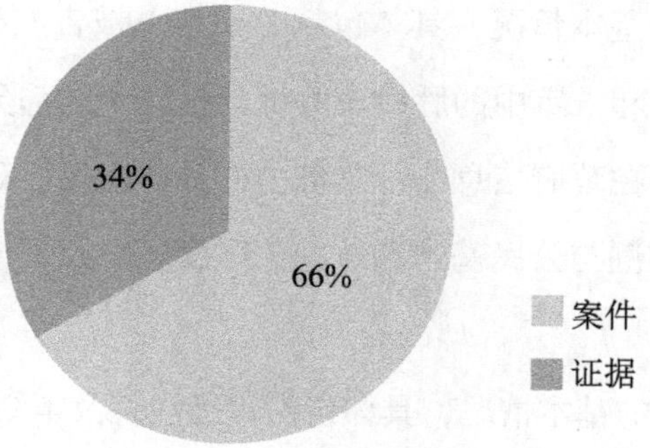

图3–1：政府信息公开的争议案件和非政府信息公开争议案件的比例

由图3-1看出，在前文检索到的2020件行政案例中，政府信息公开的争议案件为1327件，约占总数的66%，非政府信息公开争议的案件为688件，约占总数的34%。这些非政府信息公开争议的案件仅仅在判决书事实部分中出现“政府信息公开”字样，并不以“政府信息公开”为核心争点。

基于此，为了更好地聚焦“政府信息公开”这一主题，本课题拟排除所有非政府信息公开争议的案件，即以剩下的1327件政府信息公开的争议案件为最终的研究范围。

3. 统计指标

为了充分认识当事人的情况、公开义务机关情况、受理法院的情况、原告的胜诉率、案件的受理数量、涉诉的争点及其所对应的重点法条，以及法院对争点的态度等，进而全面检视《条例》在司法实践中的实施状况。本课题将统计指标分为五大部分：

（1）案件的各省分布，即各省、自治区、直辖市的案件数。这一统计的目的在于分析不同地方政府信息公开的数量，以及案例分布与经济发展程度的关联度。

（2）当事人的基本情况，具体包括（原审）被告/第三人、公开义务机关及原告在一审和二审中的胜诉率等统计指标。这部分信息的目的为了全面了解原、被告在政府信息公开案例中的具体情况，观察案例在不同行政领域的分布，案例与公民基本利益的关联度，以及不同群体对政府信息的需求。

（3）案件审理的基本情况，具体包括审理法院及审结日期等统计指标。这部分信息的目的是为了全面了解各级法院受理政府信息公开案件时间维度上的发展态势、公众通过司法途径实现知情权的状况。

（4）案例中的争点，具体包括公开与否、政府信息、范围、申请条件、公开职责、公开方式、公开程序、监督保障等统计指标。这部分信息统计的目的是为了观察政府信息公开司法审判中引发的主要争议焦点。

（5）高频法律规范，具体包括条例、意见、规定、案发地地方性法规、案发地地方规章等统计指标。这部分信息的目的是为了统计政府信息公开案例所适用的主要法条或高频法条。

二、案件的省份分布与经济发展程度

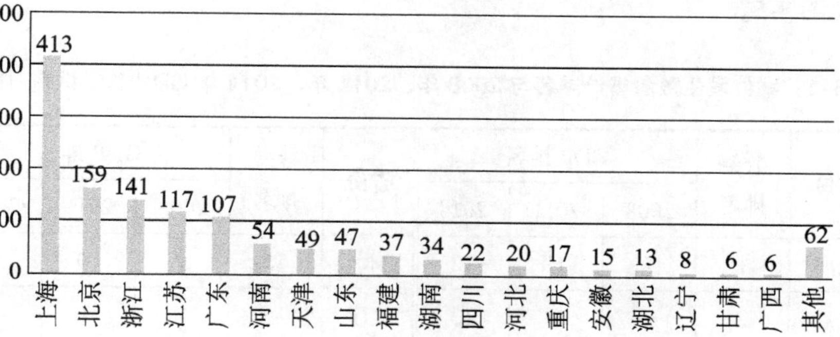

图 3–2：案件发生地省份分布情况

图 3-2 分析的主要是案件发生地省份分布情况。从图 3-2 来看，案件发生地省份分布排名前五的分别为上海、北京、浙江、江苏及广州。其中，发生在上海市的案件有 413 件，约占总数的 31.1%；发生在北京市的案件有 159 件，约占总数的 11.9%；发生在浙江省的案件有 141 件，占总数的 10.6%；发生在江苏省的案件有 117 件，占总数的 8.8%；发生在广东省的案件有 107 件，占总数的 8.1%。发生的案件数量在 50 件至 60 件之间的有河南省，发生的案件数量在 40 件至 50 件之间的有天津市和山东省，发生的案件数量在 30 件至 40 件之间的有福建省和湖南省，发生的案件数量在 20 件至 30 件之间的有四川省和河北省，发生的案件数量在 10 件至 20 件之间的有重庆市、安徽省及湖北省，发生的案件数量在 6 件至 10 件之间的有辽宁省、甘肃省及广西壮族自治区。发生在其他省市的案件数量

都在5件以下，共计62件。

为了进一步研究经济发达程度与实施《条例》的司法实践之间的关系，借鉴本课题的第一部分的研究方法，我们分析了案件发生数量省份排名与经济发达程度之间的关系，制作了表3-1、表3-2、表3-3和图3-3、图3-4以及图3-5。

表3-1：案件发生数量省份排名与2008年、2011年、2014年GDP总量排名对照表

省份	数值排名	GDP排名			省份	数值排名	GDP排名		
		2008	2011	2014			2008	2011	2014
上海	1	7	11	12	湖北	15	9	10	9
北京	2	13	13	13	辽宁	16	7	7	7
浙江	3	4	4	4	甘肃	17	23	23	23
江苏	4	3	2	2	广西	18	15	15	16
广东	5	1	1	1	新疆	19	21	21	25
河南	6	5	5	5	贵州	20	22	22	22
天津	7	20	20	17	江西	21	18	17	15
山东	8	2	3	3	山西	22	16	18	20
福建	9	11	11	11	陕西	23	17	14	14
湖南	10	10	9	10	海南	24	25	24	24
四川	11	8	8	8	内蒙古	25	14	13	13
河北	12	6	6	6	吉林	26	19	19	18
重庆	13	24	25	21	西藏	27	27	27	27
安徽	14	12	12	12					

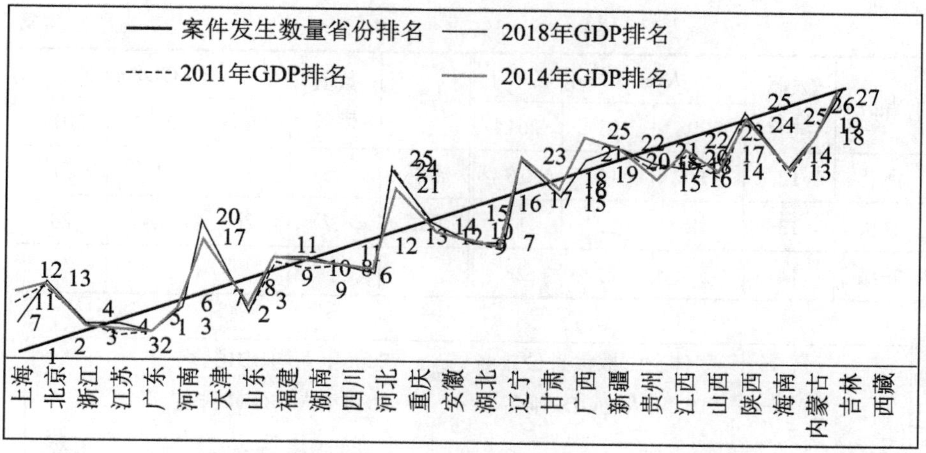

图 3-3：案件发生数量省份排名与 2014 年、2011 年、2008 年 GDP 总量排名对照图

表 3-2：案件发生数量省份排名与 2008 年、2011 年、2014 年人均 GDP 排名对照表

省份	数值排名	人均 GDP 排名			省份	数值排名	人均 GDP 排名		
		2008	2011	2014			2008	2011	2014
上海	1	1	2	2	湖北	15	17	18	17
北京	2	2	3	3	辽宁	16	9	8	7
浙江	3	4	5	5	甘肃	17	29	25	26
江苏	4	5	4	4	广西	18	28	23	27
广东	5	6	7	9	新疆	19	14	16	16
河南	6	16	17	22	贵州	20	31	27	31
天津	7	3	1	1	江西	21	24	21	25
山东	8	7	10	10	山西	22	15	14	24
福建	9	7	9	8	陕西	23	21	11	14
湖南	10	20	15	15	海南	24	19	19	21
四川	11	25	20	23	内蒙古	25	8	6	6

续表

省份	数值排名	人均 GDP 排名			省份	数值排名	人均 GDP 排名		
		2008	2011	2014			2008	2011	2014
河北	12	11	10	18	吉林	26	13	11	11
重庆	13	18	12	12	西藏	27	26	24	28
安徽	14	27	22	26					

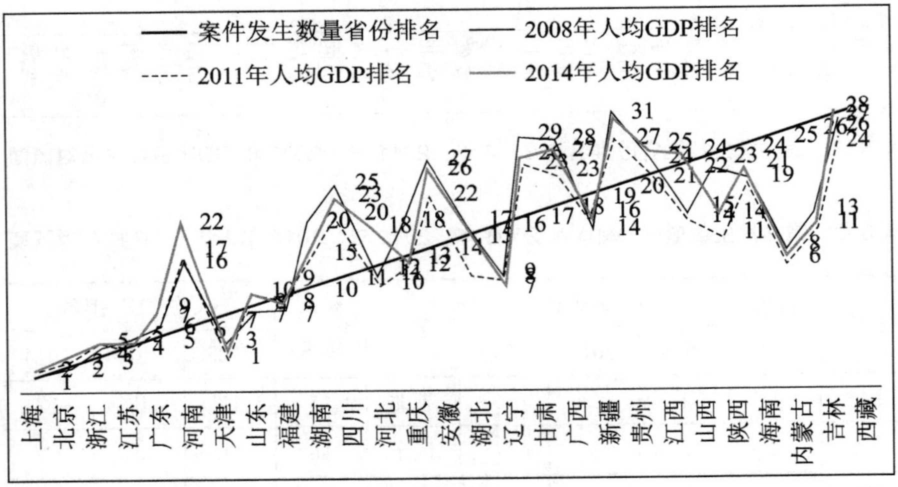

图 3-4：案件发生数量省份排名与 2008 年、2011 年、2014 年人均 GDP 排名对照图

表 3-3：案件发生数量省份排名与 2011 年、2014 年城镇居民人均可支配收入排名对照表

省份	数值排名	城镇居民人均可支配收入排名		省份	数值排名	城镇居民人均可支配收入排名	
		2011	2014			2011	2014
上海	1	1	1	湖北	15	16	13
北京	2	2	2	辽宁	16	9	9
浙江	3	3	3	甘肃	17	31	31

续表

省份	数值排名	城镇居民人均可支配收入排名		省份	数值排名	城镇居民人均可支配收入排名	
		2011	2014			2011	2014
江苏	4	6	4	广西	18	12	15
广东	5	5	5	新疆	19	30	29
河南	6	20	17	贵州	20	26	27
天津	7	4	6	江西	21	25	20
山东	8	8	8	山西	22	21	23
福建	9	7	7	陕西	23	19	19
湖南	10	13	11	海南	24	17	16
四川	11	22	18	内蒙古	25	10	10
河北	12	18	22	吉林	26	23	25
重庆	13	11	12	西藏	27	27	30
安徽	14	14	14				

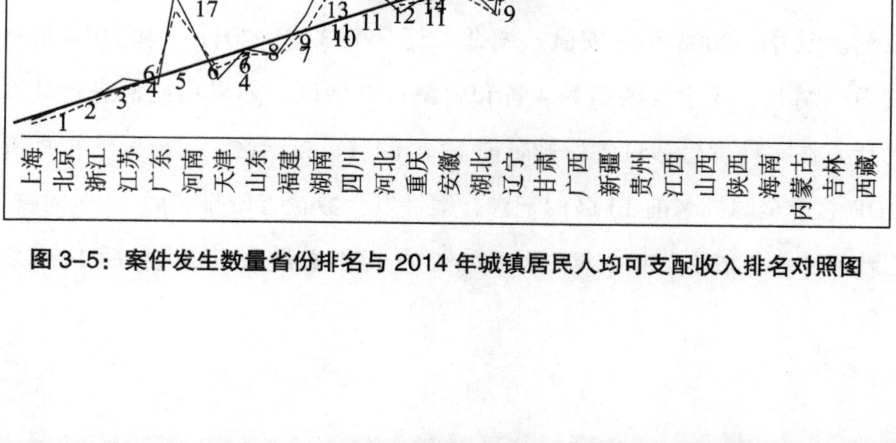

图 3-5：案件发生数量省份排名与 2014 年城镇居民人均可支配收入排名对照图

对照图 3-3、图 3-4 和图 3-5，我们发现，图 3-5 中细实和细虚不规则折线与粗实斜线之间的偏差相对比较小，图 3-4 中细实、细虚和粗灰不规则折线与粗实斜线之间的偏差相对大一些，图 3-3 中细实、细虚和粗灰不规则折线与粗实斜线之间的偏差最大。其中，细实、细虚和粗灰不规则折线与粗实斜线之间的偏差越小，说明所比较的两项指标之间的正向相关关系越明显，反之说明所比较的两项指标之间的正向相关关系越不明显。图 3-3、图 3-4 和图 3-5 所反映的情况表明，政府信息案件的发生数量与该省、自治区城镇居民人均可支配收入排名之间存在较为明显的正向相关关系，与该省、市、自治区人均 GDP 排名之间存在一定的正向相关关系，而与该省、市、自治区 GDP 总量排名之间的正向相关关系并不明显。

结合表 3-1、表 3-2 和表 3-3，上述结论能更清晰地反映出来。如果我们将表 3-1 中的 27 个省、市、自治区分为前 13 个和后 14 个两个部分，则在案件发生数量省份排名的前 13 个省、市、自治区中，有天津、重庆等 2 个直辖市的 GDP 总量排名没有进入全国前 13 名（2008 年、2011 年、2014 年三年均是如此）；在案件发生数量省份排名的后 14 个省、自治区中，2008 年有 3 个省、自治区的 GDP 总量排名不在全国后 14 名之列，而 2011 年和 2014 年均有 5 个省、自治区的 GDP 总量排名不在后 14 名之列。其中，2008 年是安徽、湖北、辽宁等 3 省，2011 年和 2014 年是安徽、湖北、辽宁及陕西等 4 省和内蒙古自治区。如果用比例进行计算的话，在案件发生数量省份排名前 13 名的省、自治区中，有 84.6% 拥有 GDP 总量全国排名前 13 名的记录，案件发生数量省份排名后 14 名的省、自治区中，78.5%（2008 年）和 64.2% 的 GDP 总量全国排名在后 14 名之列。这样的比例能够反映案件发生数量省份排名与 GDP 总量排名之间存在一定的正向相关关系。

在表 3-2 中，我们采用同样的方法进行比较，结果是在案件发生数量省份排名的前 13 个省、市、自治区中，2008 年有河南、湖南、四川和重庆等 4 省（市）的人均 GDP 全国排名没有进入前 13 名，2011 年和 2014 年有河南、湖南和四川等 3 省的人均 GDP 全国排名没有进入前 13 名。在案件发生数量省份排名的后 14 个省、市、自治区中，2008 年、2011 年和 2014 年均有辽宁、吉林等 2 省和内蒙古自治区的人均 GDP 全国排名没有进入后 14 名。如果用比例进行计算的话，在案件发生数量省份排名前 13 名的省、自治区中，69.2%（2008 年）和 76.9%（2011 年和 2014 年）和拥有人均 GDP 全国排名前 13 名的记录，案件发生数量省份排名后 14 名的省、市、自治区中，78.6% 的人均 GDP 全国排名在后 14 名之列。这样的比例能够反映案件发生数量省份排名与 GDP 总量全国排名之间存在一定的正向相关关系。

在表 3-3 中，我们采用同样的方法进行比较，结果是在案件发生数量省份排名的前 13 个省、市、自治区中，2011 年和 2014 年均有河南、四川、河北等 3 个省的城镇居民人均可支配收入全国排名没有进入前 13 名。在案件发生数量省份排名的后 14 个省、市自治区中，2011 年有辽宁省及广西壮族自治区和内蒙古自治区的城镇居民人均可支配收入在全国排名没有进入后 14 名，2014 年有湖北、辽宁两省及内蒙古自治区的城镇居民人均可支配收入在全国排名没有进入后 14 名。如果用比例进行计算的话，在案件发生数量省份排名前 13 名的省、市、自治区中，76.9%（2011 年和 2014 年）和拥有城镇居民人均可支配收入全国排名前 13 名的记录，案件发生数量省份排名后 14 名的省、市、自治区中，78.6% 的城镇居民人均可支配收入排名在后 14 名之列。这样稳定的比例能够反映案件发生数量省份排名与城镇居民人均可支配收入全国排名之间存在比较明显的正向相关关系。

综上，我们大致可以得出以下结论：各省、市、自治区的政府信息案件发生数量与城镇居民人均可支配收入全国排名之间存在比较明显的正向相关关系，而各省、市、自治区的政府信息案件发生数量与 GDP 总量全国排名及人均 GDP 全国排名之间存在一定的正向相关关系。这至少说明，经济发展水平及人均可支配收入的高低与政府信息的需求及知情权的保护要求成正比，即在上海、北京、浙江、江苏及广州这些经济发达地区和人均可支配收入较高的省、市，政府信息对公民在生活、生产、科研等方面产生了重要影响，相比其他经济欠发达地区及人均可支配收入较低的各省、市、自治区，这些地区的公民对知情权的保护更加重视，对政府信息的需求也更为强烈。

三、当事人信息的统计分析

（一）被告和公开义务机关

“被告”和“公开义务机关”这两个指标具有很强的关联性。它们都是用于衡量涉诉政府信息所在的行政领域以及统计政府信息公开纠纷发生在哪些行政主管部门，主要是探究哪些行政领域的政府信息的实际需要度比较高，哪些行政主管部门所面临的政府信息公开责任和压力比较大。

表 3-4：被告所在省份分布统计

省份	案件排名	案件数量	省份	案件排名	案件数量
上海	1	413	湖北	15	13
北京	2	159	辽宁	16	8
浙江	3	141	甘肃	17	6
江苏	4	117	广西	18	6
广东	5	107	新疆	19	4
河南	6	54	贵州	20	3
天津	7	49	江西	21	3
山东	8	47	山西	22	3
福建	9	37	陕西	23	3
湖南	10	34	海南	24	2
四川	11	22	内蒙古	25	2
河北	12	20	吉林	26	1
重庆	13	17	西藏	27	1
安徽	14	15			

表 3-4 主要统计的是被告所在省份的分布情况，即从整体上分析政府信息公开争议案件的被告集中在哪些省份。从图 2 来看，被告所在的省份分布排名前 5 名的分别为上海、北京、浙江、江苏及广东。其中，以上海市所辖的行政机关为被告的有 413 件，约占总数的 31.1%；以北京市所辖的行政机关为被告的有 159 件，约占总数的 11.9%；以浙江省所辖的行政机关为被告的有 141 件，占总数的 10.6%；以江苏省所辖的行政机关为被告的有 117 件，占总数的 8.8%；以广东省所辖的行政机关为被告的有 107 件，占总数的 8.1%。

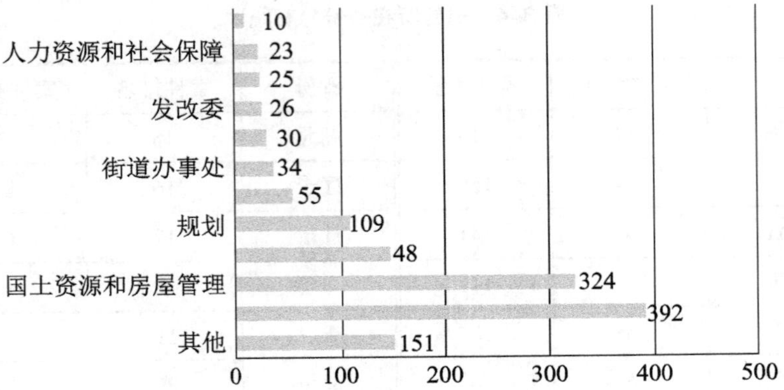

图 3–6　被告和公开义务机关的行业领域分布

图 3-6 主要统计的是被告和公开义务机关的领域分布。从图 3-6 来看，人民政府、国土资源和房屋管理部门、住房和城乡建设部门、规划部门及公安部门占前 5 位。其中，以人民政府为被告或公开义务机关的案例有 392 件，约占总数的 29.5%；以国土资源和房屋管理为被告或公开义务机关的案例有 324 件，约占总数的 24.4%；以住房和城乡建设为被告或公开义务机关的案例有 148 件，约占总数的 11.2%；以规划部门为被告或公开义务机关的案例有 109 件，约占总数的 8.2%；以公安部门为被告或公开义务机关的案例有 55 件，约占总数的 4.4%。从图 4 来看，被告和公开义务机关的领域分布还包括街道办事处、工商行政管理、发改委、交通、人力资源和社会保障以及环境保护等。

从以上统计看出，这些领域的共同特征都是与公民的生产、生活、科研息息相关，即与公民的利益关联度越大或与行政权力越密切的领域，所涉及的行政机关越容易成为被告和公开义务机关，这是成正比的。近几年来，随着城市更新和农村城镇化的不断推进，土地和房屋的价值不断上涨，与此相关的土地、房屋及规划等政府信息成为公民关注的焦点。公安部门则拥有限制人身自由等与公民切身利益相关的重要权力，也有保护公民生命、健康等重要职责，公民自然会充分关注公安部门的信息。由此，国土资源和房屋管理部门、住房和城乡建设部门、规划部门及公安部门越来越多的成为被告或公开义务机关也不难理解。

人民政府排第一位的原因在于其掌握政府信息比较全面，同时也有程序上的因素。由于信息不对称，再加上政府信息一直以来的神秘性，很多政府信息的申请人并不知道确切的或适格的公开义务主体，申请人往往直接向人民政府申请政府信息公开。因此，行政机关内部有必要加强政府信息公开工作的协作和共享，以便更好地服务于社会，充分保护公民的知情权。为此，本课题组建议行政机关积极、主动地公开不涉及国家秘密、商业秘密和个人隐私的政府信息，使申请人可以通过网站、公告栏等途径找到实际需求较大的政府信息。从公开义务主体和被告的角度来说，这可以减少依申请公开政府信息的压力。

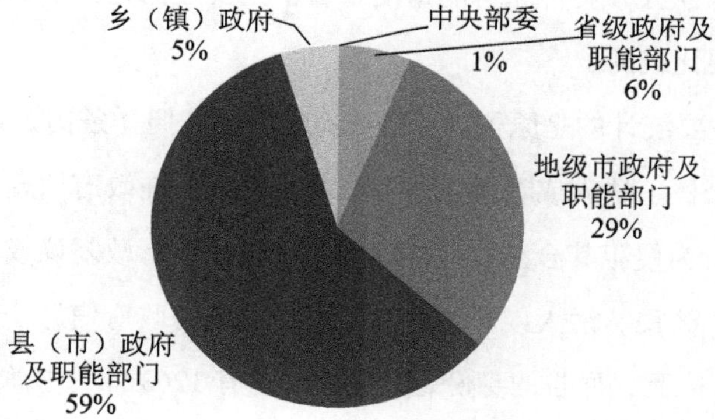

图 3–7　被告和公开义务机关的行政层级统计

图 3-7 主要统计的是被告和公开义务机关的行政层级情况。按照《宪法》第 30 条的规定，将被告和公开义务机关的行政层级分为中央部委、省级（包括自治区、直辖市）政府及职能部门、地级市（辖区的市）政府及职能部门、县（自治县、不辖区的市）政府及职能部门、乡（民族乡、镇）政府。从图 3-7 来看，其中以县（自治县、不辖区的市）政府及职能部门为被告和公开义务机关的有 786 件，约占总数的 59%；以地级市（辖区的市）政府及职能部门为被告和公开义务机关的有 392 件，约占总数的 29%。由此，县级行政机关和市级行政机关是最主要的政府信息公开义务机关，也最容易成为被告，两者相加的比例达到了 88%。另外，以省级（包括自治区、直辖市）政府及职能部门为被告和公开义务机关的有 79 件，约占总数的 6%；以乡（民族乡、镇）政府为被告和公开义务机关的有 67 件，约占总数的 5%；以中央部委为被告和公开义务机关的只有 3 件，占总数的比例不到 1%。

（二）原告

从政府信息公开案件原告的角度来看，主要是探究哪个群体对政府信息的实际需要比较高。

图 3-8 主要统计的是原告的身份分布情况。按照《条例》第 33 条第 2 款的规定，公民、法人或者其他组织认为行政机关在政府信息公开工作中的具体行政行为侵犯其合法权益的，可以依法申请行政复议或者提起行政诉讼。因此，公民、法人或者其他组织都可能成为政府信息公开案件的原告。从图 3-8 来看，原告的身份是公民的案件有 1263 件，占总数的比例高达 95%。原告的身份是法人的案件有 26 件，约占总数的 2%。原告的“法人”身份主要以公司的形式出现。原告的身份是其他组织的案件有 38 件，

约占总数的3%。原告的“其他组织”身份主要以村民小组、村办工厂、合作企业及法律服务机构等形式出现。由此看来，政府信息公开案件的原告多为个人，法人或者其他组织为少数情况。

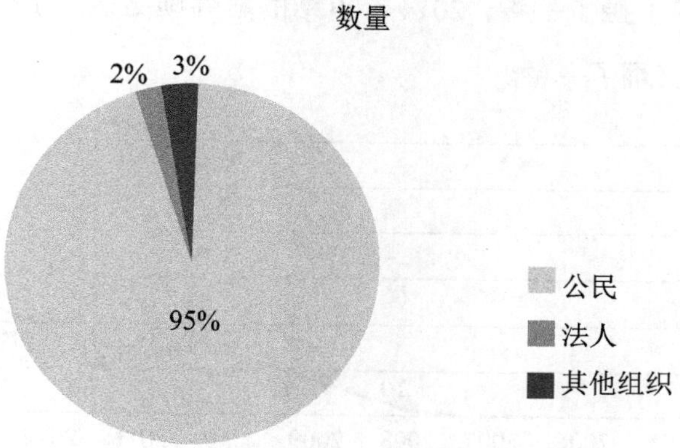

图 3-8 原告的身份统计

另外，在所检索到的案例中，原告均为政府信息公开的申请人，并未发现利害关系人作为原告的情形。利害关系人为原告的情况主要出现在涉及第三方个人隐私或者商业秘密的政府信息公开案件中。由于在此类案件中，行政机关往往都会履行征询意见的程序义务且会根据第三方的意见决定是否公开政府信息，政府信息的公开并不会影响利害关系人的实体利益，因而实践中鲜有利害关系人作为原告提起政府信息公开诉讼的情况。

四、案件审理信息的统计分析

（一）案件审结时间

对于案件数量变化趋势的统计，本课题使用的是“审结日期”这一指标。通过这一指标，用以描述案例在时间维度上的分布，观测发展态势。从图 3-9 来看，2008 年审结的案件仅为 10 件；2010 年审结的案件激增为 132 件，达到 2008 年数量的 13.2 倍之多；2013 年审结的案件则为 261 件，在 2010 年数量上翻了一番；2014 年审结的案件则高达 491 件，在短短一年时间内几乎又翻了一番。

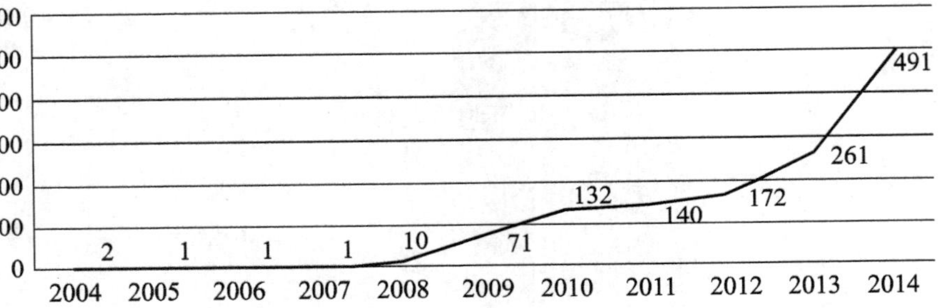

图 3-9：审结时间

注：

1. 因为统计时间的原因，2015 年只涉及 1 个案例，对于研究案件数量的变化趋势并无指导意义。为了避免不必要的干扰，本课题直接排除了 2015 年的数据。

2. 另有 44 件案例未标明审结时间。

从以上统计至少可以看出三点：其一，政府信息公开争议案件的数量在逐年上升，而且上升速率不断加快。这也将是未来的一个大趋势。其二，《条例》的出台和实施促使政府信息公开争议案件的数量激增。2008 年和 2009 年审结的案件分别为 10 件和 71 件。《条例》正式实施的第一年即 2010 年，审结的案件则高达惊人的 132 件。这与《条例》的出台和实施息息相关。其三，《条例》的出台和实施，使得各级政府变得更加开明和对政府信息的公开持更开放的态度。

（二）终审法院的级别

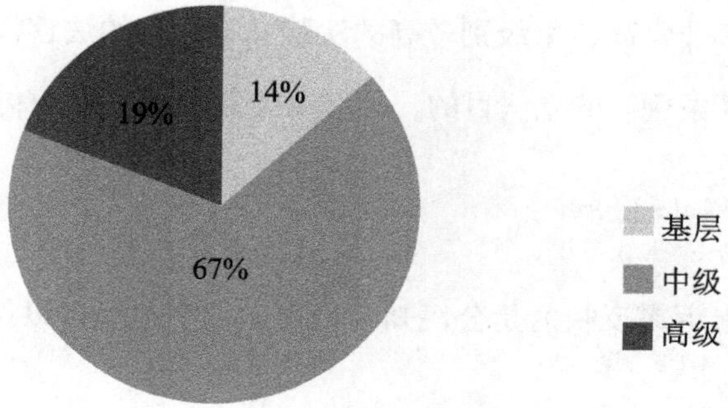

图 3–10：终审法院分布

注：有 16 起案例，北大法宝未标明审理法院。

图 3-10 是对终审法院级别的统计，涉及基层法院、中级法院以及高级法院三个具体指标。从图 3-10 来看，基层法院作为终审法院的有 179 件，约占总数的 14%。中级法院作为终审法院的有 878 件，约占总数的 67%，主要包括基层法院一审而中级法院二审的上诉案件和中级法院一审终局的初审案件两种类型。高级法院作为终审法院的有 254 件，约占总数的 19%，主要包括中级法院一审而高级法院二审的上诉案件和高级法院一审终局的初审案件两种类型。

从以上统计至少可以看出三点：其一，中级法院是作出终审判决的主力军。其原因有两个方面，因为被告的层级比较高而直接由中级法院进行一审，或者因为原告上诉率过高导致的中级法院作出的二审判决急剧增加。其二，最高法院并没有作过有关政府信息公开行政案件的终审判决。其原因是由高级法院进行的一审本身就比较少，并且原告没有对高级法院作出的一审判决提起上诉；或者是因为最高法院没有受理过有关政府信息公开的一审案件。其三，政府信息公开的行政案件是一种全新的行政诉讼类型，审判难度较大，并且涉及了原告的切身利益，这都导致两者之间矛盾突出，上诉率非常高，由级别较高的法院和有经验的法官作出终审判决，更有利于实现《条例》的立法目的，即平衡公共利益和个人利益的关系。

（三）胜诉率和上诉率

胜诉率和上诉率反映的是公民知情权通过司法途径得以保障的状况。

1. 胜诉率

这里的胜诉率是指原告的胜诉率，即被告的败诉率。图 3-11 反映的是一审的统计情况，原告的胜诉率仅 13%，而被告的胜诉率却高达 86%。图 3-12 反映的是二审的统计情况，与一审的情况几乎完全一致，即上诉人的胜诉率仅 14%，而被上诉人的胜诉率却高达 85%。

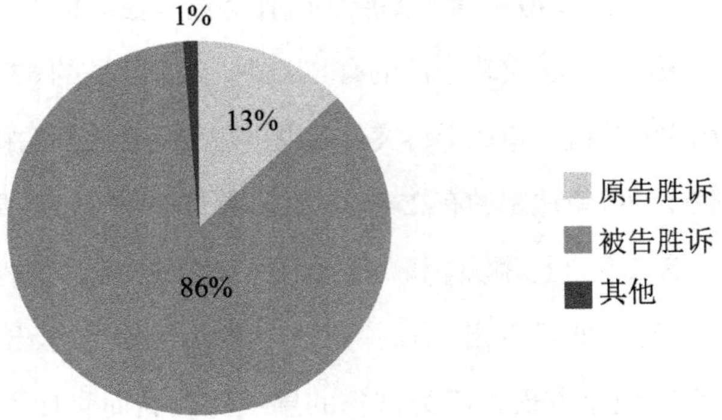

图 3-11：一审原告胜诉情况

注：

1. 其他系指原告撤诉、法院移送等情况；
2. 另有 20 起案例，法宝未列明一审胜诉情况。

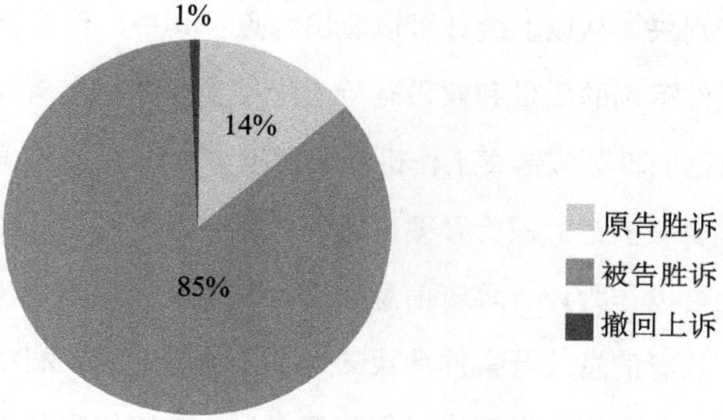

图 3-12：二审原告胜诉情况

从以上统计可以看出两点：其一，我国政府信息公开行政案件的最显著特点就是原告的胜诉率（即被告的败诉率）极低，而且有不断下滑的趋势。这与我国行政诉讼的整体现状是基本一致的，据最高人民法院行政审判庭副庭长王振宇法官的统计，“10 年前行政诉讼的被告败诉率占 30% 左右，近年来下降到 10% 以下，有一些省份甚至只有 2%”①。其二，原告的胜诉率低，并不等于公民的知情权没有受到充分的保护。从一些案例来看，虽然法院没有判决原告胜诉，但结果却是原告已经得到所需的政府信息，获知政府信息的权利已经得到了保障。这主要包括以下两种情形：第一，原告在庭审前已经实际获得所需政府信息的情况下仍不服提起诉讼，进而被驳回。第二，原告在庭审过程中实际获知的涉诉政府信息，但法院考虑到撤销政府原先的政府信息公开答复并无实际意义，因而并没有判决原告胜诉。

2. 上诉率

从图 3-13 来看，高达 82% 的原告选择了继续上诉，只有 18% 的原告

---

① 张渝文：“再插手民告官案，拿行政机关‘说事’”，载《大河报》2014 年 11 月 5 日。

选择尊重一审判决。从以上统计可以看出两点：其一，作为新型的政府信息公开行政案件审判的质量和效果有待于进一步提高。最高人民法院《关于建立健全防范刑事冤假错案工作机制的意见》[①]第22条明确规定，不得以上诉率等单项考核指标评价办案质量和效果。但不可否认的是，上诉率在一定程度上可以作为评价政府信息公开行政案件审判质效、绩效的指标之一。其二，政府信息公开案件涉及的大都是原告的重要利益，如与城市更新有关的土地、房屋及拆迁许可等政府信息，这些切身利益是原告不会轻易放弃的。

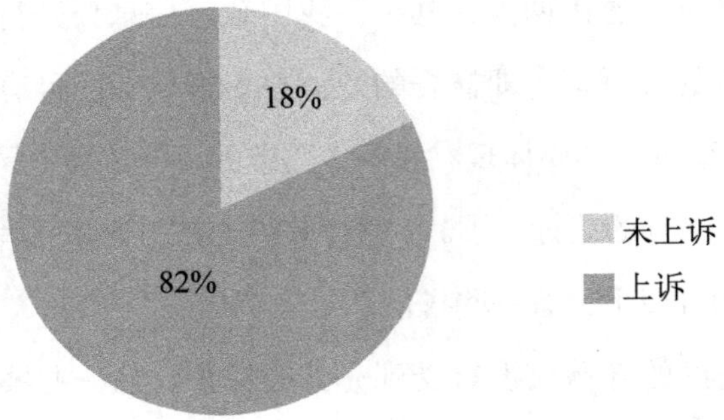

图 3-13：上诉率

五、案例中争点的统计分析

（一）总体分析

对政府信息公开案件争点进行统计分析的目的在于，观察争议涉及《条例》的哪些条款，发生在政府信息公开工作的哪些环节。这将有利于

---

①2013年10月9日，法发〔2013〕11号。

《条例》的进一步完善和良好地实施。

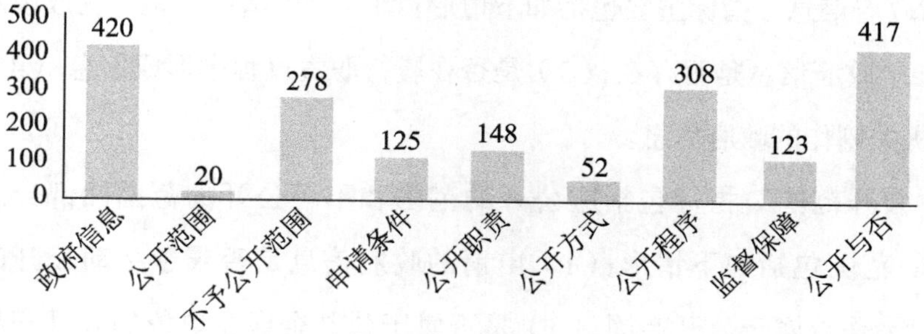

图 3-14：涉诉争点的数量

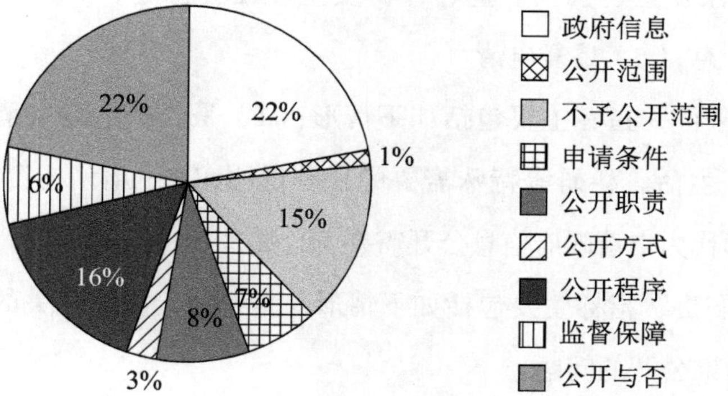

图 3-15：涉诉争点的比例

1. 具体指标的介绍

对涉诉争点进行统计，首先面临的是对涉诉争点的类型化，从而确定统计指标。类型化的主要问题，则是标准。基于本研究的目的在于对《条例》实施的评估，本研究可以按《条例》的框架对争点进行类型化，具体包括政府信息、范围、申请条件、公开职责、公开方式、公开程序、监督保障及公开与否等指标。需要指出的是，一个案例可能同时讨论数个涉诉争点，因此案例数量和涉诉争点的数量并不是一一对应的关系。

“政府信息”指标主要包括如下情形：（1）所申请信息是否构成政府信息；（2）政府信息是否存在；（3）是否在履行职责过程中形成信息；（4）非行政机关制作的政府信息。

“公开范围”指标包括应公开的范围和不予公开的范围两部分。应公开的范围包括如下情形：（1）申请的政府信息是否属于主动公开的信息；（2）是否属于公开范围；（3）是否属于公共企事业单位的公开职权范围。不予公开的范围则包括如下情形：（1）国家秘密、商业秘密和个人隐私；（2）国家安全、公共安全、经济安全和社会稳定；（3）过程性信息；（4）内部信息；（5）重复申请。

“申请条件”指标主要包括如下情形：（1）是否提供对申请信息具有自身生产、生活、科研等特殊需要的合理说明；（2）申请内容是否明确；（3）由律师代为申请政府信息公开需要符合哪些条件。

“公开职责”指标主要包括如下情形：是否属于行政机关的公开职权范围，即由谁公开的问题。

“公开方式”指标主要包括如下情形：（1）告知的形式是否按照申请的形式给予提供；（2）仅口头答复而未书面答复。

“公开程序”指标主要包括申请、指导、处理、期限、提供等依申请公开的程序。①

“监督保障”指标主要包括如下情形：（1）被告是否履行了诉讼义务；（2）被告是否适格、复议机关是否具有行政复议的法定职责；（3）是否符

① 参见叶必丰：《行政法与行政诉讼法》，高等教育出版社 2012 年版，第 36-38 页。

合起诉条件;(4)是否属于受案范围;(5)是否可以获得行政赔偿;(6)与政府信息公开无关的复议中的问题;(7)合议庭组成的合法性问题;(8)原告是否超过起诉期限、复议期限;(9)法律适用问题。

“公开与否”指标主要是从结果上来界定的,也有兜底性质,主要包括如下情形:(1)提供的信息是否准确或者真实;(2)是否完全履行了政府信息公开职责(部分答复有异议、全部答复有异议及不答复);(3)行政机关答复的内容是否同申请人要求获知的内容一致;(4)重复申请;(5)行政机关无须重复提供信息;(6)历史信息;(7)档案信息。

2. 总体评价

从图 3-14 和图 3-15 来看,涉诉争点排名前 5 名的分别是“政府信息”“公开与否”“公开程序”“不予公开范围”及“公开职责”指标。其中,有 420 个案例涉及“政府信息”指标,占全部 1327 个案件的 31.6%,占涉诉争点总数的 22%。主要争议系“是否构成政府信息”以及“政府信息是否存在”。有 278 个案例涉及“不予公开范围”指标,占全部 1327 个案件的 20.9%,占涉诉争点总数的 15%。主要争议系“国家秘密、商业秘密和个人隐私”“国家安全、公共安全、经济安全和社会稳定”“过程性信息”及“内部信息”等。有 148 个案例涉及“公开职责”指标,占全部 1327 个案件的 11.2%,占涉诉争点总数的 8%。主要争议系由谁公开政府信息。有 308 个案例涉及“公开程序”指标,占全部 1327 个案件的 23.2%,占涉诉争点总数的 16%。主要争议系答复、告知补正、说明理由、征询意见及送达等政府信息公开的程序。涉及“公开与否”指标的案例高达 417 个,占全部 1327 个案件的 31.4%,占涉诉争点总数的 22%。这与该指标的兜底性质有关。

（二）二级指标的细化

1.“政府信息”指标

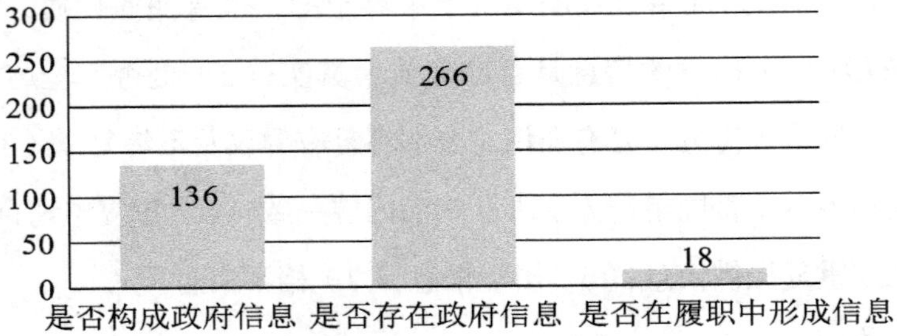

图 3–16：“政府信息”指标

从图 3-16 来看，在涉及“政府信息”指标的 420 个案例中，有 266 个案例存在“是否存在政府信息”的争议，约占该指标总数的 63.3%，占全部 1327 个案件的 20%。有 136 个案例存在“是否构成政府信息”的争议，约占该指标总数的 32.4%，占全部 1327 个案件的 10.2%。有 18 个案例存在“是否在履行职责过程中形成信息”的争议，约占该指标总数的 4.3%，占全部 1327 个案件的 1.4%。由此看来，原告和被告对于“是否存在政府信息”以及“是否构成政府信息”这两个问题存在较多争议。

2.“不予公开范围”指标

从图 3-17 来看，在涉及“不予公开范围”指标的 278 个案例中，有 131 个案例存在是否属于“国家秘密、商业秘密和个人隐私”的争议，约占该指标总数的 47.1%，占全部 1327 个案件的 9.9%。有 80 个案例存在“国家安全、公共安全、经济安全和社会稳定”的争议，约占该指标总数的 28.8%，占全部 1327 个案件的 6%。有 31 个案例存在“过程性信息”的争议，约占该指标总数的11.2%，占全部1327个案件的2.3%。有36个案例存在“内部信息”的争议，约占该指标总数的12.9 %，占全部1327个案件的2.7%。“不予公开范围”属于政府信息公开的排除范围，最主要的两个理由是“两秘密一隐私”和“三安全一稳定”等，这是行政机关最为热衷，公民最为反感，而法院最为迷惑的争点。

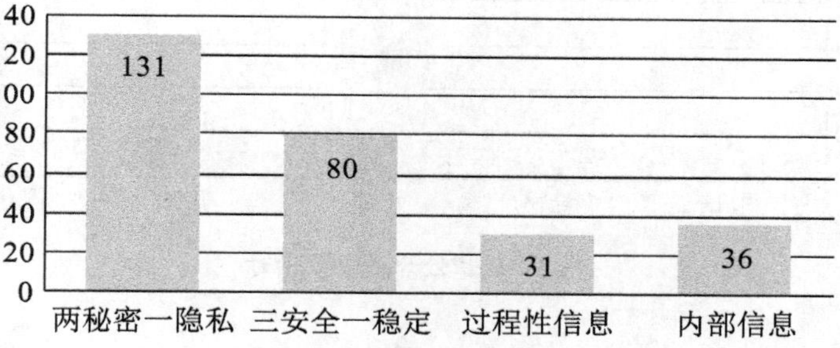

图3–17：“不予公开范围”指标

3.“申请条件”指标

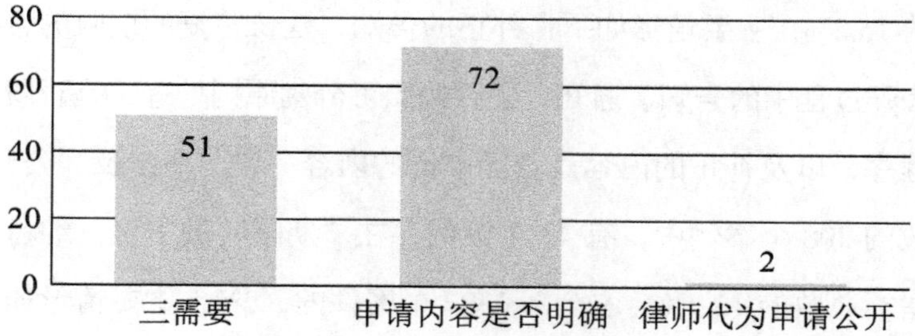

图3–18：“申请条件”指标

从图3-18来看，在涉及“申请条件”指标的125个案例中，有51个案例存在“生产、生活、科研等特殊需要”的争议，约占该指标总数的40.8%，占全部1327个案件的3.8%。有72个案例存在“申请内容是否明确”的争议，约占该指标总数的 57.6%，占全部 1327 个案件的 5.4%。有 2 个案例存在“律师代申请需要符合的条件”的争议，约占该指标总数的 1.6%，占全部 1327 个案件的 0.2%。

4.“公开程序”指标

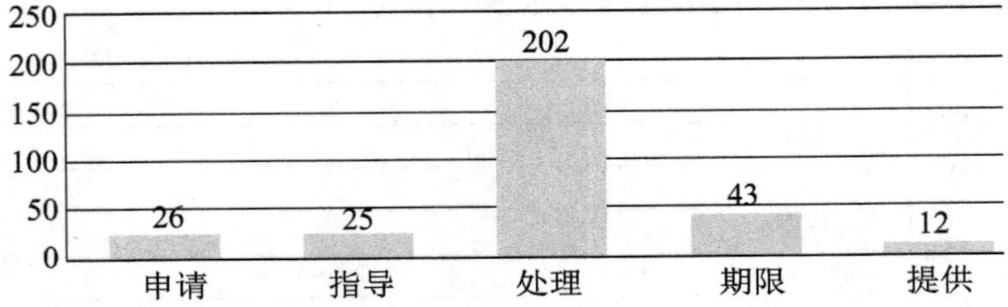

图 3–19：“公开程序”指标

“公开程序”指标包括“申请”“指导”“处理”“期限”及“提供”5 个分指标。从图 3-19 来看，在涉及“公开程序”指标的 308 个案例中，有 202 个案例存在“处理”的争议，约占“公开程序”总数的 65.6%，占全部 1327 个案件的 15.2%，主要情形如下：补正的告知，延长答复的期限的告知，政府信息公开过程中的告知、通知，是否按照可分割原则处理，是否履行了征询意见程序，以及补正的内容是否同申请的内容一致。在涉及“公开程序”指标总数的 308 个案例中，有 43 个案例存在“期限”的争议，约占“公开程序”指标总数的 13.9%，占全部 1327 个案件的 3.2%，主要情形如下：是否按照法定期限答复。在涉及“公开程序”指标的 308 个案例中，有 26 个案例存在“申请”的争议，约占“公开程序”指标总数的 8.4%，占全部 1327 个案件的 2%，主要情形如下：原告是否提出过政府信息公开申请，是否属于举报、投诉、信访等行为，以及是否符合一事一申请原则。在涉及“公开程序”指标的 308 个案例中，有 25 个案例存在“指导”的争议，约占

"公开程序"指标总数的8.1%，占全部1327个案件的1.9%，主要情形如下：不予公开的情形下是否说明理由，以及如何合法答复申请公开应当主动公开的政府信息。在涉及"公开程序"指标的308个案例中，有12个案例存在"提供"的争议，约占"公开程序"指标总数的3.9%，占全部1327个案件的0.9%，主要情形如下：法律适用问题，费用问题，以及送达问题。

六、案例中高频法条的统计分析

本研究统计的条文摘引自法院裁判文书的判决理由部分，并且仅限于与政府信息公开直接相关的法律、法规、规章及其他规范性文件。之所以并没有将关于政府信息公开的特别法[①]纳入统计范围，原因在于本研究探讨的是政府信息公开的一般性规则，评估的是《政府信息公开条例》实施状况。

（一）高频法律依据

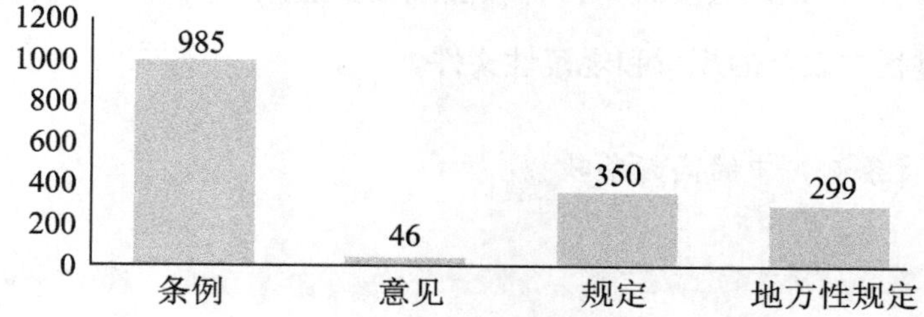

图3-20：高频法律依据

从图3-20来看，《条例》的被引用率最高，频次高达985次。这与

① 比如，《中华人民共和国行政许可法》第5条第2款规定，有关行政许可的规定应当公布；未经公布的，不得作为实施行政许可的依据。行政许可的实施和结果，除涉及国家秘密、商业秘密或者个人隐私的外，应当公开。

《条例》的行政法规性质和作为政府信息公开的主要法律依据存在直接关系。《最高人民法院关于审理政府信息公开行政案件若干问题的规定》(以下简称《规定》)的被引用率排第二位，达到350次。这与《规定》的司法解释性质（司法领域的细化作用得到发挥）和程序性规定存在直接关系。各案发地的地方性法规和政府规章（以下简称“地方性规定”）总计被引用了299次，排在第三位。这与“地方性规定”具有的地方特色和实施细则性质密切相关。《国务院办公厅关于施行〈中华人民共和国政府信息公开条例〉若干问题的意见》(以下简称《意见》)总计被引用了46次，排在最后。这与《意见》的过于抽象性和制定主体的特殊性可能有一定的关系。

由此看来，各级法院在政府信息公开案件中适用的法律依据主要是中央的规定，包括国务院的《条例》和最高法院的《规定》。地方性规定只起到补充作用，地方各级人大及其政府在实施国务院《条例》过程中制定的绝大多数地方性法规、规章及规范性文件，并没有成为司法判决的法律依据。同样，在司法实践中，各级法院很少适用中央部委在实施国务院《条例》过程中制定的规章和规范性文件。

（二）《条例》中的高频条款

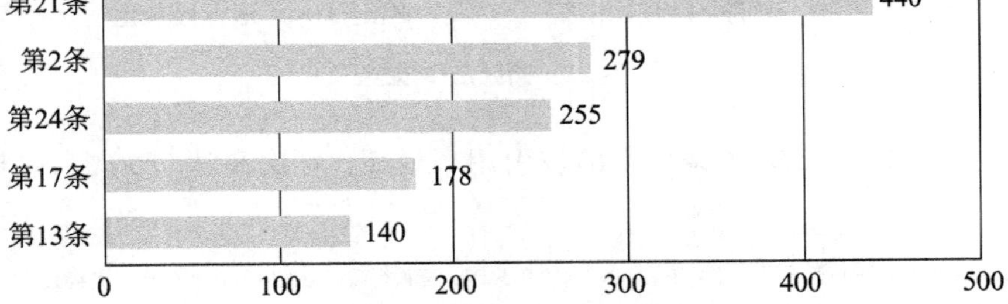

图3-21:《条例》中的高频条款

从图 3-21 来看，《条例》的前五位的高引用率法条是：第 21 条[①]、第 2 条[②]、第 24 条[③]、第 17 条[④]及第 13 条[⑤]。其中，第 21 条被引用 440 次、第 2 条被引用 279 次、第 24 条被引用 255 次、第 17 条被引用 178 次、第 13 条被引用 140 次。从被引用的频率也可以看出政府信息公开的重点问题。从第 21 条可知，司法和行政程序中重点关注的都是行政机关的答复内容是否合法。行政机关的主要职责，是要在信息公开工作中根据不同情况分门别类地从程序上作出答复。第 21 条表面上是一项程序性条款，但反映的是政府信息公开义务的履行是否合法的实体判断。对行政机关而言，需要判断的是究竟属于第 21 条所规定的四项情形的哪一种。根据第 2 条的规定，申请的信息是否属于政府信息也是重

① 参见《条例》第 21 条规定："对申请公开的政府信息，行政机关根据下列情况分别作出答复：（一）属于公开范围的，应当告知申请人获取该政府信息的方式和途径；（二）属于不予公开范围的，应当告知申请人并说明理由；（三）依法不属于本行政机关公开或者该政府信息不存在的，应当告知申请人，对能够确定该政府信息的公开机关的，应当告知申请人该行政机关的名称、联系方式；（四）申请内容不明确的，应当告知申请人作出更改、补充。"

② 参见《条例》第 2 条规定："本条例所称政府信息，是指行政机关在履行职责过程中制作或者获取的，以一定形式记录、保存的信息。"

③ 参见《条例》第 24 条规定："行政机关收到政府信息公开申请，能够当场答复的，应当当场予以答复。行政机关不能当场答复的，应当自收到申请之日起 15 个工作日内予以答复；如需延长答复期限的，应当经政府信息公开工作机构负责人同意，并告知申请人，延长答复的期限最长不得超过 15 个工作日。申请公开的政府信息涉及第三方权益的，行政机关征求第三方意见所需时间不计算在本条第二款规定的期限内。"

④ 参见《条例》第 17 条规定："行政机关制作的政府信息，由制作该政府信息的行政机关负责公开；行政机关从公民、法人或者其他组织获取的政府信息，由保存该政府信息的行政机关负责公开。法律、法规对政府信息公开的权限另有规定的，从其规定。"

⑤ 参见《条例》第 13 条规定："除本条例第九条、第十条、第十一条、第十二条规定的行政机关主动公开的政府信息外，公民、法人或者其他组织还可以根据自身生产、生活、科研等特殊需要，向国务院部门、地方各级人民政府及县级以上地方人民政府部门申请获取相关政府信息。"

要议题，只有构成政府信息了，才能公开。根据第 24 条的规定，在程序方面需要重点关注的是答复期限。对于申请人而言，是否按期作出答复是提起作为和不作为之诉的界分。第 17 条所规定的是政府信息公开主体的职责，而对申请人而言，则是向谁提起政府信息公开的问题。第 13 条则直接涉及的是政府信息申请者是否存在生产、生活、科研等特殊需要。

（三）地方性规定的适用频次

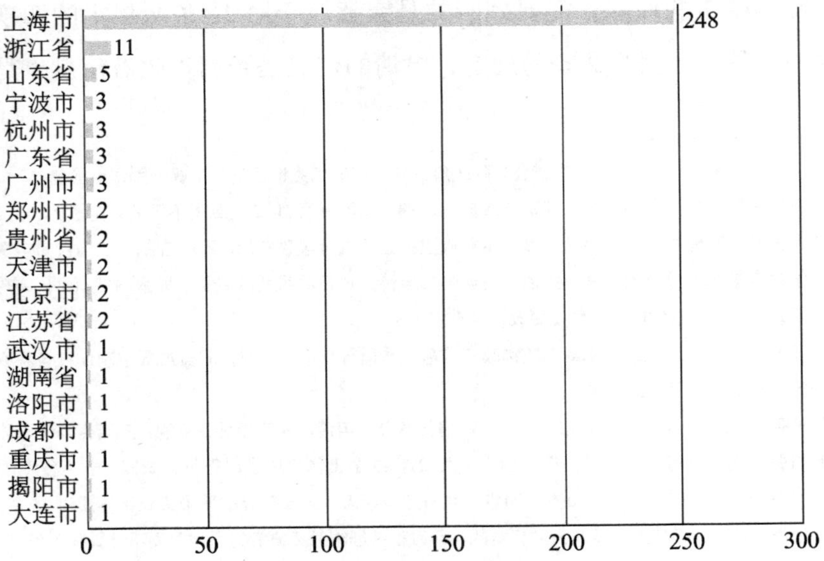

图 3–22：地方性规定的适用统计

从图 3-2 看出，以上海市所辖的行政机关为被告有 413 件，占全部 1327 个案件的 31.1%。从图 3-22 可以看出，在所有发生在上海的 413 件案件中，其中有高达 248 件案件引用了上海的地方规章《上海市政府信息公开规定》的相关条款，比例高达 60%。引用率如此之高的理由如下：其一，上海对政府信息公开的实践一直走在全国的前列，在《条例》正式出台前，上海在行政和司法实践中已经积累了丰富的经验。其二,《上海市政府信息公开规定》本身的立法质量非常高。早在 2004 年 1 月 19 日，上海市政府第 29 次常务会议就通过了第一个《上海市政府信息公开规定》，比《政府信息公开条例》整整早了 3 年。2008 年 4 月 28 日，上海市人民政府通过了第二个《上海市政府信息公开规定》，并在 2010 年 12 月 20 日修正并重新发布。

从图 3-2 看出，以浙江省所辖的行政机关为被告有 141 件，约占全部 1327 个案件的 10.6%。在所有发生在浙江省的 141 件案件中，图 3-22 显示有 11 件案件引用了浙江省的地方规章《浙江省政府信息公开暂行办法》的相关条款，比例达到 7.8%。值得注意的是，作为浙江省的省会城市的杭州市和较大市的宁波市分别引用了地方性规定各 3 次。除此之外，其他的省、市引用地方性规定的次数都在 5 次以下。

（四）上海市规定的高频条款

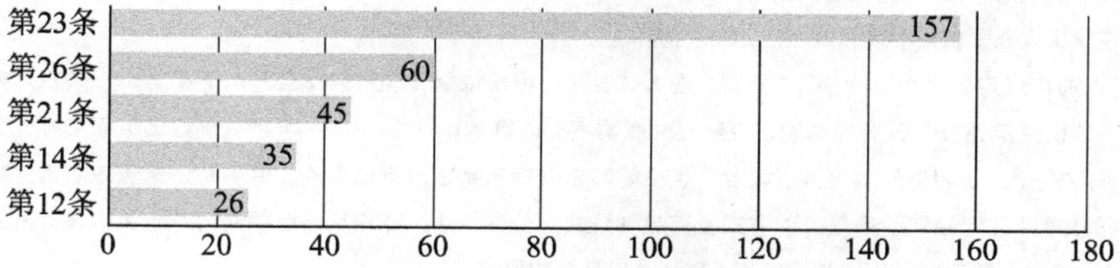

图 3-23：上海市规定的高频条款

从图 3-23 来看，排在《上海市政府信息公开规定》(以下简称《上海市

规定》)的高频条款前五位的是：第23条[①]、第26条[②]、第21条[③]、第14条[④]、

---

①《上海市规定》第 23 条规定："对公民、法人或者其他组织提出的政府信息公开申请，行政机关应当按照下列规定分别作出答复：（一）属于公开范围的，应当告知申请人获取该政府信息的方式和途径。（二）属于不予公开范围的，应当告知申请人并说明理由。（三）申请内容不属于本规定的政府信息范围的，应当告知申请人并说明有关情况。（四）申请公开的政府信息属于本机关职责权限范围，但本机关未制作或者获取的，应当告知申请人该政府信息不存在。（五）申请公开的政府信息不属于本机关职责权限范围的，应当告知申请人不属于本机关公开；对能够确定该政府信息的公开机关的，应当告知申请人公开机关的名称、联系方式。（六）申请公开的政府信息中含有不应当公开的内容，但能够区分处理的，应当告知申请人可以部分公开及其获取方式和途径；对不予公开的部分，应当说明理由。（七）申请公开的政府信息涉及商业秘密、个人隐私，但符合本规定第十二条第二款规定，可以予以公开的，应当告知申请人获取该政府信息的方式和途径，并将决定公开的内容和理由书面告知权利人。（八）申请内容不明确，不符合本规定第二十一条第一款规定的，应当告知申请人在合理期间内补正；申请人逾期未补正的，视为放弃申请。（九）同一申请人无正当理由重复向同一行政机关申请公开同一政府信息，行政机关已经作出答复的，可以告知申请人不再重复处理。"

②《上海市规定》第 26 条规定："行政机关收到政府信息公开申请，能够当场答复的，应当当场予以答复；不能当场答复的，应当自收到申请之日起 15 个工作日内予以答复。行政机关需延长答复期限的，应当经政府信息公开工作机构负责人同意，并告知申请人。延长答复的期限最长不得超过 15 个工作日。行政机关向申请人提供政府信息的，应当在申请人办妥相关手续后当场提供；不能当场提供的，应当在申请人办妥相关手续后 10 个工作日内提供。"

③《上海市规定》第 21 条规定："公民、法人或者其他组织依照《政府信息公开条例》第十三条规定向行政机关申请公开政府信息的，应当提交载明下列内容的申请书：（一）申请人的姓名或者名称、联系方式；（二）明确的政府信息内容，包括能够据以指向特定政府信息的文件名称、文号或者其他特征描述；（三）获取政府信息的方式及其载体形式。公民、法人或者其他组织向行政机关申请公开政府信息的，行政机关可以询问申请人获取政府信息的用途。"

④《上海市规定》第 14 条规定："行政机关制作的政府信息，由制作该政府信息的行政机关负责公开。行政机关依职权从公民、法人或者其他组织获取的政府信息，由获取该政府信息的行政机关负责公开。负有政府信息公开义务的行政机关被撤销或者发生变更的，由承受其职责的行政机关负责原行政机关政府信息的公开。法律、法规对政府信息公开的职责权限范围另有规定的，从其规定。"

第 12 条[①]。上述高频条款的内容与前文统计的《政府信息公开条例》的有关条款基本一致。就具体的高频条款来看，分别为第 23 条引用了 157 次，第 26 条引用了 60 次，第 21 条引用了 45 次，第 14 条引用了 35 次，以及第 12 条引用了 26 次。绝大多数的情况下，《上海市规定》的条款是与《条例》的条款在同一份判决书中一并被引用，很少有单独被引用的情况。

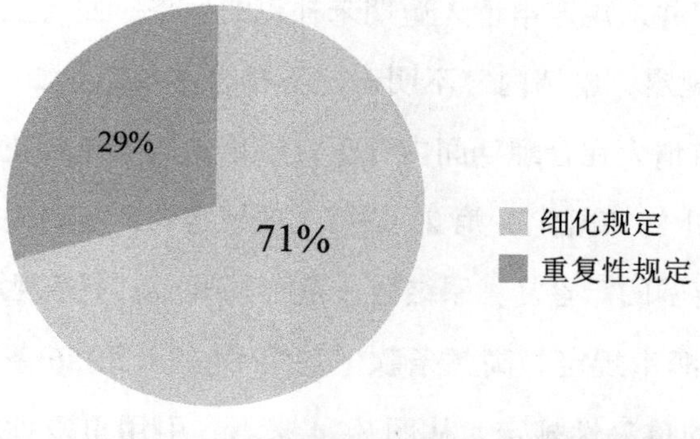

图 3-24：上海市规定高频条款中的细化规定与重复性规定

在第一部分，本课题通过与《条例》相关条款的比对，将地方实施性规定涉及的条款大致分为三类，即重复性规定、概括性规定及细化规定。

其一，从《上海市规定》的高频条款来看，第 12 条、第 21 条及第 23 条属于对《条例》的细化规定，从图 3-24 来看，引用细化规定的占全部 248 件案件的 71%。如《条例》并未明确规定“对权利人未做答复视为不同意公开”。而《上海市规定》第 12 条第 2 款则规定权利人对是否同

①《上海市规定》第 12 条规定：“下列政府信息，不予公开：(一)属于国家秘密的；(二)属于商业秘密的；(三)属于个人隐私的。前款第(二)项、第(三)项所列的政府信息，经征得权利人同意公开或者行政机关认为不公开可能对公共利益造成重大影响的，可以予以公开。权利人对是否同意公开的意见征询未向行政机关作答复的，视为不同意公开。”

意公开的意见征询未向行政机关作答复的，视为不同意公开。又如，《条例》第 20 条第 2 款规定："政府信息公开申请应当包括下列内容：……（二）申请公开的政府信息的内容描述……"。而《上海市规定》第 21 条则将"内容描述"进一步明确界定为能够据以指向特定政府信息的文件名称、文号或者其他特征描述。再如，《条例》第 20、21 条对申请内容不明确作了规定，但并未规定申请人逾期未补正的后果。而《上海市规定》第 23 条第 8 项则规定，申请内容不明确，不符合本规定第 21 条第 1 款规定的，应当告知申请人在合理期间内补正；申请人逾期未补正的，视为放弃申请。还如，《上海市规定》第 23 条第 3 项规定的"申请内容不属于本规定的政府信息范围的"答复，系结合《条例》第 2、21 条规定的细化。

其二，《上海市规定》高频条款中的第 14 条及第 26 条高频条款则属于对《条例》的重复性规定。从图 3-24 来看，引用重复性规定的占全部 248 件案件的 29%。

其三，《上海市规定》高频条款没有涉及概括性规定。从图 3-24 来看，全部 248 件案件中，没有一个案件引用概括性规定。

本章小结

本章以北大法宝搜索到的所有 1327 件政府信息公开的争议案件（截止于 2015 年 4 月 4 日）为研究对象，从案件的省份分布、当事人的基本情况、案件审理的基本情况、案例涉及的争点以及高频法律规范等 5 个角度，对我国的政府信息公开制度的实施状况进行了全面评估。

从案件的省份分布来看，经济发展程度与政府信息的需求及知情权的司法保护要求具有一定的正相关性。在北京、上海、广州等经济发展程度较高的省、市，政府信息对公民在生活、生产、科研等方面产生了更为重大的影响。相比经济发展程度较低的省、市，发达地区的公民对知情权的司法保护更为重视，对政府信息的实际需求也更为强烈。

从案件当事人的基本情况来看，被告和公开义务机关的分布领域与公民的基本利益具有高度的关联性。国土资源和房屋管理部门、住房和城乡建设部门、规划部门及公安部门是最主要的被告和公开义务机关。随着城市更新和农村城镇化的推进，与此相关的土地、房屋及规划等政府信息成为公民关注的焦点。公安机关则拥有限制人身自由等与公民切身利益相关的重要权力，同时也有保护公民生命、健康等重要职责。公民自然会充分关注公安类政府信息。

从案件审结年份来看，政府信息公开案件的数量呈现逐年上升的趋势，而且上升速率不断加快。其中，《条例》的出台和实施是案件数量激增的最为重要的原因。2008 年审结的案件为 10 件，而《条例》正式实施后的第一年即 2010 年，审结案件达到 132 件。《条例》正式实施后第五年即 2014 年，审结案件则高达 491 件。

从案件审理结果来看，原告的胜诉率极低并有不断下行的趋势，而原告的上诉率极高并有不断上行的趋势。政府信息公开案件中原告胜诉率低与我国行政诉讼的整体现状是基本一致的，但胜诉率低并不能等同于公民的知情权没有受到充分的保护。原告上诉率高除了存在新型案件的审判质量等客观原因外，更为重要的是，土地、房屋及拆迁许可等政府信息属于原告的切身利益，原告不会轻易放弃。

从案件争点来看，涉诉争点排名前 5 名的分别是“政府信息”“公开与否”“公开程序”“不予公开范围”及“公开职责”。“政府信息”主要争议系“是否构成政府信息”以及“政府信息是否存在”。“不予公开范围”主要争议系“两秘密一隐私”“三安全一稳定”“过程性信息”及“内部信息”等。“公开职责”主要争议系政府信息的公开主体问题。“公开程序”主要争议系答复、告知补正、说明理由、征询意见及送达等步骤。

从适用依据来看，各级法院在政府信息公开案件中适用的主要法律依据是国务院的《条例》和最高人民法院的《规定》。地方各级人大及其政府在实施《条例》过程中制定的绝大多数地方性法规、规章及规范性文件，并没有成为司法判决中的法律依据。《条例》排前五位的高引用率法条是第21条、第2条、第24条、第17条及第13条。主要涉及答复内容是否合法、是否构成政府信息、答复期限、公开主体的职责以及政府信息的申请条件等内容。

总体而言，政府信息“以公开为常态、不公开为例外”基本得以实现。但由于《条例》本身的局限性和现实的司法困境，政府信息公开尚未完全成为“新常态”，政府信息公开法制建设依然在路上。

第四章

政府信息公开争议的司法态度

法院的判决好似一面镜子，能够从司法适用的角度真实映射出行政机关对《条例》的实施状况，反映出法院对行政机关实施《条例》的态度。因此，本课题组特对政府信息公开争议的司法态度予以具体梳理。

一、公开与否的司法态度

（一）案例解读和争点归纳

通过案例解读，我们发现政府信息公开案件有下列争议：第一，行政机关提供的政府信息是否准确或者真实。第二，行政机关完全没有对申请人作出答复是否构成政府信息公开不作为。第三，行政机关是否（完全）履行了政府信息公开职责。第四，对重复申请是否需要提供。对同一申请人向同一行政机关就同一内容反复提出公开申请的，行政机关是否可以不重复答复。第五，行政机关是否无须提供政府信息。行政机关已履行了政府信息告知义务且原告确已获得相关政府信息，或者申请人已从其他程序途径、其他机关获知该政府信息的，被申请机关是否无须提供。对案例中的上述争议，我们概括为公开与否的争议。

（二）是否准确或真实的司法态度

案例中行政机关所提供政府信息是否准确或真实的争议，主要包括：行政机关提供的政府信息是否完整或者申请人对提供的部分政府信息有异议，申请人对行政机关提供的全部内容有异议，以及行政机关所提供的政府信息内容是否同申请人要求获知的内容相一致等。

对这部分争议，被告的胜诉率很高，法院的态度比较明确。这是因为，《条例》第6条要求“信息公开必须及时、准确”。准确意味着政府信息真实、完整。在部分地方规定中，如《上海市政府信息公开规定》①第10条第2款的规定，②则明确要求所提供的政府信息应当“完整”。公开完整和真实的政府信息是政府信息公开的基础和价值。

但引发上述争议本身，却反映出政府信息公开还有不小的“需求缺口”。行政机关对政府信息公开存在选择性公开，往往公开无关紧要的政府信息、公开那些本来就已经或者必须主动公开的政府信息，而没有公开申请人需要获知的信息。相对人对所申请信息的描述需要符合能够指向具体政府信息的要求。但是，由于信息不对称，相对人不太可能事先知晓政府信息的准确特征，从而助长了行政机关提供信息的随意性，“答非所需”。所提供政府信息也许覆盖了申请人的要求，但过于浅层和表面，并不符合申请人的深层需要，降低了申请人的需求预期。换言之，《条例》将公开

① 2008年4月28日上海市人民政府令第2号公布，2010年12月20日上海市人民政府令第52号修正。

② 该款规定：“行政机关发现影响或者可能影响社会稳定、扰乱社会管理秩序的虚假或者不完整信息的，应当报请本级政府或者上一级行政机关同意后，根据职责权限范围发布准确的政府信息予以澄清。”

政府信息的程度交给行政机关自由裁量。行政机关合法履行了公开职责，但申请人却并不满意。

观察还发现，行政机关偏好公开结果性信息却缺乏必要的说明和回应。关于答复内容的完整性以及是否符合申请人需要的争议，主要表现在申请人要求公开的政府信息涉及多类型、多程序文件的案件中。对这类申请，行政机关通常浅尝辄止，将复杂问题简单化，一般仅向申请人公开一份最终的、简要的结果性文件。这就降低了申请人的预期需求，进而引发争议。政府信息公开诉求的屡屡碰壁，则导致公民对政府信息公开的不信任，最终降低政府的公信力。

（三）重复申请的司法态度

1. 重复申请的行政实践和司法态度。在张某某等 17 人案［（2013）浙台行初字第 11 号］[①] 中，法院认为："本案原告于 2013 年 1 月 22 日向台州市国土资源局路桥分局提出的政府信息公开申请，除增加将信息复印件寄给申请人代理人的要求外，其他内容与此前向台州市国土资源局路桥分局提出信息公开申请的内容均为相同。政府信息公开申请中仅增加提供方式的要求，并不实质构成一项新的信息公开申请，因此本案原告 2013 年 1 月 22 日的政府信息公开申请，应认定为同一申请人向同一行政机关就同一内容反复提出公开申请。"

该案中所称重复申请的依据是《国务院办公厅关于施行〈中华人民共

① 本部分案例名的缩写，参见叶必丰：《行政法与行政诉讼法》（第三版），高等教育出版社 2015 年版，第 301 页。

和国政府信息公开条例〉若干问题的意见》[①]（以下简称“《国办发〔2008〕36 号意见》”）第 13 条规定：“对于同一申请人向同一行政机关就同一内容反复提出公开申请的，行政机关可以不重复答复。”该条的关键在于，是否属于同一内容。两次申请中要求公开的方式不同，并不影响实质内容一致的判断。沈某案［（2011）通中行终字第 0133 号］原审认为，“沈某的三次申请中第一次和第二次申请内容虽然从形式上看明显不同，但是从沈某质证意见和答辩意见可以看出，其第二次信息公开申请动机来源于其发现启东市发改委提供的三个立项批复文件缺少前置程序和内容，无法证明批复的合理性。故实际上沈某第一次申请所要求公开的信息就包括了项目选址意见书、用地预审、环境评价或批复、项目申请报告这些文件，第二次申请的内容只是第一次申请内容的一部分。沈某第三次申请的‘核准哪个区域是农民联建房及相关的资料’，庭审中查明，除启发改投（2007）24 号文有此内容外，启东市发改委明确表明没有其他文件另行规定，沈某对此也未持异议。以常人的思维方式和理解能力，沈某 6 月 8 日的申请就是前面申请内容的一部分，启东市发改委将沈某表述不同的第三次申请理解为与前面的申请内容一致，并无不妥之处”。终审法院作出了与原审法院一致的认定和判决。

根据《国办发〔2008〕36 号意见》第 13 条的规定，多项申请的申请人系同一申请人的，才构成重复申请。但观察发现，个别行政机关将同一申请人扩展为同一家庭的不同成员。张某某案［（2014）榕行终字第 274 号］被告行政机关认为，“原告申请内容与其长子张某于 2013 年 5 月 7 日，

① 2008 年 4 月 29 日，国办发〔2008〕36 号。

三子张某某 2013 年 5 月 24 日向被告申请公开的信息内容相同，因而不再受理”。但被告的这一主张并未获得一、二审法院的支持。

根据《国办发〔2008〕36 号意见》第 13 条的规定，“反复”申请才构成重复申请。对“反复”，应当考虑次数、周期和频率。然而，从现有的案例来看，行政机关往往只考虑次数，即只要申请人申请第二次就认定为重复申请而不予答复。

2. 重复申请的例外。案例表明，行政机关对《国办发〔2008〕36 号意见》第 13 条规定的适用，往往缺失对要件的严格把握。其实，行政机关对最初的申请并没有作出实际答复的，反复申请有正当理由的，以及多次申请的政府信息在内容上并不相同的，都不属于重复申请。

（1）行政机关对最初的申请并没有作出实际答复。重复申请的前提条件在于行政机关已经履行了政府信息公开职责。《国办发〔2008〕36 号意见》第 13 条规定的正当性，在于“为出于节约行政资源的考虑，在相对人已获取相关信息的前提下，不提倡重复要求信息公开”。[①] 换言之，行政机关作出答复以及相对人已获取了信息是认定为重复申请的前提。如果行政机关对最初的申请并没有作出实际答复，则不属于重复申请。但在行政实践中，对这一情形的掌握比较宽松。法院的态度则是，行政机关只要有作出答复的可能性即可，而非保证行政机关已经实际作出答复。陈 A 案［（2012）沪二中行终字第 28 号］原审和终审法院都认为，原告第一次向被告申请涉诉政府信息已为被告受理，原告此后再向被告申请同一信息就属重复申请。但该案中被告对第一次申请的答复显然晚于后一次申请时间。

---

① 参见赖某某案［（2013）浙甬行终字第 145 号］中原审法院意见。

（2）反复申请无正当理由。张某某案［（2013）驻行终字第273号］原审法院认为，“鉴于张玉柱两次申请信息公开行为基于同一理由，且确山县人民政府在张玉柱第一次的申请中就已作出答复的这一事实，张玉柱起诉被告不作为且要求确认不作为的行为违法的理由不足”。然而，终审法院认为，“同年3月5日，张玉柱再次申请确山县人民政府公开告知其文号涉及内容信息并无不当，与同年2月6日的申请公开政府信息并非基于同一理由，确山县人民政府应当按照《政府信息公开条例》第十一条第（三）项、第二十四条第二款的规定，在法定期限内公开政府信息，而确山县人民政府认为已经告知，对张玉柱的再申请公开信息内容不予告知不当。”这表明，认定重复申请，需要把握申请人两次申请政府信息公开是否基于同一理由。如果基于不同理由申请政府信息公开，则不能认定为重复申请。

（3）多次申请的政府信息在内容上并非相同。丁某某案［（2010）沪二中行终字第133号］原审法院认为，“丁某某在相隔较短时间内两次申请相同信息，也无线索证明该户的安置用房信息在两次申请期间发生变化”，属于重复申请。二审法院对此予以肯定。但在不同时期，政府信息发生了更正或者升级，内容就会发生变化。多次申请政府信息，即使申请同样的政府信息，并不代表内容不会发生变化，因而就不能因为多次申请而轻易认定为重复申请。

（四）不予重复提供的司法态度

通过对涉诉争点的梳理发现，行政机关对政府信息申请不予重复提供并不是《条例》直接规定的内容，而是法院在评估行政机关是否履行公开职责时的一种处理。申请人通过行政诉讼、行政复议或其他行政程序，已经从被告或者其他行政机关处知晓申请的政府信息，法院认为行政机关就没有必要重复提供政府信息。冯某某案［（2013）汉中行终字第00012号］二审判决指出："上诉人申请的第四项公开内容，在上诉人与被上诉人之间的听证、复议等阶段，已对上诉人进行了公开，被上诉人决定不予再次公开亦不违反法律法规规定。"赖某某案［（2013）浙甬行终字第145号］法院认为，原告"已在另一行政诉讼案件中由被告提交法院并由法院转送给原告。因此被告已履行了告知义务，且原告确已获得相关政府信息，再由被告重复行使该部分政府信息公开职责确无必要"。陈某某案［（2011）苏行终字第0017号］法院认为，"针对陈某某申请公开的孙某某、程某某培训合格证证件复印件的申请，省建设厅答复称陈某某已从无锡市拆迁管理办公室获得了此信息，省建设厅不再提供。"

但是，不予重复答复仅是行政机关履行公开职责的答复理由，并不意味着行政机关对政府信息公开申请可以不作出答复。玲珑岩村村民委员会等案［（2013）浙金行终字第43号］一审法院指出："被告与第三人签订的玲珑岩村后坞坑石灰石岩矿采矿权出让合同及补充合同，因涉及原告利益，原告对该合同的履行情况依法享有知情权。被告收到原告递交的关于玲珑岩村后坞坑石灰石矿分配款拖欠原因请求答复函后，已作出金土资函（2012）58号复函，对原告请求的事项作出详细答复。此后，原告又提出关于请求信息公开函。被告对此已及时作出回复，明确告知原告需要了解的信息已在复函中作出答复。被告已履行政府信息公开的法定职责。"二审法院进一步认为，尽管申请人已经知晓相关政府信息，但仍不能免除行政机关履行政府信息公开的答复职责。"上诉人向被上诉人提出《请求信息公开函》，要求公开神虎矿业有限公司履行补充合同的情况，被上诉人对此作出金土资函（2012）73号复函，但该复函是基于玲珑岩村村委会在2012年7月6日对《关于‘罗店镇玲珑岩村后坞坑石灰石矿’分配款拖欠原因请求答复函》作出的金土资函（2012）58号答复，并不是针对本案中上诉人要求信息公开时作出的，故不能以此说明金华国土局已经履行了相应信息公开的法定职责。”

二、政府信息构成的司法态度

《条例》第2条规定：“本条例所称政府信息，是指行政机关在履行职责过程中制作或者获取的，以一定形式记录、保存的信息。”根据这一规定，政府信息的构成要件包括主体要件、职责要件和存在要件。[①] 统计发现，有关争议集中于政府信息的职责要件和存在要件。

（一）职责要件的司法态度

行政机关和司法机关通常把职责要件解释为履行行政职责的过程。但什么是行政职责，仍有争议。从现有案例来看，基于争议的实质系信息是否需要公开而非职责本身的性质，法院并不直接回应是否为行政职责，而是通过排除非行政职责所形成的信息来解决的。

1. 刑事侦查过程中形成的信息不属于政府信息。刘某某案［（2010）沪二中行终字第299号］表明，公安机关作为政府的职能部门，具有双重职能，在治安管理等活动中履行行政职责，在刑事侦查过程中履行刑事侦

① 参见叶必丰:《行政法与行政诉讼法》（第三版），高等教育出版社2015年版，第28页。

查职责。宁某案［（2014）浙杭行终字第190号］法院认为，“治安调解结案”资料属于行政机关履行行政职责过程中所形成的政府信息。吴某某案［（2013）驻行终字第313号］原审法院认为，“原告申请公开的信息，是被告行使刑事侦查权过程中形成的材料，被告行使侦查权的行为不属于行政行为，因此，在此过程中形成的材料也不属于政府信息材料。被告依照《中华人民共和国政府信息公开条例》《公安机关办理刑事案件程序规定》等法律规定，向原告作出不予公开的《答复书》并无不当；且该《答复书》正是被告依法履行职责的行为，被告不存在不作为现象”。二审法院支持了一审意见。

2. 行使民事权利时制作的信息不属于政府信息。与此有关的争议集中在土地房屋的征收（拆迁）、补偿领域。丁某某案［（2010）沪二中行终字第25号］二审法院认为，“上诉人要求获取的‘南车站路某号丁某某（户）安置用房符合国家质量标准的检测报告’的信息，是被上诉人基于其拆迁人身份而取得的。被上诉人虽然是行政机关，但其作为拆迁人，与被拆迁人之间是平等的民事法律关系，实施的拆迁行为也是民事法律行为，故被上诉人在房屋拆迁过程中取得的信息不是其履行行政职责过程中制作或获取的信息”。蔡某某案［（2013）豫法行终字第00167号］二审法院认为，“省事管局2011年6月7日对蔡某某的申请作出了答复，虽然该答复存在瑕疵，但因省事管局不是城市房屋拆迁工作的主管部门，其作出的拆迁安置补偿行为系其以民事主体身份进行的行为，蔡某某申请公开的有关原工业院二号楼16号房屋的拆迁安置补偿标准，并非省事管局在履行职责过程中制作或者获取的政府信息，不属应当公开的政府信息范畴。”但是，如果履行行政职责中仅仅存在某种私法因素，则并非行使民事权利，而属于行政职责。

3. 村民自治活动所形成的信息不属于政府信息。乔某某案［（2013）一中行终字第 3052 号］二审法院认为，“小牛坊村腾退搬迁改造工作的腾退人系小牛坊村委会，其根据其自我腾退搬迁、自我建设的原则制定了《实施方案总则》及《实施细则》，且腾退安置及补偿的具体工作由腾退实施人某某置业有限公司（以下简称某某公司）负责。同时，《实施细则》及小牛坊村委会和某某公司共同发出的《致小牛坊村村民、居民一封信》中已就小牛坊村宅基地腾退搬迁改造的主体、实施单位、政策依据、补偿、补助、奖励、安置、置换、购房及腾退搬迁的主要工作流程等告知被腾退人。本案中，乔某某申请公开的信息为‘小牛坊村宅基地腾退搬迁改造项目的征地拆迁补偿补助费用的发放、使用情况’，因小牛坊村腾退改造项目系由小牛坊村通过村民自治方式实施，不涉及征地拆迁问题，故有关涉案项目征地拆迁补偿补助费用发放、使用情况的信息并不存在。现有证据亦不足以证明西北旺镇政府在履行职责过程中制作或获取过腾退搬迁项目补偿补助费用的发放、使用情况等信息，故西北旺镇政府依其职责范围，针对乔某某的政府信息公开申请作出被诉答复，并无不当之处”。

（二）存在要件的司法态度

存在要件意指行政机关已完成制作和获取政府信息，并以一定形式记录和保存。根据《条例》第 2 条的规定和《国务院办公厅关于做好政府信息依申请公开工作的意见》[①] 第二点的解释，存在要件意味着政府信息是客

① 2010 年 1 月 12 日，国办发〔2010〕5 号。

观现有的，而无须行政机关为申请人制作、搜集政府信息，或者对若干政府信息进行汇总、分析、加工或重新制作。否则，就不属于政府信息。法院通过一系列案件的判决，实践了上述规则。[①]

1. 需要行政机关进一步汇总、分析、加工、制作、搜集的信息不属于政府信息。但基于某种原因，行政机关主动汇总、加工、制作而提供的信息，是不是政府信息？在宁某案［（2013）浙杭行终字第 206 号］中，行政机关“未向宁某提供记载其政府信息内容的载体，而是从相关政府信息中将宁维申请公开的内容重新汇总、制作后向宁某提供”。一审法院对此认为，“此种公开信息的方式欠妥，予以指正，但杭州市公安局下城区分局提供信息的方式对宁维获取信息内容的权利并无影响”。二审法院认为，“《条例》第二条指政府信息，应当是现有的，不需要行政机关进行汇总的材料。而上诉人政府信息公开申请指向的内容，显然需要进行汇总，据此，正如原审法院分析的，本案公安机关在接到上述政府信息公开申请后，本应在对申请人征询并确认后，以向申请人提供直接记载相关信息的材料，即相关出警记录等材料为宜。本案公安机关径行对相关材料进行汇总、归纳后告知申请人，虽有不妥，但鉴于：一则，该处理系因申请人的申请所致，完全归咎于被上诉人对其并不公平；二则，申请人宁维并无证据证明上述告知与实际情况不符，故本院认为上述不当不应以撤销的方式处理，且本案的裁判亦不影响上诉人在修正相应政府信息公开申请后再行申请的权利”。由此可知，法院对此不赞同，但仍属于政府信息。

---

① 参见张某案［（2011）沪二中行终字第 76 号］、吴某某案［（2011）沪二中行终字第 226 号］、吴某某案［（2011）沪二中行终字第 227 号］、吴某某案［（2011）沪二中行终字第 229 号］、吴某某案［（2011）沪二中行终字第 225 号］、吴某某案［（2011）沪二中行终字第 228 号］等。

上述问题的尴尬在于，行政机关无法提供原载体的政府信息，如果答复不存在则会引发故意隐瞒信息的猜疑或争议，如果对政府信息予以制作、加工、汇总则似乎又受到《条例》第 2 条的限制。其实，《条例》第 2 条是对申请人的限制而非对行政机关的限制。但为了避免尴尬，行政机关可以根据《条例》第 21 条的规定，指导申请人予以更改和补充。

2. 围绕存在要件的主要争议是政府信息公开案件的举证责任。信息不存在有多种多样的表现形式。即使行政行为或者事实存在，也并不代表必然形成一定信息。何某案［(2013) 沪高行终字第 70 号］判决指出，"上诉人何某认为原卢湾区自 1998 年至 2004 年的相关政府会议事实存在，即使未制作电子版本的政府信息，也应该提供其他形式的相应的政府信息，但其并未提供证据证明被上诉人制作或获取过该政府信息，故本院不予支持"。

在行政诉讼中，政府信息是否存在需要举证。根据一般的举证责任规则，对于否定性事实，需要由主张事实存在的一方承担。行政诉讼中关于举证责任的分配，并不能完全免除原告证明政府信息存在与否的举证责任。案例表明，对政府信息是否存在，司法上平衡了双方举证的可能性和举证能力，行政机关承担主要的举证责任，原告承担补充证明责任。行政机关需要根据原告提供的线索穷尽搜索、查找之义务；申请人需要提供证据证明申请获取的政府信息确实存在。从所检索案例的裁判结果来看，法院通常采纳行政机关认为政府信息不存在的举证，认为申请人无法提供证据或线索证明政府信息存在。法院对申请人的证明通常评价为"原告认为其申请的政府信息存在，且属于行政机关掌握，但未提供相应的证据或证据线索予以佐证"。

3. 政府信息有一定形式记录并保存。何某案［（2013）沪高行终字第70号］一审判决认为，“黄浦区政府另经查询，认定何某申请的其他政府信息并未以何某所要求的形式制作过，告知何某该政府信息不存在，亦无不当”。政府信息的“一定形式”是指行政机关以文字、数据、图片、影音或其他形式予以记录和保存。何某案［（2013）沪高行终字第70号］所反映的是，当政府信息的存在形式与申请所要求提供的形式不一致时，应如何处理的问题。《条例》第26条规定，行政机关依申请公开政府信息，应当按照申请人要求的形式予以提供；无法按照申请人要求的形式提供的，可以通过安排申请人查阅相关资料、提供复制件或者其他适当形式提供。

恒华工业有限公司案［（2013）粤高法行终字第190号］判决表明，曾经制作的政府信息，后来遗失或者保存期限届满而未保存的，属于政府信息不存在。该案法院认为：“根据《中华人民共和国海关对加工贸易货物监管办法》第四十条规定：‘加工贸易货物备案和核销单证自加工贸易手册核销结案之日起留存三年。’黄埔海关目前已没有保存兴华公司2002年前的进出境货物信息，因此，黄埔海关于2012年6月28日与贺树奎律师约谈时，已将兴华公司进出境货物信息不存在的情形和原因告知了恒华公司，该事实有《黄埔海关谈话记录》证明。”

4. 行政机关制作政府信息义务的争议。行政机关穷尽检索后发现政府信息不存在的，往往又会引发行政机关制作政府信息义务的争议。[①] 学理认为，根据有关法律规定，行政机关在履行职责过程中应当制作或者获取

① 参见上海市第一中级人民法院（2013）沪一中行终字第243号行政判决书。

信息，否则构成程序瑕疵，或者不履行法定职责。[①]法院对此的态度有两种：第一，主张方举证。庄某案［（2011）沪一中行终字第283号］判决认为："上诉人不能提供充分有效的证据和依据证明被上诉人具有制作或获取被拆迁房屋地址详细清单的职责，也不能证明被上诉人实际制作或获取过上诉人所申请的被拆迁房屋地址详细清单"。第二，不属本案审查范围。A案［（2013）沪一中行终字第243号］二审法院认为，"另上诉人称应当对遗失政府信息责任人进行处理，因并非本案不服政府信息公开申请答复行政行为的审查范围，对此不作评判"。

三、公开范围的司法态度

（一）应予公开的政府信息范围

1. 未主动公开的，不影响依申请公开。杨某某等案［（2012）浙甬行终字第188号］一审法院便指出："根据《中华人民共和国政府信息公开条例》第九条、第十条、第十一条、第十二条、第十三条规定，涉案信息虽不属于行政机关必须主动并重点予以公开的政府信息，但属于依申请可以应予公开的政府信息。"对属于主动公开的政府信息，在申请人申请公开政府信息后，行政机关也可以按主动公开形式公开。王某某案［（2011）苏中行终字第0078号］判决认为，"根据《政府信息公开条例》的规定，周市镇土地利用规划总图（1997年至2010年）系行政机关依职权应主动公开的信息，并应采取便于公众知晓的方式予以公开。本案被上诉人在上诉人提出申请后才将上述信息张贴在政务公开栏内"。

---

① 参见余凌云："政府信息公开的若干问题——基于315起案件的分析"，《中外法学》2014年第4期。

2. 没有主动公开的，私主体无法直接起诉。关某某案［（2012）高行终字第 75 号］[1] 二审判决认为：“关某某要求国家食品药品监督管理局履行主动公开政府信息职责，应当先向国家食品药品监督管理局申请获取相关政府信息，对国家食品药品监督管理局的答复不服的，可以向人民法院提起诉讼。而在关某某已经获取相关政府信息的情况下仍坚持要求国家食品药品监督管理局履行主动公开政府信息职责的，则不符合法定起诉条件，依法应予驳回。”欧某某等案［（2011）粤高法行终字第 152 号］二审判决认为：“对粤国土资（建）字（2010）682 号征地批复进行公告，属于清远市人民政府应当依法履行主动公开政府信息的义务。虽然根据上诉人的起诉状和提供的《广东省国土资源厅行政复议决定书》［粤国土资复决字（2011）6 号］，其曾于 2011 年 5 月 6 日向清远市国土资源局提交查询申请，但上诉人并未向清远市人民政府提出征地公告政府信息公开的申请。由于上诉人未能举证证明其已经向清远市人民政府提出申请的事实，根据上述法律规定，上诉人应当首先向清远市人民政府提出获取有关征地公告的信息，而不应直接向法院起诉。原审裁定对该案不予受理正确，本院依法应予以维持。”

3. 公开义务不得任意转移。王某某案［（2010）甬慈行初字第 62 号］判决指出：“在原告申请所涉 830 亩土地中，部分土地已经省政府批准征收，被告作为被征收土地所在地的乡镇人民政府，在履行职责过程中应当获取上述征收土地及其补偿、补助费用的发放、使用情况等信息，并负有

---

[1] 本案所检索信息中并无案号，法宝引证码为 CLI.C.2133331。本案被编入最高人民法院行政审判庭：《中国行政审判案例》（第 3 卷），中国法制出版社 2013 年版，第 100 页。本案缩写名系从该书查阅案号后编写。

依法公开的职责。但被告经原告申请，却作出《关于东海村村民王国才要求信息公开的答复》，告知原告向东海村申请信息公开，实际否定了自身的信息公开职责。同时，因村民委员会系基层群众自治组织，并非政府信息公开机关或被告的职能部门，故不能认定被告的答复告知了原告获取政府信息的方式和途径。"

4. 主动公开范围的认定。孟某案［（2012）沪高行终字第44号］二审法院认为："上诉人孟某向市房管局申请公开'关于你局行政复议受理工作的规范性文件沪房管法〔2009〕168号文'的政府信息，市房管局答复称该信息并非行政规范性文件，属依申请公开的政府信息。被上诉人上海市政府行政复议认定上诉人申请获取的168号文经上海市政府法制办公室〔2009〕第2号《公告》已明确准予备案，为行政规范性文件，属应当主动并重点公开的政府信息。"

案例也反映了主动公开范围把握上的困难。比如，镇政府的收支明细帐和三公消费明细帐是否属于《条例》第12条第2项规定的财政收支、各类专项资金的管理和使用情况？吕某某案［（2013）浙行终字第173号］二审法院认为："上诉人申请要求头陀镇人民政府公开的头陀镇人民政府2009年—2012年的收支明细帐及三公经费明细帐，并不是《条例》所指的政府信息，故头陀镇人民政府答复不予提供并无不当。被上诉人作出的被诉行政复议决定责令头陀镇人民政府按照相关法律、法规的规定在一定期限内公开财政收支帐和三公经费帐于法无据。"基于司法最终原则，我们即使认同法院态度的正确性，也反映了行政机关把握主动公开范围的犹疑。

综上，尽管案例所涉及的主要是依申请公开的政府信息，但也提供了一条厘清主动公开范围的路径。

（二）政府信息公开的排除范围

1. 尊重国家秘密、商业秘密和个人隐私。关于案例中的商业秘密和个人隐私，多数行政机关往往不假思索地启动第三人征询意见程序。行政机关对申请公开的政府信息是否涉及商业秘密、个人隐私作初步判断后，认为一旦公开可能损害第三方合法权益的，便征求第三方的意见。第三方不同意向申请人提供或者未答复（视为未同意公开）的，行政机关即决定不予公开。行政机关的判断很少进一步审查、衡量公共利益与第三人利益。在北京北方国讯通讯有限责任公司案［（2010）一中行初字第 1225 号］中，“不予公开告知书采格式告知书形式如下：在申请获取的政府信息涉及情形中列了三种：1. 国家秘密、商业秘密、个人隐私；2. 法律法规及相关规定不予公开的其他情形，具体是；3. 公开可能危及国家安全、公共安全、经济安全、社会稳定。该不予公开告知书在第二种情形处勾划，并明确了具体理由。被告作出不予公开告知书，认为原告提出的政府信息公开申请涉及法律、法规及相关规定不予公开的其他情形，具体是第三方不同意公开。故根据《中华人民共和国政府信息公开条例》相关规定，对原告申请获取的信息决定不予公开”。法院也往往遵循行政程序的逻辑进行审查。如果申请人未提供充分事实证据及法律依据证明其申请公开的政府信息不涉及商业秘密、个人因素或涉及重大公共利益的，那么法院就确定申请的政府信息不予公开合法。但案例也表明，法院有时也会阻击行政机关的这种做法，判决被告败诉，要求行政机关基于公共利益与商业秘密、个人隐私的平衡来决定政府信息是否公开。任某某案［（2011）洛行终字第 4 号］

判决认为,《条例》第 23 条规定第三方不同意公开的不得公开,“但该条还规定‘行政机关认为不公开可能对公共利益造成重大影响的,应当予以公开’。参加这次返券优惠活动的消费者众多,影响重大,不公开处罚信息会对公共利益造成重大影响,因此被告应当依照《中华人民共和国政府信息公开条例》规定的方式公开处罚丹尼斯量贩价格违法的信息。”

2. 维护“三安全、一稳定”。“三安全、一稳定”系指《条例》第 8 条的规定,即行政机关公开政府信息,不得危及国家安全、公共安全、经济安全和社会稳定。

(1)“三安全、一稳定”与国家秘密和过程性信息的联结运用。屈某某案[(2009)郑行终字第 185 号]一审法院认为:“政府信息是否应予保密,应结合不同的时期状况确定。在不同的时期,公开政府信息是否危及国家安全、公共安全、经济安全和社会稳定,是否涉及国家秘密、商业秘密、个人隐私的可能性是不同的,政府应当根据社会发展的需要,规范、细化信息公开制度,逐步扩大政府信息公开的范围。”王某庭案[(2009)沪二中行初字第 1 号]和王某案[(2010)沪二中行初字第 14 号]等案法院都认为,申请的信息属于行政机关(机构)调查、讨论、处理过程中的信息,其内容尚不确定,公开后可能影响社会稳定。

(2)对行政裁量权的严格约束。“三安全、一稳定”都是不确定法律概念,给行政机关的解释提供了广泛的裁量空间。案例表明,法院对此予以严格约束。上海经协资产经营有限公司案[(2011)浙行终字第 179 号]法院认为:“中共浙江省委办公厅、浙江省人民政府办公厅《关于印发〈浙江省县级重大事项社会稳定风险评估办法(试行)〉的通知》(浙委办[2009]29 号)和杭州市委办公厅、市政府办公厅《关于印发〈杭州市重大事项稳定风险评估暂行办法〉的通知》（市委办发［2009］105号）对重大事项社会稳定风险评估的范围、原则、内容、责任主体、评估程序等都作了具体规定。在省、市均制订了评估办法的情况下，被告如认为公开案涉《合作备忘录》有可能危及社会稳定，应按照《浙江省县级重大事项社会稳定风险评估办法（试行）》及《杭州市重大事项稳定风险评估暂行办法》的规定对可能存在的社会稳定风险进行评估，根据评估结论作出信息公开答复。本案中，被告并未提供证据证明已按照上述规定对公开《合作备忘录》的社会稳定风险进行过评估，径行以《合作备忘录》'内容涉及社会稳定，公开该信息不符合《中华人民共和国政府信息公开条例》第八条之规定'为由，认定原告申请公开的信息属于不予公开的范围，主要证据不足。"法院要求行政机关对"三安全、一稳定"应按照规定进行评估的态度，限制了行政机关的裁量权。这一态度与我们未检索到的周某某案［（2010）沪二中行终字第189号］的司法态度比，[①] 是一条限制行政裁量权的新路径。

3. 尊重自治组织的信息。冯某某案［（2013）汉中行终字第00012号］判决认为："根据《中华人民共和国政府信息公开条例》第二十三条的规定，行政机关认为申请公开的政府信息涉及商业秘密、个人隐私，公开后可能损害第三方合法权益的，应当书面征求第三方的意见；第三方不同意公开的，不得公开。被上诉人市统征办受理上诉人冯某某提出的政府信息公开申请后认为，上诉人冯某某申请公开的前三项内容涉及第三方汉中市

① 参见周某某案［（2010）沪二中行终字第189号］，载最高法院行政庭编：《中国行政审判案例》（第2卷），中国法制出版社2011年版，第219页；朱芒："什么是或者不是'社会稳定'——（2010）沪二中行终字第189号行政判决评析"，《华东政法大学学报》2011年第3期。

汉台区北关街道办事处王观营村（以下简称王观营村），遂依据上述规定及时书面就此征询王观营村，王观营村书面回复，上诉人申请公开的内容属于村务公开事项不宜由市统征办公开。村务公开属于村民自治范围内的事项，人民政府对村民委员会的工作给予指导、支持和帮助，但是不得干预依法属于村民自治范围内的事项。故此，被上诉人决定对上诉人申请公开的前三项内容不予公开，符合相关法律、法规规定。”本案中自治组织的信息本不属于商业秘密或个人隐私。对该自治组织不予公开的意见，本应根据公共利益予以平衡。但法院根据有关法律的规定，基于对自治组织信息的尊重，支持了行政机关的决定。

4. 探索了过程性信息。《国务院办公厅关于做好政府信息依申请公开工作的意见》[①]指出过程性信息不予公开。

案例探索了过程性信息的边界。曾某某案［（2008）沪一中行终字第328号］二审法院认为：“上诉人曾某某向市政管理局申请公开的沪市政规（2003）548号文，是市政管理局就建设项目可行性的请示，该文系行政机关在作决定之前的准备过程中产生的尚未确定或可能发生变化的政府信息，不代表行政机关的最后决定，市政管理局认定属于正在调查、讨论、处理过程中的信息，并据此作出被诉不予公开答复，并无不当。”肇庆市鼎湖区广利街塘口村塘口联队经济合作社案［（2013）粤高法行终字第173号］二审法院认为：“被上诉人向广东省国土资源厅申请公开的有关‘粤国土资（建）［2008］150号《关于肇庆市鼎湖区2007年度第四批次城镇建设用地的批复》所需的征地批准前被征地集体经济组织知情、确认的材

① 2010年1月12日，国办发〔2010〕5号。

料'，在广东省国土资源厅作出征地批复前应当已经存在，该信息反映的是被征地集体经济组织知悉并确认相关征地情况的客观事实，不属于可能涉及参与信息收集或制作人主观意见的、正处于讨论、研究或者审查中的过程性信息。因此，广东省国土资源厅主张涉案信息是其依法作出用地批复的行政行为过程中需要审查的材料中的一部分，属于过程性信息而无须向被上诉人公开的上诉主张不能成立。"也就是说，在多环节的行政行为中，只要属于其中一个环节的政府信息便是过程性信息；只要结果还未作出，行政程序中形成的信息便是过程性信息。过程可以存在于上下级机关之间，也可以存在于不同机关之间，还可以是机关内部处于调查、讨论、处理阶段。

案例探索了过程性信息不予公开的法理基础。袁某某案［（2008）皖行终字第 0136 号］法院认为："上诉人要求被上诉人公开的政府信息，是被上诉人在行政复议案件程序中，为妥善处理好复议案件，在对法律、政策把握不准情况下，向有关机关的请示，应当属于行政机关内部的请示材料。由于行政复议还未形成最终结果，该请示材料能否对复议案件起到影响，最终该材料确定为不对外公开的内部答复，还是形成具有普遍约束力的决定而对外发布，仍处于不确定状态。《政府信息公开条例》也没有明确说明'行政机关在履行职责过程中制作或者获取的信息'公开时机，即是职责履行完毕应当公开？还是在履行职责过程中任何环节都要公开？本院认为如果政府机关获取的信息在行政过程的每个环节都要公开，不仅不利于行政活动的开展，而且将严重影响行政效率。"

案例探索了过程性信息是否公开的情形和时机。第一，部分案例认为，在行政决策或者决定全过程中的信息都是过程性信息，过程性信息的性质不会随着时间和程序的结束而改变，始终不能公开。王某等案［（2013）渝一中法行终字第00271号］法院认为："王某、王某发申请公开的北碚府地（2011）117号和北碚府地（2011）118号两份文件，系区国土局向重庆市人民政府报批请示材料中的一部分，内容具有不确定性，属于处于讨论、研究和处理过程中的政府信息，虽然后得到市人民政府的批复，但不能因此改变其原过程性信息的性质。"吴某某案［（2013）粤高法行终字第172号］法院认为："吴某某向省国土资源厅申请公开省政府对粤地政［1992］225号和粤地政［1993］287号用地批复的审批材料，而上述两份材料为省国土资源厅报省政府审批同意的内部审批材料，属于过程性信息。同时，省政府已在粤府办公开［2012］41号中确认上述两份用地批复是省国土资源厅按程序报省政府批准同意的。因此，省国土资源厅认为吴某某申请公开的信息为行政机关在日常工作中处于审查中的过程性信息、不属于省国土资源厅政府信息的公开范围并作出告知书，并无违反上述规定，原审法院予以支持。"第二，部分案例认为，过程性信息至少在结果作出前不能公开。袁某某案［（2008）皖行终字第0136号］判决指出："在复议案件没有最终结果的情况下，该请示材料不能认定为《政府信息条例》规定的行政机关主动公开的政府信息。"第三，部分案例认为，在行政行为完成后，过程性信息可予以公开。谢某案［（2012）宁行初字第26号］法院认为："申请人提交的材料，在行政许可机关作出许可审批前，尚属行政许可过程中的过程性材料，在行政许可完成后，申请人提交的材料，系行政许可的事实性材料，应当予以公开。"

5.探索了内部管理信息。《国务院办公厅关于做好政府信息依申请公开工作的意见》指出内部管理信息不予公开。

案例探索了内部管理信息的特征。A 案［（2012）沪一中行终字第 162 号］判决认为："行政机关对于工作人员的管理信息属于内部管理信息，原乙单位在 1985 年国家机关、事业单位工作人员在工资制度改革中，关于调整各排灌人员工龄计算的明细清册属于被上诉人对其工作人员根据国家相关政策实施内部管理工作而产生的信息。"李某案［（2012）桂市行终字第 33 号］判决认为："该两项内容系对被告自身工作的评价，不属于政府信息应当公开的内容。"由此可见，行政机关内部的组织人事管理、组织架构的运作和活动等管理信息、行政机关相互之间及其内部为了确保行政活动的一致性和有效性而进行内部传输的信息属于内部管理信息。

内部管理信息并非一概不予公开。第一，有些法院认为，内部信息是否作为不予公开的范围取决于该政府信息是否作为行政管理依据，以及是否直接对外产生实际影响或者对申请人权利义务产生实际影响。[①] 法院的上述态度与部分地方政府规章相一致。《浙江省政府信息公开暂行办法》第 20 条第 1 款第 3 项规定，属于行政机关之间和行政机关内部行文的请示、报告、批复、会议纪要、抄告单等文件和资料，不作为行政管理依据的，可以不予公开，但应当告知申请人并说明理由。第二，有的行政机关认为，内部信息不予公开在于其属于限制阅读的政府内部公文，即仅限一定范围内的人员知悉，不属于信息公开范围。吴某某等案［（2008）杭行初字第 60 号］法院认为："被告辩称该文件属限制阅读的政府内部公文，只限一定范围内的人员知悉，不属于信息公开范围，但其提供的法律依

① 参见赖某某案［（2013）浙甬行终字第 145 号］、胡某某案［（2013）浙甬行终字第 144 号］、庄某某案［（2013）浙甬行终字第 143 号］。

据不能证明其辩称理由成立，法院不予支持。”第三，部分案例认为，内部管理信息不宜公开的原因在于需要确保内部讨论的充分性。赵某某案[（2012）通中行终字第 0040 号]判决认为：“投票表决材料、评审会议记录是行政机关内部议事材料，其中包含评议者对被评议者的负面评价，可能涉及个人隐私，此类材料的公开，虽然可以增进政府的公开化与透明度，但也有可能使行政机关参与决定的人员不能坦率地讨论问题，最终影响行政结果的质量、降低政府效率。”

综上所述，所谓内部信息，就是对外部不产生直接约束力的涉及内部管理事务的信息、普遍政策阐述或对行政管理和决策的非终极性意见。之所以要免除公开内部信息，目的是保护机构内部或不同机构之间的交流，从而使官员能够畅所欲言，毫无顾忌地表达自己的真实想法。[①]

6. 限缩了历史信息。所谓历史信息是指《条例》施行前已经形成的政府信息，是行政机关在主张法不溯及既往中提出的概念。法院在实践中，把历史信息区分为解放后和解放前的历史信息两类。解放后的历史信息是指解放后、《条例》施行前的政府信息。对解放前的信息，法院认为不属于政府信息，不予公开。郑某案[（2013）沪二中行终字第 336 号]判决认为：“市房管局收到郑某的政府信息公开申请后予以区分，对郑某前一部分申请内容，经查因涉及解放前，故答复不属于《政府信息公开条例》和《政府信息公开规定》规定的政府信息范围并无不当。”“解放前，系涉及解放前的相关材料，据此认定不属于《政府信息公开条例》和《政府信息公开规定》中所规定的政府信息范围”。对解放后的信息，不存在法不溯及

① 参见全国法院政府信息公开十大案例之六：张宏军诉江苏省如皋市物价局案的典型意义。

既往的问题。《条例》规范的是公开与否这一行政行为，对行为和事件产生溯及力，而对政府信息是否形成并无溯及力。

四、申请和公开的司法态度

（一）"三需要"的司法态度

《条例》第 13 条规定，除本条例第 9–12 条规定的行政机关主动公开的政府信息外，公民、法人或者其他组织还可以根据自身生产、生活、科研等特殊需要，向国务院部门、地方各级人民政府及县级以上地方人民政府部门申请获取相关政府信息。《国务院办公厅关于施行〈中华人民共和国政府信息公开条例〉若干问题的意见》[①] 第 14 条规定，行政机关对申请人申请公开与本人生产、生活、科研等特殊需要无关的政府信息，可以不予提供。《国务院办公厅关于做好政府信息依申请公开工作的意见》[②] 重申了上述规定。围绕上述"三需要"规定，引发了不少争议。法院对此表明了自己的态度。

1. 生产、生活、科研等特殊需要作为申请人的资格。这是在申请阶段，行政机关因申请内容与申请人本人没有直接关系而不予提供。张某案［（2012）湘高法行终字第 132 号］判决认为："原告张某申请公开的五项政府信息涉及多个行政部门的工作，且其不能合理说明与本人生产、生活、科研等特殊需要相关，被告开福区人民政府下属的开福区政务公开工作领导小组告知原告补充相关资料再提出申请，符合法律法规规定。"

---

① 2008 年 4 月 29 日，国办发〔2008〕36 号。
② 2010 年 1 月 12 日，国办发〔2010〕5 号。

2. 生产、生活、科研等特殊需要作为不予公开的事由。这是行政机关在审查是否能够提供政府信息时，如果申请人无法提供三需要的说明，就获得了拒绝公开的法定理由。熊某某案［（2012）通中行终字第 0099 号］判决指出："如东县规划局在向熊某某作出不予公开行政答复的同时，一并向熊某某说明了理由，即告知熊某某因其未能合理说明申请获取政府信息系出于自身生产、生活、科研等特殊需要，故不能予以公开。"

（二）公开职责的司法态度

案例表明，围绕着公开职责的争议所对应的条文为《条例》第 17 条，主要有三种情况：由制作政府信息或者从公民、法人或者其他组织获取政府信息的行政机关负责公开；法律、法规对政府信息公开的权限另有规定的，由其规定的相关机关公开；以及由公共企事业单位负责公开。

1. "谁制作谁公开、谁获取谁公开"。绝大多数案例表明，行政机关和法院都会严格遵守"谁制作谁公开、谁获取谁公开"的原则。行政机关在收到申请后，发现依法不属于本机关公开职责范围的，都会告知申请人；对能够确定该政府信息的公开机关的，都能告知申请人向该机关申请政府信息公开，并告知该机关的名称、联系方式。"谁制作谁公开、谁获取谁公开"的原则符合权责相一致的要求，有利于确保申请人从源头上获取政府信息，有利于确保行政机关提供的政府信息准确且完整。总体来看，上述原则运行良好。

《条例》第 17 条规定的"法人或其他组织"并不包含"其他行政机关"。部分案例表明，行政机关对审批、被抄送的政府信息是否有必要公开，存在争议。这些机关尤其是被抄送的机关，并没有直接制作或者获取政府信息，对信息形成的原委和背景并不是太清楚和专业。如果应该公开的话，那么被抄送等行政机关的政府信息公开工作量必然会大大增加，甚至有造成信息失真且跨越权限的可能。因此，案例中行政机关和法院往往仍坚持“谁制作谁公开、谁获取谁公开”。同时，有的行政机关虽然并非制作或获取的主体，却保存着政府信息原件，基于“谁制作谁公开、谁获取谁公开”的原则而无法公开。申请人只能去其他行政机关申请。上述两种情况的存在，增加了申请人的申请门槛和成本，忽略了便民原则。

但也有个别案例在坚持“谁制作谁公开、谁获取谁公开”原则的基础上，把从其他机关获取、保存的政府信息作为行政行为（政府信息）的依据加以把握、考量，从而予以公开。马某某案［（2011）浙杭行初字第 79 号、（2012）浙行终字第 196 号］中，杭州市中级人民法院引用了《浙江省政府信息公开暂行办法》[①] 第 6 条第 2 款的规定。该条规定，行政机关保存的属于其他行政机关制作的政府信息，作为其行政管理依据的，根据公民、法人和其他组织的申请，在其掌握的范围内依法公开。

有的案例则直接根据便民原则，行政机关提供了本不属于其公开职责范围的政府信息。在吴某某案［（2011）沪二中行终字第 222 号］中，“市建交委在收到吴某某的政府信息公开申请后进行了审查，查明吴某某所申请公开的建筑工程施工许可证信息属于依申请公开的政府信息，该信息由市建交委下属机构上海市建筑业管理办公室制作。市建交委将查明情况在信息公开答复中告知了吴某某，并本着公开、便民的原则，向吴某某提供了其所申请的政府信息”。

---

① 2012 年 6 月 15 日，浙江省人民政府令第 302 号发布。

有的案例反映，行政机关对所申请的政府信息不属于其公开职责范围的，在坚持“谁制作谁公开、谁获取谁公开”原则的同时，又根据便民原则通知相关机关进行处理。在许某某案［（2011）苏行终字第0086号］中，“被上诉人亦已依据便民原则要求其下级机关无锡市国土局答复上诉人有关征地信息。在接到被上诉人的书面通知后，无锡市国土局锡山分局已向许某某提供了其所申请公开地块的征地批文及与其相对应的‘一书三方案’；同时针对其所提交的信息公开申请附件，作出（2010）第39号《政府信息公开告知书》要求许某某更改、补充所需信息的内容描述后再行申请”。政府信息公开背后所蕴含的理念是服务行政，因此便民原则应该以“谁制作谁公开、谁获取谁公开”的原则为前提。

2. 法律、法规规定机关的公开。对法律、法规规定机关的公开职责争议，主要集中在房地产登记资料查阅领域。在赵某某案［（2013）沪二中行终字第499号］中，“被上诉人静安规土局具有对向其提出的政府信息公开申请进行处理、答复的职权。被上诉人在收到上诉人的申请后，在法定期限内作出答复，其执法程序合法。上诉人向被上诉人申请公开‘《沪静房地（2006）出让合同补字第017号》出让地块约定的建设项目动工日期’的信息公开申请，被上诉人审查后认为上诉人要求获取的信息属于上海市房地产登记资料查阅范围，遂答复上诉人按照《上海市房地产登记条例》的规定予以查询”。

3. 公共企事业单位的公开职责。《条例》第37条规定：“教育、医疗卫生、计划生育、供水、供电、供气、供热、环保、公共交通等与人民群众利益密切相关的公共企事业单位在提供社会公共服务过程中制作、获取的信息的公开，参照本条例执行，具体办法由国务院有关主管部门或者机构制定。”从王某某案［（2013）南行终字第00047号］、王某某案［（2013）南行终字第00046号］、王某某案［（2012）株中法行终字第40号］、王某某案［（2011）南行终字第78号］等来看，法院扩充了“等”字的公共企事业单位范围。这意味着，公共企事业单位除了“教育、医疗卫生、计划生育、供水、供电、供气、供热、环保、公共交通”外，还纳入了邮政、电讯行业经营者等公共服务单位。从公共企事业单位是否公开以及如何公开政府信息来看，对《条例》的实施并不立项。公共企事业单位多以“信息不存在”“国务院有关主管部门或者机构并未制定相关具体规定”等理由不予公开。尽管如此，案例表明《条例》第37条的规定并不是一项沉睡的制度，并且公开主体也在诉讼中不断地积累和发展。有研究认为，公共企事业单位政府信息公开的核心在于，“作为广义的或实质意义上的政府或者政府活动，其在适用第37条时，在不予公开方面究竟有怎样的不同于前36条的特殊性”以及“作为非政府主体的企事业单位，即使在具有主体或者行为方面具有可适用前36条的相同性时，其活动中需要区分作为法人应享有的意思自治领域，即不公开的自由，以及公共服务活动方面应予以公开的责任之间的界限”。[①]

（三）公开方式的司法态度

案例无法呈现主动公开政府信息的方式，只呈现了依申请的公开方式。公开方式主要包括申请人获取行政机关提供政府信息的方式和载体形式以及行政机关答复申请人的形式。公开方式涉及的争点主要包括：行政

---

① 朱芒：“公共企事业单位应如何信息公开”，《中国法学》2013年第2期。

机关是否按照申请人要求的形式提供了政府信息；行政机关无法按照申请人要求的形式提供的，是否通过安排申请人查阅相关资料、提供复制件或者其他适当形式提供；以及行政机关仅作出口头答复而未书面答复是否合法。

1. 行政机关是否按照申请人要求的形式提供政府信息。案例反映，有的行政机关尽管提供了政府信息，但却不顾申请人要求的方式，自行确定公开方式提供。徐某案［（2012）鄂行终字第00042号］一审判决认为："鄂州市人民政府通过互联网向申请人公开的行为亦是对徐某政府信息公开申请的答复，鉴于徐某事先已经获取了查询回复的方式和途径，故鄂州市人民政府通过互联网予以公开的形式并无不当"。但二审判决采用更为严格的标准，认为："行政机关在现有办公办文条件下，以书面形式向申请人邮寄答复并不困难，更不构成'无法提供'。况且，无论是以上规定的字面理解，还是行政法治倡导的方向，行政机关以'一对一''书对书'的方式答复申请人，已无异议。具体到本案，尽管信息已由申请人实质获取，但焦点是'应以何种方式提供'。因此，本院认为，鄂州市人民政府不仅应当告知徐某政府信息内容的本身，还应向其提供邮寄的书面信息。鄂州市人民政府虽曾通过互联网告知徐某查询其网上回复的查询码，但未曾采取邮寄纸面的方式告之相关政府信息。原审认为鄂州市人民政府已经采取互联网方式予以告知是法律规定的适当形式，与《信息公开条例》第二十六条规定明显不符。"这已判决贯彻了《条例》第26条的规定，即按照申请人要求的形式提供是原则，其他公开形式是例外。换言之，行政机关不能不顾申请人要求的形式，随性提供政府信息。但有部分判决确认行政机关"已进行口头答复，对原告的申请系通过适当形式予以了提供，且已履行相关说明理由义务”合法。[①]

2. 安排查阅、提供复制件或者其他适当形式提供。

（1）应当让申请人充分获知申请的信息。蔡某某案［（2013）盐行终字第 0065 号］判决指出：“被上诉人只是对其引用的苏劳社险管［2008］22 号文件的内容和省厅养老保险处批复主要内容进行了概括或摘抄，未能告知申请人获取该文件的方式和途径，亦未能安排申请人查阅相关资料或提供复制件，应当认定被上诉人公开的方式存在一定瑕疵。”该判决表明，安排查阅相关资料或提供复制件，不能只是让申请人走马观花，不只是简单的概括或摘抄，而应当让申请人充分获知申请的信息。

（2）复制件是否需要盖章。对此，王某某等案［（2013）豫法行终字第 00007 号］判决确定了如下标准：“行政机关没有按照申请人的要求在规划许可证复印件上加盖印章属于未按照申请人要求的形式提供政府信息，这样的行为属于违反《条例》第二十六条，没有履行相应的信息公开义务，属违法行为。违法的原因在于应申请人要求在相关政府信息载体上加盖印章说明信息出处，是政府信息公开的应有之义。政府信息，是行政机关在履行职责过程中制作或者获取的，以一定形式记录、保存的信息。《中华人民共和国政府信息公开条例》的立法目的是保障公众知悉政府信息的权利，让公众知悉的不仅应包括信息本身内容，还应有信息的出处。向政府信息申请人说明信息出处，是行政机关必须履行的义务。因此，行政机关认为仅提供相关政府信息复印件从形式上完全可以满足其获取、知悉相关政府信息的要求并未依法履行法定职责。同时，被告在行政复议程序中为

① 参见彭某某等案［（2012）宣中行终字第 00034 号］。

原告在建设工程规划许可证复印件上加盖印章的行为，说明其并非无法按照申请人要求的形式提供相关政府信息。”

3. 仅作口头答复。对此，案例呈现了两种相反的司法态度。部分判决认为，应当采取书面的方式答复，仅作口头答复不妥。朱某某案［（2012）沪二中行终字第 178 号］判决指出：“黄浦地名办在书面答复中未将该情形向朱某某作详尽说明，仅以口头答复方式告知朱某某代理人虽存在不当，但未对朱某某的实际权益造成损害。需要指出的是，黄浦地名办的工作方式过于随意，与行政机关应当具备的严谨、审慎的工作作风要求不符，黄浦地名办理应及时予以改进。”另一种态度是，口头方式作出答复合法。穆某某案［（2010）郑行初字第 271 号］判决认为：“本案被告中牟县人民政府在收到原告的申请后及时同原告进行了电话联系，并电话答复了其申请的事项不属于政府信息公开的范围，被告已经积极履行了其答复的法定职责，原告主张被告行政不作为不能成立。原告认为被告应予书面答复，但原告提交的 5 月 30 日的申请表并未选取获取信息的方式，且原告申请的事项也并非政府信息，对于申请事项属非政府信息的，被告直接采用更加直接的电话答复方式并无不当。”

五、依申请公开程序的司法态度

案例仅呈现了依申请公开程序而未呈现主动公开程序。这是因为，《最高人民法院关于审理政府信息公开行政案件若干问题的规定》[①] 第 3 条规定：“公民、法人或者其他组织认为行政机关不依法履行主动公开政府信息义

①2011 年 7 月 29 日，法释〔2011〕17 号。

务，直接向人民法院提起诉讼的，应当告知其先向行政机关申请获取相关政府信息。对行政机关的答复或者逾期不予答复不服的，可以向人民法院提起诉讼。”依申请公开的程序包括：申请、指导、处理、期限和提供。[①]

（一）申请程序的司法态度

案例反映，在申请程序的争议有三类：申请人是否提出过政府信息公开申请；申请人的要求是否属于《条例》所规定的申请行为，以及是否符合“一事一申请”原则。

1. 是否提出过政府信息公开申请

（1）申请与行政不作为的联系。案例反映，关于是否提出过政府信息公开申请的争议，通常与行政不作为案件联系在一起。《最高人民法院关于行政诉讼证据若干问题的规定》[②]第4条规定，“公民、法人或者其他组织向人民法院起诉时，应当提供其符合起诉条件的相应的证据材料。在起诉被告不作为的案件中，原告应当提供其在行政程序中曾经提出申请的证据材料。但有下列情形的除外：……（二）原告因被告受理申请的登记制度不完备等正当事由不能提供相关证据材料并能够作出合理说明的”。根据《最高人民法院关于执行〈中华人民共和国行政诉讼法〉若干问题的解释》[③]第27条第2项的规定，原告在起诉被告不作为的案件中，应证明其提出申请的事实。根据上述司法解释的规定，行政相对人起诉行政机关不作为的应当承担其提出过申请的初步证明责任。案例表明，对是否提出过政府信

① 参见叶必丰:《行政法与行政诉讼法》(第三版)，高等教育出版社2015年版，第31-33页。

② 2002年7月24日，法释〔2002〕21号。

③ 2000年3月10日，法释〔2000〕8号。

息公开申请的认定，不应仅基于原告的举证能力相对处于弱势，还应结合有关制度一并考量。胡某某案［（2011）渝三中法行初字第91号］判决认为："胡某某提出的涉案申请，从形式来看，系其向南川区政府首长个人邮寄的特快专递。但从邮件注明的内品不难看出，该信件并非私人信件，而是与南川区政府公共职责有关的申请。且作为行政机关法定代表人，代表其任职行政机关收文是其应有的职责之一。因此，不能以胡国江邮寄申请时将政府首长作为收件人，就否认其向南川区政府提出过涉案申请。同时，南川区政府否认'苏化名'代收信件的效力，但未提供证据证明其收文登记制度完备。结合现有证据，综合考虑到双方提供证据的能力，以及实践中信件投递中代收情况的普遍存在，基于对邮件投递人员的基本职业道德的信任，应当认定胡某某于2011年1月2日向南川区政府邮寄了涉案信息公开申请，南川区政府于2011年1月3日收到了该申请。"王某某案［（2013）衡中法行终字第51号］二审判决认为："原告起诉行政机关行政不作为，应当提供证据证明其提起申请的事实存在。这既是法律对提起诉讼的原告的要求，也是人民法院审查行政机关是否不履行行政职责的最基本依据。上诉人主张其多次口头申请被上诉人履行信息公开职责，经审查，被上诉人未提供任何证据证明其向上诉人提出过口头申请的事实，原判仅以'原告能清楚说出找过被告的哪些工作人员'为由，而确认'原告的举证能力相对处于弱势'，并由此认定'被告称原告未向其提出申请的抗辩理由不能成立'缺乏事实及法律依据。"吴某某案［（2013）穗中法行终字第727号］通过对原被告双方的物证、证人证言等证据材料的综合分析，判决指出："被上诉人认为上诉人不作为起诉要求其履行相应的法定职责，提供了其在提出涉案政府信息公开申请过程中提出申请的全一快递寄件单、全一快递查询结果、全一快递签收单三份证据材料，被上诉人已经就其向上诉人提出过涉案政府信息公开申请完成了初步证明责任，通过该三份证据可证明上诉人于 2012 年 7 月 19 日收到被上诉人邮寄的涉案政府信息公开申请的事实。对此上诉人虽提交了证人证言对上述事实予以否认，由于上诉人的法定代表人已在全一快递签收单上签了名，直接证明了上诉人收到了涉案政府信息公开申请，且全一快递寄件单、全一快递查询结果亦对上述事实予以了佐证，故该证人证言不能否认上诉人已收到被上诉人涉案公开政府信息申请的事实。所以上诉人上诉认为被上诉人不能证明其已收到涉案政府信息公开申请的主张，理据不足，原审法院不予支持并无不当，本院予以支持。"

（2）未经申请即提起诉讼，要求主动公开的，不予受理。李某案［（2013）一中行初字第 2021 号］判决认为："关于原告要求法院责令被告在法定期限内依其法定职责主动公开中国人寿客户信息被泄露事件需要公开的信息的诉讼请求。根据《最高人民法院关于审理政府信息公开行政案件若干问题的规定》[①] 第 3 条的规定，本案原告在政府信息公开申请中并未明确提出该项诉讼请求所要求公开的事项，故在本院已向原告释明上述规定的情况下，原告仍坚持该项诉讼请求，本院依法予以驳回。"欧某某等案［（2011）粤高法行终字第 152 号］判决指出："对粤国土资（建）字（2010）682 号征地批复进行公告，属于清远市人民政府应当依法履行主动公开政府信息的义务。虽然根据上诉人的起诉状和提供的《广东省国土资源厅行政复议决定书》［粤国土资复决字（2011）6 号］，其曾于 2011 年 5

① 2011 年 7 月 29 日，法释〔2011〕17 号。

月6日向清远市国土资源局提交查询申请，但上诉人并未向清远市人民政府提出征地公告政府信息公开的申请。由于上诉人未能举证证明其已经向清远市人民政府提出申请的事实，上诉人应当首先向清远市人民政府提出获取有关征地公告的信息，而不应直接向法院起诉。”

2. 是否属于政府信息公开申请行为。吕某某案［(2013)浙行终字第173号］二审判决认为：“上诉人要求头陀镇人民政府公开‘上诉人到京上访一事：头陀镇人民政府是否有权将上诉人关押59天、上诉人被关押59天是政府行为还是金某某个人行为、上诉人被关押所用的开支是谁提供，请提供发票及相关法律依据’的申请，系上诉人对头陀镇人民政府相关行为不服进行的投诉，并非是《条例》所指的政府信息公开申请。”甲公司案［(2013)沪一中行终字第256号］二审判决认为：“本院认为，上诉人所称案外人丁公司的《申请报告》显然不能作为上诉人要求被上诉人履行法定职责的申请，且上诉人于2013年邮寄给被上诉人的律师函仅是对有关问题的咨询核实，亦不能作为要求被上诉人履行法定职责的申请。”周某某案［(2013)穗中法行终字第597号］二审判决认为：“依照《中华人民共和国政府信息公开条例》第二条的规定，上诉人在其《信息公开申请书》中提出对被上诉人下属工作人员违纪违法行为及白云区太和信达车行违法销售行为进行处罚的事项，并不属于政府信息，而是属于举报、投诉事项。被上诉人对上诉人在政府信息公开申请中提出的举报、投诉事项，转交纪检监察部门处理并告知上诉人，并无不妥。”王某某等案［(2009)浙湖行初字第4号］判决指出：“被告湖州市人民政府对原告王某某、李某某、张某某的申请认定为信访事项是否正确。”上述裁判表明，政府信息公开申请行为需要与举报、投诉、信访、咨询、征询意见、答疑等行为加以区分。

3. “一事一申请”原则。根据甲公司案［（2013）沪一中行终字第271号］判决，“一事一申请”原则是指一个政府信息公开申请只对应一个政府信息项目；如有新的申请内容，申请人需要另行提出申请。对此，《条例》并没有直接规定。《国务院办公厅关于做好政府信息依申请公开工作的意见》作为对《条例》的解释，明确了“一事一申请”原则，对一些要求公开项目较多的申请，受理机关可要求申请人按照“一事一申请”原则对申请加以调整：即一个政府信息公开申请只对应一个政府信息项目。该原则有助于提高工作效率，方便申请人尽快获取所申请公开的信息，但仍有可能从申请环节上增加对申请人的限制。从现有的案例来看，即使申请事项仅为两项，行政机关和法院也可基于“一事一申请”原则而予以否定。[①] 这些案例适用“一事一申请”原则，仅考虑申请事项的数量，而并没有考量其他因素。但在有的案例中，申请事项多达九项，行政机关也并没有适用“一事一申请”原则，仍逐项作出答复。[②] 由此可见，该原则在行政程序中的裁量空间非常大，法院目前尚未予以进一步限缩。

（二）指导申请的司法态度

《条例》第21条规定：“对申请公开的政府信息，行政机关根据下列情况分别作出答复：（一）属于公开范围的，应当告知申请人获取该政府信息的方式和途径；（二）属于不予公开范围的，应当告知申请人并说明理由；

---

① 参见甲公司案［（2013）沪一中行终字第271号］、郑某某案［（2011）浙行终字第117号］、夏楚辉与揭阳市物价局政府信息公开纠纷上诉案等。

② 参见赵某案［（2013）苏行终字第0058号］、王某某等案［（2013）浙杭行终字第232号］等。

（三）依法不属于本行政机关公开或者该政府信息不存在的，应当告知申请人，对能够确定该政府信息的公开机关的，应当告知申请人该行政机关的名称、联系方式；（四）申请内容不明确的，应当告知申请人作出更改、补充。”对该条所规定的内容，我们称为指导申请。

从程序角度观察，发现只有在极个别案例中，对不予公开范围未说明理由。张某某案［（2012）杭萧行初字第8号］判决认为：“被告某某镇政府收到原告张某某的政府信息公开申请后，认为原告申请的信息属于不公开的范围，依法应当向原告说明不公开的理由。被告在给原告的答复中虽然称不公开的理由是基于杭州市《最高人民法院关于审理政府信息公开行政案件若干问题的规定》第17条的规定，但未说明是该条的哪一具体款项，以至于原告无法知悉被告拒绝公开的理由，相当于未告知理由，被告的答复行为违反了《条例》第二十一条第（二）项的规定。”同样的判决还有贾某某案［（2012）高行终字第237号］。

通过案例发现，《条例》第21条仅规定了四种情形，仍有不周延之处。比如，对“重复申请”、除了信息不存在之外其他“不属于政府信息”等情形，该如何答复未作规定。张某案［（2013）沪二中行终字第454号］原审法院认为：“由于沪房地（1997）出让合同外字24号、沪规土资（2010）出让合同补字第18号国有土地使用权出让合同，已由依申请公开的政府信息变为主动公开的政府信息，且相关信息内容已在市规土局网站上公开，故市规土局应向张某告知上述内容。鉴于上述信息在市规土局网站上已公示，张某可自由查阅，市规土局未如实告知张某可至相关网站查询而仅笼统的以不再重复处理答复张某，未影响张某对该政府信息知情权的行使。但此行政瑕疵，市规土局应在今后的执法中予以规范。”二审法院认为："被上诉人对上诉人进行答复时已主动在网上公开沪房地（1997）出让合同外字 24 号、沪规土资（2010）出让合同补字第 18 号国有土地使用权出让合同的相关信息，应从便民的角度向上诉人予以说明，被上诉人应在今后的工作中予以注意。"

（三）处理申请的司法态度

通过案例发现，行政机关处理申请的争点有：区分处理，征询权利人意见程序，阶段性告知行为，以及更正政府信息。

1. 区分处理。《条例》第 22 条规定："申请公开的政府信息中含有不应当公开的内容，但是能够作区分处理的，行政机关应当向申请人提供可以公开的信息内容。"已有的示范性案例裁判要旨对此进行阐释指出："当事人申请公开的政府信息中同时包含可以公开和不应当公开内容且能够作区分处理的，行政机关应当在区分处理后公开可以公开的内容；未作区分处理，或者区分处理错误的，人民法院可以判决被告重作。"①

所检索案例中，法院也表明了上述态度。张甲案［（2011）沪二中行终字第 182 号］二审法院认为："上诉人申请获取的社会保险登记变更核定表上记载的项目中，单位缴费卡的账号、开户银行账号等内容涉及该单位的商业秘密，法定代表人或负责人的身份证号、电话涉及个人隐私，因权利人未表示同意公开，被上诉人遂对社会保险登记变更核定表信息作区分处理，隐去涉及商业秘密、个人隐私的信息后，向上诉人予以公开，符合《上海市政府信息公开规定》第十二条、第二十三第（六）项之规定。"南

① 最高人民法院行政审判庭编：《中国行政审判案例》（第 1 卷），中国法制出版社 2010 年版，第 126 页。

京华夏实验学校（民办）案［（2010）江宁行初字第56号］判决认为："南京市江宁区法院审理中依法调取了原告申请公开的三份文件及其附件，经查看该附件的主要内容，系与华夏学校进行合作办学的第三方江苏金舸置业有限公司的资信情况、投资及融资计划、经营秘密等，经进行谨慎的审查与判断，认为三份文件的附件，由于其涉及目前土地使用权人的有关经营信息方面的商业秘密，属于《条例》第十四条第四款规定的'行政机关不得公开涉及国家秘密、商业秘密、个人隐私的政府信息'的范畴，故不应予以公开。同时本案三份批文属于批文及附件这么一个文件中可以分开的部分，故可以按照信息可分割原则选择提供该批文部分予以公开。"

上述案例都展示了法院要求行政机关按照可分割原则隐去部分不予公开的内容，却鲜少反映行政机关出于服务行政和便民原则主动对政府信息进行区分处理。在众多涉及国家秘密、商业秘密、个人隐私的案件中，行政机关也往往没有加以区分处理。除了无法分割或者不宜分割外，行政机关对不予公开的情形，处理得过于粗糙。对此，相对人往往难以表示异议，原因在于既然不了解该政府信息的具体内容就无法判断是否可以作更为细致的区分处理。

2. 征询权利人意见程序。从案例来看，行政机关经初步判断，凡申请公开的政府信息涉及商业秘密、个人隐私的，无一例外地都经过了征询权利人意见程序。一旦权利人不同意公开或者不作出答复，行政机关都遵从其意愿不予公开。案例未反映出，行政机关根据公共利益的判断公开相关信息。这说明，行政机关在涉及他人权益，不能确定是否应予以公开时，依照法定程序进行了慎重处理，以预防因信息公开行为不当而损害他人合法权益。同时说明，行政机关在征求他人意见后，未根据公共利益作出适当的裁量，而是直接采纳权利人的意见。《最高人民法院关于审理政府信息公开行政案件若干问题的规定》第 8 条第 1 款规定："政府信息涉及国家秘密、商业秘密、个人隐私的，人民法院应当认定属于不予公开范围。"第 2 款规定："政府信息涉及商业秘密、个人隐私，但权利人同意公开，或者不公开可能对公共利益造成重大影响的，不受前款规定的限制。" 在所检索案例中，法院贯彻了最高法院的规定，在个案中再次表明了司法态度。

3. 阶段性告知行为。根据《条例》的规定，行政机关在依申请公开政府信息中的阶段性告知行为包括：告知补正，告知延长答复期限，以及其他告知、通知行为。

根据《条例》第 21 条第 4 项的规定，申请内容不明确的，行政机关应当告知申请人作出更改、补充。从案例来看，行政机关一旦认定申请内容不明确，大多都会告知更改和补充。不同行政机关的区别在于，给予更正补充的次数不同。关于告知延长答复期限义务，仅有个别案例中的行政机关没有履行，被法院认定为行政瑕疵。

阶段性告知行为是否具有可诉性？宋某某案［（2013）一中行终字第 1198 号］判决认为："海淀地税局收到宋某某于 2012 年 12 月 24 日提出的信息公开申请后，于 2012 年 12 月 25 日作出海淀区地方税务局（2012）第 11 号 – 回《登记回执》（以下简称涉案登记回执），并于 2013 年 1 月 8 日向宋某某送达涉案登记回执。海淀地税局作出涉案登记回执以及送达该回执的行为，仅是海淀地税局在履行政府信息公开答复职责中的一个过程性行为，并非对宋某某的政府信息公开申请的最终处理结果，对宋某某的权利义务不产生实际影响，不属于人民法院行政诉讼的受案范围。" 同理，阶段性的通知行为也不具有可诉性。江某某等案［（2011）闽行终字第 1

号］二审判决认为："福州市住房保障和房产管理局（原福州市房地产管理局）于2009年5月15日作出的《政府信息公开申请告知书》，其内容是告知江某某、黄某某应待前案行政诉讼判决后再依法处理江九、江十地块的拆迁许可政府信息公开事宜。该告知书是政府信息公开程序中的一个通知行为，并非拒绝公开政府信息的最终行为，没有导致政府信息公开程序被终止。因此，该行为并非独立的、可诉的具体行政行为，对当事人的权利义务并未产生实际影响。"

4. 更正政府信息。《条例》第25条第2款规定了相对人要求行政机关更正政府信息的权利。在所检索案例中，涉及更正政府信息的案件并不多。从有限的案例来看，法院对更正政府信息的态度如下：第一，判断是否属于更正申请。麦某案［（2013）佛中法行终字第361号］法院认为："从上诉人申请的形式和内容来看，上诉人提出的是政府信息更正申请，而非土地登记资料查询"。第二，判断是否符合更正的证明要求。麦某案［（2013）佛中法行终字第361号］法院认为："公民、法人或者其他组织申请行政机关更正有关政府信息，需要满足两个条件：一、申请更正的对象是与自身相关的政府信息；二、有证据证明行政机关提供的与自身相关的政府信息记录不准确。但上诉人提交的材料不能证明其与申请更正的政府信息有关，亦不能证明该政府信息记录不准确。被上诉人据此作出《佛山市南海区国土城建和水务局关于政府信息公开申请的答复》，要求上诉人提供该政府信息与其自身相关的证明文件及该政府信息记录不准确的其他证据资料。"第三，行政机关应当对相对人提出更正其自身政府信息的申请作出处理。张某案［（2013）粤高法行终字第124号］二审判决认为："禅城社保基金局对上诉人要求更正其参保信息事项负有依法审查处理或者转送有权机关处理并告知的职责。由于禅城社保基金局并未对上诉人更正参保信息的要求依法作出处理，因此，本案被诉复议决定责令禅城社保基金局对上诉人提出的要求更正其参保信息的申请依法作出处理正确，符合上述法规的规定。”

（四）答复期限的司法态度

《条例》第 24 条规定了答复期限。从案例来看，有的行政机关并没有按照法定期限答复。法院对行政机关违反法定期限，只要作出了答复，就不会推翻政府信息公开行为，仅认定为程序瑕疵而予以指正。法院给出的判决理由，往往是：虽然程序存在瑕疵，但并不影响原告获取政府信息的实质性权利。[①] 行政机关超期仍未答复的，则被认定为行政不作为。

计算答复期限，依法应当扣除征求意见的时间。张某案［（2012）长中行终字第 0029 号］判决认定：“根据《条例》第二十四条的规定，行政机关收到政府信息公开申请之日起 15 个工作日内应当予以答复，但行政机关向权益受影响的第三方征求意见的时间不计算在该期限内。被告从收到原告申请到作出答复虽然相隔将近三个月，但扣除被告向长沙市中级人民法院征求意见的时间后，只用了 12 个工作日，因此被告的答复并没有超过法定期限，原告的该项意见不予采纳。”

（五）提供环节的司法态度

通过案例发现，在政府信息的提供环节，主要涉及三个争点：行政机

① 参见长兴长日食品有限公司案［（2013）浙行终字第 152 号］。

关提供政府信息的行为、收费以及送达。基于送达并非《条例》直接规定，在此不做专门描述。

1. 提供行为。这是指行政机关根据《条例》第 26 条的规定，作出答复，或提供政府信息的行为。案例表明，行政机关一旦决定向相对人公开所申请的政府信息，就会根据诚实守信原则和依法行政原则予以提供。观察发现，有的行政机关提供了所申请的政府信息，但却没有制作、交付答复书。长兴某某食品有限公司案［（2013）浙湖行初字第 7 号］判决指出："根据《中华人民共和国政府信息公开条例》第二十一条第（一）项的规定，属于公开范围的，应当告知申请人获取该政府信息的方式和途径。根据《浙江省政府信息公开暂行办法》第二十条第（一）项的规定，属于公开范围的，应当告知申请人获取该政府信息的方式和途径；能够在答复时提供具体内容的，应当同时提供。上述法律法规条款强调行政机关应当履行告知义务，即行政机关在提供政府信息的过程中，还应作出书面答复。本案中，被告根据原告的申请提供了有关政府信息，但未作出书面答复，应予以指正。"

对提供行为，《条例》既有强制性规定又有非强制性规定。案例表明，法院要求行政机关严格遵守强制性规定，允许对非强制性规定进行变通。在吕某某案［（2013）浙行终字第 173 号］中，行政机关针对同一申请人在同一答复期内的申请，采用同一答复书分别对两份申请进行答复。法院认为，这并未违反《条例》的强制性规定，予以支持。

2. 收费。《条例》第 27、28 条规定了政府信息公开的费用。国家发展改革委、国家财政部《关于行政机关依申请提供政府公开信息收费标准及有关问题的通知》[①]又作出了具体规定。案例表明，上述规则大多得到了良好实施。法院也认为，对行政相对人申请获取政府信息，行政机关提供了相关政府信息，并收取相关费用，并无不当。[②]但政府信息公开费用容易与档案查询费相混淆，从而引发争议。

（1）收取费用必须有依据和证据。北京市英利达金属结构制品厂案［（2013）二中行终字第1138号］判决认为："《北京市行政机关依申请提供政府公开信息收费办法（试行）》第四条规定是'可以'收取检索费、复制费和邮寄费等费用，而非'应当'或'必须'收取；采育镇政府也没有提供证据证明其曾经告知英利达制品厂申请政府信息公开需要交纳费用及如何交纳，故采育镇政府仅以'原告未交纳相关费用'为由，不足证明其'无法按英利达制品厂的要求通过快递以书面形式对英利达制品厂的信息公开申请进行答复'行为的正当性。"中华环保联合会案（最典行2013-1）[③]判决认为："关于被告贵州省贵阳市修文县环境保护局认为原告中华环保联合会申请信息公开时，未提供相关检索、复制、邮寄等成本费用的意见，根据《贵州省政府信息公开暂行规定》第二十六条规定，行政机关依申请提供政府信息，可以收取实际发生的检索、复制、邮寄等成本费用，但被告并未向原告提出收费要求，原告也未向被告明示不支付相关费用，故被告以此理由不公开环境信息不符合法律规定。"

（2）依申请公开已主动公开的政府信息不得收取费用。张某案

①2008年7月16日，发改价格［2008］1828号。

②参见孟某案［（2012）沪高行终字第43号］。

③本案例名的缩写，参见叶必丰：《行政法与行政诉讼法》（第三版），高等教育出版社2015年版，第284页。

[（2012）穗中法行终字第211号]二审判决认为："本案中上诉人向被上诉人申请公开企业登记资料，被上诉人收取了上诉人依申请提供政府公开信息检索费和复制费共5.3元。但依据被上诉人在其网站上列举的主动公开的政府信息目录，查询企业基本登记信息属于其主动公开的信息范围。依据上述规定，被上诉人主动提供的政府公开信息，不得收取任何费用。被上诉人在本案中对于其主动公开的政府信息，又收取上诉人依申请提供政府公开信息检索费和复制费不当，应当予以退还。上诉人诉讼请求确认被上诉人收取其上述费用违法，并要求退还已收取的5.3元理由充分，一审法院判决驳回其诉讼请求认定事实不清，适用法律错误，依法予以撤销。"

六、监督保障的司法态度

涉及《条例》监督保障条款的案例非常有限。从现有案例来看，申请人几乎都是通过诉讼和复议制度维护自己权利的。案例也呈现了通过向上级行政机关、监察机关或者政府信息公开工作主管部门举报，进行监督的情形。崔某某案[（2013）粤高法行终字第359号]判决认为："根据《条例》第三十三条、《信访条例》第六条第二款的规定，被上诉人通过广州市信访局将上诉人向其举报广州市公安局、广州市国土资源和房屋管理局、广州市财政局未在法定期限内履行政府信息公开义务的信访件分别转送给广州市公安局、广州市国土资源和房屋管理局、广州市财政局办理并无不当。此外，广州市信访局也向上述行政机关发出了《信访催办函》，催促抓紧办理上诉人的申请信息公开事宜，并要求将办理情况予以函复。可见，被上诉人收到上诉人的举报材料后，就上诉人反映的广州市公安局、广州市财政局和广州市国土资源和房屋管理局的不作为问题进行了处理，已履行了法定职责。”

在有些案件中，原告因行政机关违法履行政府信息公开职责而要求获得行政赔偿，要求行政机关承担全部差旅费用、复印费等。第一，对由行政机关承担案件诉讼过程中产生的全部差旅费用的要求，法院几乎都未予支持。陈某某案［（2013）穗中法行终字第457号］的一审判决指出，“关于原告要求被告承担其因本案而支出差旅费的问题，根据《最高人民法院关于审理行政赔偿案件若干问题的规定》第三十二条的规定，本案原告未能明确其请求被告赔偿的金额和提供相应的证据，对其提出的该项主张，原审法院不予支持”。第二，没有侵犯相对人的合法权益。陈某某案［（2013）穗中法行终字第457号］法院认为：“虽然被上诉人逾期答复上诉人信息公开申请被确认违法，但被上诉人已在其职责范围内就上诉人信息公开申请事项作出答复，没有侵犯上诉人的合法权益，故不应当承担赔偿责任，原审判决驳回上诉人的赔偿请求符合上述法律规定，本院予以支持。”第三，行政机关违法履行政府信息公开职责与损失间缺乏因果关系。宫某某案［（2013）高行终字第7号］判决指出：“宫某某针对国知局政府信息公开行为提起诉讼时一并提出了行政赔偿请求。虽然国知局作出的答复意见书被一审法院撤销，但宫某某向法院提交的证据不足以证明其主张的各项损失系由于国知局在政府信息公开中存在的违法行为直接导致，故宫某某一并提出的行政赔偿请求，缺乏事实和法律依据，本院亦不予支持。”第四，请求内容不明确。周某某案［（2010）沪高行终字第33号］判决指出：“上诉人周某某在原审中还要求判令被上诉人闸北区政府赔偿因行政不作为给其造成的实际损失（具体损失金额由闸北区政府‘依法履行政府信息公开义务’后计算），因该请求内容不明确，且缺乏行政赔偿的前提条件，故不应予以支持。”

七、政府信息功能的司法态度

（一）政府信息的证据功能

688件非政府信息公开争议的案件，与《条例》的实施并无直接关系。但是这些案件仍然为评估《条例》的实施状况提供了很好的材料。通过这些案例，我们发现公民通过政府信息公开获知的材料主要作为诸如土地房屋规划、建设、拆迁许可、行政裁决等诉讼中的证据，以此来证明行政机关作出的相关行政行为是否合法。政府信息公开制度的功能在于保障公民的知情权，政府信息的功能则不限于“知”的功能更在于证据功能。从688件非政府信息公开争议的案件来看，政府信息集中于两大问题的证明：

1. 时效。《最高人民法院关于执行〈中华人民共和国行政诉讼法〉若干问题的解释》第41条第1款、42条规定了行政诉讼的时效。根据上述规定，行政机关未告知相对人涉诉行政行为的，原告通过政府信息公开知道该行政行为的内容之日，就可以作为起诉的起算点，从而避免遭受超过起诉期限的不利影响。赵某1等案［（2011）一中行终字第2393号］一审法院认为：“关于昌平区政府认为王某某起诉已超过诉讼时效的答辩意见，法院认为，昌平区政府在收到赵丁的申请后，没有证据证明其联系过本案被诉行政行为的相对人赵丙，在被诉撤销决定作出后，也无法证明其对赵丙进行过有效送达。王某某在2011年2月通过民事诉讼和政府信息公开申请的途径方得知该具体行政行为。根据《最高人民法院关于执行若干问题的解释》第四十二条之规定，王某某的起诉并未超过诉讼时效。”二审法院认为："关于昌平区政府具有作出被诉撤销决定的法定职权，本院同意一审判决认定意见。因昌平区政府未提交证据证明其向赵丙送达过被诉撤销决定，且无其他证据证明赵丙或王某某知道被诉撤销决定内容的时间，因此一审法院认为王某某自2011年2月通过民事诉讼和政府信息公开申请的途径方得知被诉撤销决定之后，于2011年4月12日向一审法院起诉未超过法定起诉期限正确，本院予以支持。"

根据《行政复议法》[①]第12条第1款、《行政复议法实施条例》[②]第28条第2项的规定，复议制度也有复议时效。复议申请人也可以通过政府信息公开知晓行政行为的内容，以此来推算是否超过复议期限。李某某等案[（2008）浦行初字第39号]原告诉称："2007年12月，原告向区建交委申请政府信息公开，才知道浦综房拆许字（1996）第×××号拆迁许可证，故被告以原告超过法定申请行政复议的期限为由而驳回原告的申请，被告的行政复议决定是错误的。故要求撤销被告作出的上述行政复议决定。"

2. 专利的新颖性。根据《专利法》[③]第22条第1款的规定，授予专利权的发明应当具备新颖性。该条第2款规定："新颖性，是指该发明或者实用新型不属于现有技术；也没有任何单位或者个人就同样的发明或者实用新型在申请日以前向国务院专利行政部门提出过申请，并记载在申请日以后公布的专利申请文件或者公告的专利文件中。"要证明发明或者实用新型是否有被社会公众知晓的可能性，就是要证明有关材料是否有可能通过

---

① 1999年4月29日全国人大常委会通过，1999年4月29日国家主席令第16号公布。

② 2007年5月29日国务院令第499号公布。

③ 1984年3月12日全国人大常委会通过，1992年9月4日全国人大常委会第一次修正，2000年8月25日全国人大常委会第二次修正，2008年12月27日全国人大常委会第三次修正。

政府信息公开途径处于社会公众中任何人想要得知就能够得知的状态。云南名扬药业有限公司案［（2012）一中知行初字第3207号］判决认为："国家食品药品监督管理局出具的《信息公开告知书》提及公众可以通过依申请公开政府信息的方式获取《汇编》中依法可以公开的相关信息。由于《中华人民共和国政府信息公开条例》（简称《政府信息公开条例》）的施行日（2008年5月1日）晚于本专利申请日，该《信息公开告知书》并未明确在本专利申请日之前，社会公众是否可以依据当时的规范性文件向国家药品监督管理局申请相关政府信息公开以及申请公开的范围可以包括证据I—1中的内容。上述事实仍应由主张证据I—1在先公开的当事人承担证明责任。而且，根据《政府信息公开条例》第十四条第四款的规定，除经权利人同意公开或者行政机关认为不公开可能对公共利益造成重大影响的以外，行政机关不得公开涉及国家秘密、商业秘密、个人隐私的政府信息。《信息公开告知书》中也指出对于其中可能涉及商业秘密的信息，如处方、制法等，该局将按规定办理。根据药品监督管理部门的相关文件如原卫生部药政管理局关于中药新药质量标准发布事由的答复等的规定，由于中医药的特殊性，如果新药处方和制法全部公开，可能会造成新药研制工作的低水平重复，影响临床确切用药，也势必对中药新药的发展和审批管理工作不利，而且质量标准中这两项内容对检验结果影响不大，鉴此，在颁布中药新药质量标准（包括试行和转正标准）时，对其处方和制法可根据具体情况，有些品种采取部分公开的格式。可见，即使《政府信息公开条例》施行后，现有证据也不能证明证据I—1的相关内容属于依法可以申请公开的内容。因此，在无相反证据的情况下，应当认定证据I—1在本专利申请日之前未处于能够为公众获得的状态。"

（二）政府信息可受审查

通过政府信息公开获得的政府信息作为证据，仍需要受到法院对证据三性的审查。通常情况下，政府信息具有公信力以及合法来源，因而作为证据的真实性和合法性可以满足。但并不代表真实性和合法性就不用审查了，仍然需要经过质证进行确认。王某某案［（2013）嘉行初字第 70 号］中法院对于原告经政府信息公开获得的证据确认为，“上述 1-2 号证据均来源于行政机关，应具有公信力，但与被告提供其所作的梁环审表（2009）075 号建设项目环境影响登记表原件不一致，且被告不认可原告提交的所涉梁环审表（2009）075 号建设项目环境影响登记表真实性的情况下，原告亦没有充分证据证明原告所诉的具体行政行为是由被告所作，对原告认为 1-2 号证据中梁环审表（2009）075 号建设项目环境影响登记表是由被告作出的观点不予采信”。法院的上述认定，则又可以成为原告起诉政府信息公开行为的理由。通过政府信息公开获取的证据，在关联性方面并没有什么优势。高某等案［（2011）天行初字第 12 号］原告提供的部分证据来自政府信息公开。法院对该证据确认为：“被告、第三人对证据的真实性无异议，但认为均涉及拆迁许可证的前置要件，拆迁许可证已经生效判决所确认。本院审查认为原告提供的证据与原告的证明目的无关联性。”

本章小结

通过案例的整理、分析表明，《条例》获得了我国各级法院在司法上的实施。法院针对双方当事人有关政府信息公开争议，一方面表明了法院对行政机关实施《条例》的合法性审查，推动着行政机关更积极地实施《条例》，另一方面则细化和丰富着《条例》条文的内涵和内容，明确宣布了《条例》条文所达的边界。法院通过案例为《条例》的进一步实施积累了丰富的司法经验，甚至创制了一系列具体规则，监督了行政机关合法履行政府信息公开职责，对具有瑕疵或者违法的政府信息公开行为予以指正、确认违法或撤销，为相对人申请政府信息公开提供了有效的司法保障。具体而言，司法判例全面地反映了全国各级法院对于《条例》中不确定概念的理解与适用，对概念构成要件明确了相应的判断标准，有效地限制了行政机关的裁量权。同时，法院对于政府信息公开实体问题的判断平衡了申请人的政府信息获取权与公共利益，促进了“公开为原则，不公开为例外”原则的构建，有利于建立公开透明的政府。法院对于政府信息公开程序的把控，保障了申请人的申请权、第三人的权益，规范了行政机关公开政府信息的流程，进而促进行政机关在实体结果上的信息公开。这些司法经验最终能够为《条例》的修改和进一步完善提供实践支撑。

通过案例也反映出，行政机关和法院在实施《条例》的过程中，高度重视实体问题而轻视程序。重实体，意味着更多的是从公民、法人和其他组织有没有获取到政府信息的结果上评价政府信息公开行为的合法性。法院和行政机关更多关注有没有答复，或者在可以公开的情况下有没有提供政府信息这样一条基本底线，而很少关注所提供政府信息的完整程度或者是否符合申请人所要求获知的内容。轻程序，意味着行政机关的政府信息公开非常不规范，缺乏严密的说理论证过程，任意裁量而缺乏必要的限制；意味着法院对行政机关的程序瑕疵采取较为宽容的态度。行政机关在期限内未作出答复的，只要在答复期限届满后或者在庭审过程中申请人获知了政府信息或者行政机关答复了，行政相对人常面临败诉的风险。在法院看来，这些程序瑕疵并没有对原告的权利义务产生实际影响，仅需指正即可。

案例还表明，法院的判决理由总是点到即止。对行政机关职责、事实和程序的审查，尤其是对行政机关处理政府信息公开申请程序的审查，法院在判决理由中常常采纳、重述行政机关的行政行为理由。在行政机关胜诉的案例中，行政机关和法院的态度重合率非常高。

第五章 申请政府信息公开的实验报告

为了切身体验申请政府信息公开的实际情况，本课题组开展了两次实验。

一、申请政府信息公开实验之一

（一）政府信息公开申请概况

从2012年1月26日始，至2012年3月16日止，课题组成员曾向上海市各级行政机关提交67份政府信息公开申请。行政机关的答复一共47份，占总数的70.1%；未答复的申请总数为20份，占到申请总数的29.8%。在67份申请中，向上海市市级行政机关递交的申请书为30份，向区级行政机关递交的申请书为37份，分别占到总申请数量的44.8%及55.2%。其中，市级行政机关的答复一共为22份，区级行政机关的答复一共为25份，答复率分别为73.3%及67.6%。在所有的行政机关答复中，采取电话方式答复的共有9份，占总量的13.4%；以电子邮件方式进行答复的一共有13份，占总量的19.4%；以邮寄挂号信方式答复的一共有23份，占总量的34.3%；以通知申请人当场领取行政机关答复书的方式进行答复的共有 2 份，占总量的 3.0%。

未获答复的申请情况如表 5-1 所示。其中的原因，也许是申请人申请公开的信息过于含糊或不存在，也许是行政机关对政府信息公开工作不够重视。

表 5-1：未获答复的申请

序号	申请时间	行政机关	政府信息
1	2012.1.27	上海市民族和宗教委员会	截至 2011 年度的上海市佛教徒登记的总人数
			截至 2011 年度的上海市天主教徒登记总人数
			在上海登记备案的佛教寺庙的数量
2	2012.2.5	上海市环境保护局	2011 年度上海市用于环境保护各项费用的支出总额
3	2012.2.5	上海市民防局	截至 2011 年度的上海市全市民防工程分布示意图
4	2012.2.5	上海市人民政府外事办公室	2011 年度上海市公派留学的总人数及费用总额
5	2012.3.13	上海市国有资产监督管理委员会	2011 年度上海市本地国有企业的国有资产流失情况
6	2012.2.29	徐汇区绿化和市容管理局	2011 年度针对徐汇区城管执法的投诉总数及主要原因
7	2012.1.30	长宁区绿化和市容管理局	2011 年度针对长宁区城管执法的投诉总数及主要原因
8	2012.1.30	闸北区绿化和市容管理局	2011 年度针对闸北区城管执法的投诉总数及主要原因
9	2012.1.30	青浦区绿化和市容管理局	2011 年度针对青浦区城管执法的投诉总数及主要原因

续表

序号	申请时间	行政机关	政府信息
10	2012.1.30	杨浦区绿化和市容管理局	2011 年度针对杨浦区城管执法的投诉总数
			2011 年度针对杨浦区城管人员具体执法行为的投诉主要原因
11	2012.2.9	杨浦区审计局	杨浦区审计局 2012 年度工作计划
12	2012.2.9	青浦区审计局	青浦区审计局 2012 年度工作计划
13	2012.2.9	金山区审计局	金山区审计局 2012 年度工作计划
14	2012.2.10	长宁区国有资产监督管理委员会	长宁区国资委 2012 年度工作计划
15	2012.2.10	青浦区国有资产监督管理委员会	青浦区国资委 2012 年度工作计划
16	2012.2.11	嘉定区发展和改革委员会	嘉定区发改委 2011 年度工作总结
17	2012.2.11	青浦区发展和改革委员会	青浦区发改委 2010、2011 年度工作总结

（二）行政机关的答复过程

1. 答复期限。《条例》第 24 条第 2 款规定：“行政机关不能当场答复的，应当自收到申请之日起 15 个工作日内予以答复；如需延长答复期限的，应当经政府信息公开工作机构负责人同意，并告知申请人，延长答复的期限最长不得超过 15 个工作日。”《上海市政府信息公开规定》第 26 条第 1 款规定：“行政机关收到政府信息公开申请，能够当场答复的，应当当场予以答复；不能当场答复的，应当自收到申请之日起15个工作日内予以答复。行政机关需延长答复期限的，应当经政府信息公开工作机构负责人同意，并告知申请人。延长答复的期限最长不得超过15个工作日。”

在47份行政机关的答复中，一共有21份答复书没有在法律规定的时间送达，未及时答复的比例达到44.7%。未及时答复的机关主要有上海市统计局、上海市卫生局、上海市国有资产监督管理委员会、上海市发展和改革委员会等行政机关。从此次实验来看，相对于市级行政机关而言，及时答复的行政机关主要是区县级行政机关。其中的原因存在多种可能性，可能是市级机关对于政府信息公开的重视程度不够，或者可能是市级机关对政府信息公开流程更为复杂等。不过，由于实验数据的有限性，难以得出一个具有说服力的结论，对市级行政机关和区级行政机关在答复率上的比较仅仅是参考性的。

2. 正式答复前的沟通。在此次实验中，申请人一共收到9份电话答复，13份电子邮件答复，23份挂号信答复以及2份要求当场领取申请公开信息的答复。除9份电话答复之外，申请人在收到另外35份答复之前，曾接到相关行政机关共计24通电话，以沟通答复相关事宜，事先电话沟通比例达到68.6%。行政机关进行事先电话沟通主要有以下几类内容：

（1）申请人申请公开该政府信息的目的。所有收到政府信息公开申请的行政机关工作人员在通过电话同申请人取得联系时，均会向申请人询问申请公开该政府信息的目的。有些行政机关在申请人回答“写论文需要”，或者看到申请人在申请表格“所需政府信息的用途”一栏中勾选“科研的需要”之后，会进一步询问该政府信息的公开是如何满足申请人“写论文需要”的。

（2）电话告知申请人将依申请公开。具体如表 5-2 所示。

表 5-2：电话告知情况表

序号	申请时间	政府信息	行政机关	电话告知
1	2012.1.30	2011 年度针对闵行区城管执法的投诉总数及主要原因	闵行区绿化和市容管理局	将依申请公开，并再以电子邮件方式进行书面答复
2	2012.2.11	上海市发改委 2011 年度工作总结	上海市发展和改革委员会	该信息将依法公开，并以电子邮件及挂号信的方式进行书面答复
		上海市发改委 2010 年度工作总结		
3	2012.2.11	长宁区发改委 2011 年度工作总结	长宁区发展和改革委员会	该信息将依法公开，并以电子邮件及挂号信的方式进行书面答复
		长宁区发改委 2010 年度工作总结		
4	2012.2.11	闸北区发改委 2011 年度工作总结	闸北区发展和改革委员会	该信息将依法公开，并以电子邮件及挂号信的方式进行书面答复
		闸北区发改委 2010 年度工作总结		
5	2012.2.11	杨浦区发改委 2011 年度工作总结	杨浦区发展和改革委员会	该信息将依申请公开，要求申请人前往杨浦区发展和改革委员会当场领取
		杨浦区发改委 2010 年度工作总结		
6	2012.2.11	嘉定区发改委 2011 年度工作总结	嘉定区发展和改革委员会	该信息将依法公开，并以电子邮件及挂号信的方式进行书面答复

（3）申请公开的信息不够明确，要求申请人进行补正信息。申请人于2012年1月30日向上海市虹口区绿化和市容管理局申请公开“2011年度针对虹口区城管执法的投诉总数及主要原因”。该局工作人员通过电话同申请人取得联系，告知申请人申请内容过于含糊，需要进行补正，并告知申请人应如何填写补正申请书及相关文件，随后以挂号信的方式寄出补正告知书。在此次实验中，行政机关工作人员针对申请人不够明确的政府信息公开申请，以电话答复方式为主。在多数情况下，行政机关工作人员告知申请人所申请公开的信息不够明确之后，一般不再进行书面答复，无论是挂号信还是电子邮件的方式。

（4）申请人申请公开的信息不存在或者尚未制作。表5-3的政府信息申请，在正式答复前都有电话沟通。沟通的内容主要包括两个方面，一是申请人申请公开的信息不存在或者尚未制作，二是确认申请人对如此答复是否表示满意。其中，上海市国有资产监督管理委员会在告知“2010年度上海市国有资产监督管理委员会工作总结”和“2011年度上海市国有资产监督管理委员会工作总结”不存在后，询问是否可以转而公开《2011年上海市国资国企改革发展情况报告》以及《2010年上海市国资国企改革发展情况报告》。

表5–3：信息不存在或尚未制作的电话沟通情况表

序号	申请时间	政府信息	行政机关	正式答复形式
1	2012.2.5	2011年度上海市用于公共卫生管理的经费	上海市卫生局	2012.3.12挂号邮寄书面答复
		2011年度上海市办理公共场所卫生许可证的数量		

续表

序号	申请时间	政府信息	行政机关	正式答复形式
2	2012.2.5	2011 年度上海市用于环境保护各项费用的支出总额	上海市环境保护局	电子邮件答复
3	2012.2.10	上海市审计局 2012 年度工作计划	上海市审计局	2012.2.22 邮寄书面答复
4	2012.2.10	上海市国资委 2012 年度工作计划 2010 年度上海市国有资产监督管理委员会工作总结 2011 年度上海市国有资产监督管理委员会工作总结	上海市国有资产监督管理委员会	2012.3.3 挂号邮寄书面答复
5	2012.2.10	杨浦区国资委 2012 年度工作计划	杨浦区国有资产监督管理委员会	2012.3.8 挂号邮寄书面答复

（5）申请人申请的信息为该行政机关主动公开的信息。表 5-4 所申请的政府信息，行政机关均通过电话方式同申请人取得联系，并告知该信息属于主动公开信息范围之内，可登陆该行政机关的官方网站进行查询，并在确认申请人对于该电话沟通内容满意后，以挂号信的方式作了书面答复。

表 5-4：属于主动公开范围的电话沟通情况表

序号	申请时间	政府信息	行政机关
1	2012.2.5	2011 年度上海市统计局工作总结	上海市统计局
2	2012.2.10	徐汇区国资委 2012 年度工作计划	徐汇区区国有资产监督管理委员会

续表

序号	申请时间	政府信息	行政机关
3	2012.2.10	闸北区国资委 2012 年度工作计划	闸北区国有资产监督管理委员会
4	2012.2.10	虹口区发改委 2010 年度工作总结	虹口区国有资产监督管理委员会
		虹口区国资委 2012 年度工作计划	

（6）重复申请，要求申请人提交一份撤销重复申请的申请书。申请人于 2012 年 2 月 9 日向徐汇区审计局申请公开“关于 2012 年度审计局工作计划”。申请人由于操作失误，连续提交了三份申请（并且有一份显示的受理单位是徐汇区斜土街道）。徐汇区审计局工作人员于当日通过电话同申请人取得联系，要求申请人重新发送邮件进行确认在当日只发送一份政府信息公开申请书。在确认申请人对于该电话沟通内容满意的情况下，该机关以挂号信的方式寄出纸质告知书。

另外，电话沟通还有关于申请人联系地址的核对。

（三）各区级行政机关答复情况的比较

在此次实验中，受理政府信息公开申请并给予答复的区级行政机关主要有虹口区、杨浦区、闵行区、嘉定区、徐汇区、长宁区和闸北区的行政机关。未予答复的区级行政机关主要有青浦区、金山区等的行政机关。由于静安区、松江区、宝山区、浦东新区等区级行政机关网络主页长期处于维护状态，导致申请人不能提交政府信息公开申请，因而在此次实验中并没有这些行政机关的政府信息公开实验数据。

1. 向各区级绿化和市容管理局申请政府信息公开的情况。申请人向有关区级绿化和市容管理局申请公开“2011年度针对某某区城管执法的投诉总数及主要原因”。其中，杨浦区绿化和市容管理局工作人员以该两项信息应分别申请为由，告知申请人进行补正申请或重新申请。申请人随即重新提交申请，分别申请公开“2011年度针对杨浦区城管人员具体执法行为的投诉总数”以及“2011年度针对杨浦区城管人员具体执法行为的投诉主要原因”。不过，该局之后却并未对申请给予答复。闵行区绿化和市容管理局工作人员在电子邮件答复前，先致电申请人询问申请该信息的目的及用途。在得知申请人相对于该信息内容本身更注重行政机关的答复方式及流程之后，经得申请人的同意，该局在电话中对于所申请的信息进行了大致的答复，并于一天之后以电子邮件方式进行书面答复。虹口区绿化和市容管理局工作人员收到申请后即致电申请人申请公开的信息过于含糊，要求申请人进行补正，并在电话中告知申请人补正告知书等若干纸质文件将会以挂号信的方式寄出。在申请人签收挂号信之前，该名工作人员又几次致电申请人询问申请该信息的用途、目的，以及其他各区绿化和市容管理局的处理方式，并不厌其烦地告知申请人若干文件的填写方式以及补正期限。徐汇区、长宁区、闸北区、青浦区绿化和市容管理局均未予答复。

2. 向各区级审计局申请政府信息公开的情况。申请人向有关区级审计局申请公开“2012年某某区审计局年度工作计划”。徐汇区审计局工作人员以挂号信的方式给予书面答复，告知该信息属于审计局主动公开范围之内。长宁区审计局工作人员致电申请人，告知申请人该信息尚未出台，出台后将会作为主动公开的信息予以公开。闸北区审计局工作人员以挂号信的方式进行书面答复，告知申请人该信息并未制作，因此该信息不存在无法公开。虹口区审计局工作人员以挂号信的方式进行书面答复，告知申请人申请的内容不够明确，向申请人发出补正告知书。不过，在补正告知书中写明申请人申请公开的内容为“虹口区审计局2011年工作总结及2012年工作计划”，与申请人当时的申请情况存在出入。另外，杨浦区、青浦区和金山区审计局均未予答复。

3. 向各区级国有资产监督管理委员会申请政府信息公开的情况。申请人向有关区级国有资产监督管理委员会申请公开“某某区国有资产监督管理委员会年度工作计划”。徐汇区、闸北区、虹口区国资委工作人员以挂号信的方式给予书面答复，告知该信息属于国有资产监督管理委员会主动公开范围之内，可以登陆该区国资委网站主页进行查询。杨浦区国资委工作人员于2012年3月8日发出延期答复告知书，然后于2012年3月15日发出补正申请告知书，以申请者请求公开的信息文件名称、文号或者其他特征描述未明确为由，要求申请者在2012年3月16日前补正相关内容。申请人未及时补正。青浦区国资委工作人员通过电子邮件进行答复，告知申请人该机关尚未确定发文，因此该信息不存在无法公布。长宁区和青浦区国资委未予答复。

4. 向各区级发展和改革委员会申请政府信息公开的情况。申请人向有关区级发展和改革委员会公开“某某区发展和改革委员会2011年度工作总结”。长宁区及嘉定区发展和改革委员会工作人员以电子邮件的方式答复申请人该信息依申请公开。闸北区发展和改革委员会工作人员以挂号信的方式给予书面答复，告知申请人该信息依申请公开。徐汇区发展和改革委员会工作人员以挂号信的方式给予书面答复，其认定经审查，申请人要求获取的信息不属于《条例》以及《上海市政府信息公开规定》第2条所指的政府信息，因此决定不予公开。虹口区发展和改革委员会工作人员以挂号信的方式进行书面答复，告知申请人该信息属于主动公开的范围，可登陆虹口区发展和改革委员会网站进行查询。杨浦区发展和改革委员会工作人员致电申请人该信息将依法公开，并请当事人在指定时间内前往指定地点当场领取该信息。青浦区发展改革委员会未予答复。

因此，对同样的政府信息，不同行政机关的态度和处理往往各不相同。

二、申请政府信息公开实验之二

（一）政府信息公开申请概况

2012 年政府信息公开申请实验已过去三年。《条例》的实施情况较之三年前是否有所进步发展？政府信息公开制度是否得到较好的落实？法规的实施是否意味着我国政府信息公开制度建设的完成？探究《条例》的实施情况是这次实验的目的，希望能从一个侧面对《条例》的实施情况提供参考性数据。

此次实验共向长三角地区、泛珠三角地区及京津冀地区省市两级政府机关提交 64 份申请。为了方便比较、对比，向同地区政府机关提交的申请内容基本相同或者相似，力争通过实验数据得出一些较为客观、有价值的认识。

在此次实验中，申请日期从 2015 年 5 月 18 日始，至 2015 年 6 月 1 日截止。在 64 份申请中，以网络在线方式提交的政府信息公开申请为 44 份，占到总申请数的 68.8%；以书面方式提交的政府信息公开申请为 20 份，占到总申请数的 31.2%。在 64 份申请中，向长三角各级行政机关提交的申请书为 30 份，占到总申请数量的 46.9%；向泛珠三角各级行政机关提交的申请书为 25 份，占到总申请数量的 39%；向京津冀区域各级行政机关提交的申请数为 9 份，占到总申请数量的 14.1%。

图 5-1：长三角地区、泛珠三角地区及京津冀地区申请数量的比较

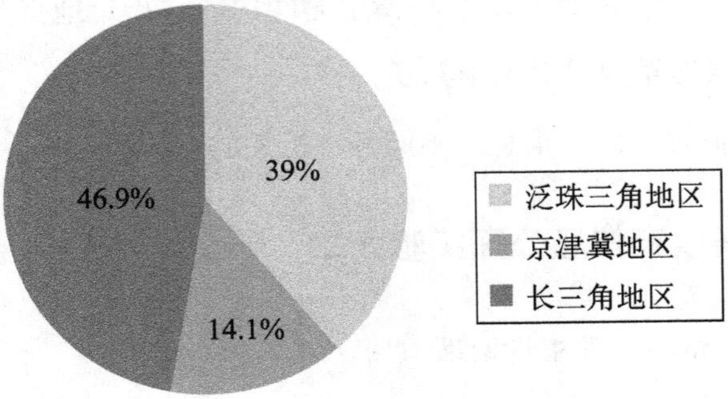

行政机关的第一份答复于 2015 年 5 月 26 日送达申请人，最后一份答复于 2015 年 7 月 2 日送达申请人。在所有的行政机关答复中，采取电话方式答复的共有 9 份，占总答复数量的 16.7%；以电子邮件方式给予答复的一共有 12 份，占总答复数量的 22.2%；以邮寄挂号信方式答复的一共有 23 份，占总答复数量的 42.6%；以网站弹出公告形式答复的有 10 份，占总答复数量的 18.5%。未获答复的共有 10 份，占总申请数量的 15.6%。

表 5-5：未获答复的政府信息公开申请列表

序号	申请时间	行政机关	政府信息
1	2015.6.1	安徽省政府办公厅	推进长三角区域市场一体化发展合作协议
2	2015.5.31	海南省政府办公厅	泛珠三角区域合作框架协议
3	2015.5.31	福建省旅游局	泛珠三角区域旅游合作指导性意见
4	2012.5.31	江西省旅游局	泛珠三角区域旅游合作指导性意见
5	2015.5.31	海南省旅游发展委员会	泛珠三角区域旅游合作指导性意见

续表

序号	申请时间	行政机关	政府信息
6	2015.5.31	江西省科技厅	泛珠三角区域科技合作南昌协议
7	2015.5.31	海南省科技厅	泛珠三角区域科技合作海口协议
8	2015.6.1	天津市政府办公厅	京津冀协同发展税收合作框架协议
9	2015.6.1	天津市政府办公厅	京津冀区域人才合作框架协议书
10	2015.6.1	天津市政府办公厅	京津冀警务航空合作机制框架协议

（二）行政机关的答复情况

1. 行政机关依申请直接公开所申请信息。在 54 份答复中，行政机关依申请直接公开的有 4 份，占答复总数的 7.4%。它们分别是泰州市政府办公厅关于申请公开《长江三角洲地区城市合作（泰州）协议》的答复、湖州市政府办公厅关于申请公开《长江三角洲地区城市合作（湖州）协议》的答复、镇江市政府办公厅关于申请公开《长江三角洲地区城市合作（镇江）协议》的答复以及上海市政府办公厅关于申请公开《推进长三角区域市场一体化发展合作协议》的答复。

表 5–6：依申请直接公开信息情况表

序号	申请时间	行政机关	政府信息
1	2015.5.28	泰州市政府办公厅	长江三角洲地区城市合作（泰州）协议
2	2015.5.29	湖州市政府办公厅	长江三角洲地区城市合作（湖州）协议
3	2015.5.29	镇江市政府办公厅	长江三角洲地区城市合作（镇江）协议
4	2012.6.1	上海市政府办公厅	推进长三角区域市场一体化发展合作协议

2. 行政机关告知申请人补充材料。在54份答复中，行政机关告知申请人须提供本人身份证明及相关证明材料的答复共有10份，占答复总数的18.5%。它们分别是江苏省政府办公厅关于申请公开《关于共同推进皖江城市带承接产业转移示范区建设合作框架协议》《长江三角洲地区环境保护合作协议（2009—2010年）》《推进长三角区域市场一体化发展合作协议》及《关于长三角区域新闻出版合作发展的框架协议》的答复、浙江省政府办公厅关于申请公开《关于共同推进皖江城市带承接产业转移示范区建设合作框架协议》的答复、扬州市政府办公厅关于申请公开《长江三角洲地区城市合作（扬州）协议》的答复、上海市新闻出版局关于申请公开《关于长三角区域新闻出版合作发展的框架协议》的答复以及云南省政府办公厅关于申请公开《泛珠三角区域合作框架协议》《泛珠三角区域旅游合作指导性意见》及《泛珠三角区域科技合作昆明协议》的答复。

表5–7：行政机关告知申请人补充材料情况表

序号	申请时间	行政机关	政府信息
1	2015.5.18	江苏省政府办公厅	关于共同推进皖江城市带承接产业转移示范区建设合作框架协议
2	2015.5.29	江苏省政府办公厅	长江三角洲地区环境保护合作协议（2009—2010年）
3	2015.6.1	江苏省政府办公厅	推进长三角区域市场一体化发展合作协议
4	2015.5.31	江苏省政府办公厅	关于长三角区域新闻出版合作发展的框架协议
5	2015.5.18	浙江省政府办公厅	关于共同推进皖江城市带承接产业转移示范区建设合作框架协议

续表

序号	申请时间	行政机关	政府信息
6	2015.5.28	扬州市政府办公厅	长江三角洲地区城市合作（扬州）协议
7	2015.5.31	上海市新闻出版局	关于长三角区域新闻出版合作发展的框架协议
8	2015.6.1	云南省政府办公厅	泛珠三角区域合作框架协议
9	2015.6.1	云南省政府办公厅	泛珠三角区域旅游合作指导性意见
10	2015.6.1	云南省政府办公厅	泛珠三角区域科技合作昆明协议

3. 行政机关告知申请人该材料不存在。在54份答复中，行政机关以申请材料不存在或未制作保存该材料为由不予公开的共有13份，占答复总数的24.1%。它们分别是无锡市政府办公厅关于《长江三角洲地区城市合作（无锡）协议》的答复、宁波市政府办公厅关于《长江三角洲地区城市合作（宁波）协议》的答复、舟山市政府办公厅关于《长江三角洲地区城市合作（舟山）协议》的答复、苏州市政府办公厅关于《长江三角洲地区城市合作（苏州）协议》的答复、杭州市政府办公厅关于《长江三角洲地区城市合作（杭州）协议》的答复、南京市政府办公厅关于《长江三角洲地区城市合作（南京）协议》的答复、浙江省政府办公厅关于《长江三角洲地区环境保护合作协议（2009—2010年）》《关于长三角区域新闻出版合作发展的框架协议》及《推进长三角区域市场一体化发展合作协议》的答复、广西壮族自治区政府办公厅关于《泛珠三角区域合作框架协议》《泛珠三角区域旅游合作指导性意见》及《泛珠三角区域科技合作南宁协议》的答复以及四川省政府办公厅关于《泛珠三角区域科技合作成都协议》的答复。

表 5-8：行政机关告知申请人材料不存在情况表

序号	申请时间	行政机关	政府信息
1	2015.5.28	无锡市政府办公厅	长江三角洲地区城市合作（无锡）协议
2	2015.5.28	宁波市政府办公厅	长江三角洲地区城市合作（宁波）协议
3	2015.5.28	舟山市政府办公厅	长江三角洲地区城市合作（舟山）协议
4	2015.5.28	苏州市政府办公厅	长江三角洲地区城市合作（苏州）协议
5	2015.5.28	杭州市政府办公厅	长江三角洲地区城市合作（杭州）协议
6	2015.5.28	南京市政府办公厅	长江三角洲地区城市合作（南京）协议
7	2015.5.29	浙江省政府办公厅	长江三角洲地区环境保护合作协议（2009—2010 年）
8	2015.6.1	浙江省政府办公厅	关于长三角区域新闻出版合作发展的框架协议
9	2015.6.1	浙江省政府办公厅	推进长三角区域市场一体化发展合作协议
10	2015.6.1	广西壮族自治区政府办公厅	泛珠三角区域合作框架协议
11	2015.6.1	广西壮族自治区政府办公厅	泛珠三角区域旅游合作指导性意见
12	2015.6.1	广西壮族自治区政府办公厅	泛珠三角区域科技合作南宁协议
13	2015.6.1	四川壮族自治区政府办公厅	泛珠三角区域科技合作成都协议

4. 行政机关延期答复。《条例》第 24 条第 2 款规定："行政机关不能当场答复的，应当自收到申请之日起 15 个工作日内予以答复；如需延长答复期限的，应当经政府信息公开工作机构负责人同意，并告知申请人，延长答复的期限最长不得超过 15 个工作日。"《上海市政府信息公开规定》第

26条第1款规定："行政机关收到政府信息公开申请，能够当场答复的，应当当场予以答复；不能当场答复的，应当自收到申请之日起15个工作日内予以答复。行政机关需延长答复期限的，应当经政府信息公开工作机构负责人同意，并告知申请人。延长答复的期限最长不得超过15个工作日。"

在提交的64份政府信息公开申请中，政府机关一共答复54份，答复数占申请数的84.4%，未答复的申请数为10份，占到申请总数的15.6%。在54份信息公开答复中，未在15个工作日内答复的一共有5份，占到答复总数的9.3%。其中，在法定期限内告知申请人需延长答复期限的有4份，分别是安徽省政府办公厅《关于共同推进皖江城市带承接产业转移示范区建设合作框架协议》的答复、浙江省政府办公厅《关于共同推进皖江城市带承接产业转移示范区建设合作框架协议》的答复、上海市政府办公厅《关于共同推进皖江城市带承接产业转移示范区建设合作框架协议》的答复以及关于《长江三角洲地区城市合作（上海）协议》的答复。未告知申请人需延长答复期限的为1份，是上海市新闻出版局《关于长三角区域新闻出版合作发展的框架协议》的答复。

表5–9：行政机关延期答复情况表

序号	申请时间	行政机关	政府信息
1	2015.5.18	安徽省政府办公厅	关于共同推进皖江城市带承接产业转移示范区建设合作框架协议
2	2015.5.18	浙江省政府办公厅	关于共同推进皖江城市带承接产业转移示范区建设合作框架协议
3	2015.5.18	上海市政府办公厅	关于共同推进皖江城市带承接产业转移示范区建设合作框架协议
4	2015.5.31	上海市政府办公厅	关于长三角区域新闻出版合作发展的框架协议

5. 申请信息为已公开，建议申请人直接上网查询。在 54 份答复中，行政机关告知申请人所申请公开的信息为已公开，建议申请人直接上网查询的答复共有 8 份，占答复总数的 14.9%，分别是嘉兴市政府办公厅关于《长江三角洲地区城市合作（嘉兴）协议》的答复、上海市环保局关于《长江三角洲地区环境保护合作协议（2009—2010 年）》的答复、福建省政府办公厅关于《泛珠三角区域合作框架协议》的答复及关于《泛珠三角区域科技合作福州协议》的答复、四川省政府办公厅关于《泛珠三角区域合作框架协议》的答复及关于《泛珠三角区域旅游合作指导性意见》的答复、江西省政府办公厅关于《泛珠三角区域合作框架协议》的答复以及澳门特别行政区政府关于《泛珠三角区域合作框架协议》的答复。

表 5-10：行政机关建议申请人直接上网查询情况表

序号	申请时间	行政机关	政府信息
1	2015.5.29	嘉兴市政府办公厅	长江三角洲地区城市合作（嘉兴）协议
2	2015.5.29	上海市环保局	长江三角洲地区环境保护合作协议（2009—2010 年）
3	2015.5.31	福建省政府办公厅	泛珠三角区域合作框架协议
4	2015.5.31	福建省政府办公厅	泛珠三角区域科技合作福州协议
5	2015.5.31	四川省政府办公厅	泛珠三角区域合作框架协议
6	2015.5.31	四川省政府办公厅	泛珠三角区域旅游合作指导性意见
7	2015.5.31	江西省政府办公厅	泛珠三角区域合作框架协议
8	2015.5.31	澳门特别行政区政府	《泛珠三角区域合作框架协议》的答复

6. 其他答复情况。行政机关其他答复情况因不具代表性，故简要摘录几例。对于向台州市政府申请公开《长江三角洲地区城市合作（台州）

协议》，台州市政府办公厅告知只接受现场办理政府信息公开业务。申请人向广东省政府办公厅申请公开《泛珠三角区域合作框架协议》《泛珠三角区域旅游合作指导性意见》及《泛珠三角区域科技合作广州协议》，广东省政府办公厅告知申请人所持非广东省身份证，按照规定请与相关部门联系。申请人向贵州省政府办公厅申请公开《泛珠三角区域合作框架协议》《泛珠三角区域旅游合作指导性意见》及《泛珠三角区域科技合作贵阳协议》，贵州省政府办公厅告知依申请公开只对省内居民开放等。

表 5-11：行政机关答复情况

序号	答复内容	数量	百分比
1	依申请直接公开	4	7.4%
2	告知申请人补充材料	10	18.5%
3	告知申请人该材料不存在	13	24.1%
4	延期答复	5	9.3%
5	申请信息为已公开，建议申请人直接上网查询	8	14.9%
6	其他	14	25.8%

（三）三个区域行政机关答复情况比较

1. 是否接受网络申请。申请人在提交政府信息公开的申请时，考虑到效率环保等因素，优先选择在线方式申请；在无法在线提交申请的情况下，再选择邮寄纸质申请书的方式进行申请。在提交的 64 份申请中，共有 47 份政府信息公开的申请系在线提交，采用书面方式提交的政府信息公开申请有 12 份。在向长三角地区行政机关提交的信息公开申请中，因不接受网络方式申请转而选择其他申请方式的共有 8 份，占向长三角地区行政机关提交申请总数的 26.7%；在向泛珠三角地区政府机关提交的信息公开申请中，因不接受网络方式申请转而选择其他申请方式的共有 6 份，占向泛珠三角地区行政机关提交申请总数的 24%；在向京津冀地区政府机关提交的信息公开申请中，因不接受网络方式申请转而选择书面申请的共有 3 份，占向京津冀地区行政机关提交申请总数的 33.3%。

图 5-2：向长三角地区、泛珠三角地区及京津冀地区行政机关书面申请数量及网络申请数量的比较

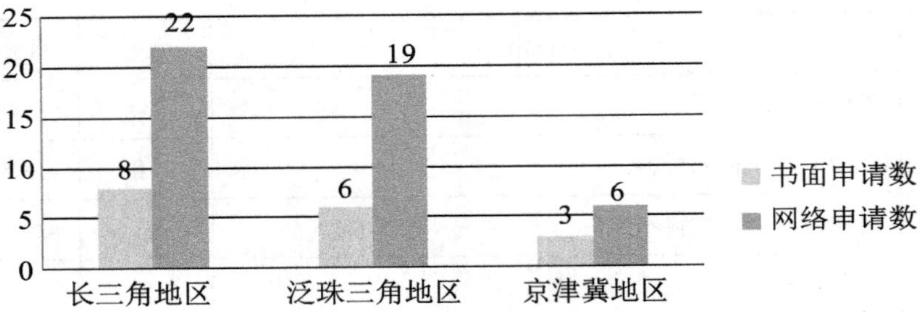

2. 是否给予答复。申请人提交了 64 份政府信息公开申请，共收到 54 份答复，占申请总数的 84.4%；未答复的申请总数为 10 份，占到申请总数的 15.6%。其中，长三角区域行政机关的答复一共为 29 份，占向长三角地区行政机关提交申请总数的 96.7%，未答复的是向安徽省政府办公厅提出的《推进长三角区域市场一体化发展合作协议》公开申请。泛珠三角地区政府机关的答复一共为 19 份，占向泛珠三角地区行政机关提交申请总数的 76%，未答复的分别是向海南省政府办公厅提出的《泛珠三角区域合作框架协议》公开申请、向海南省旅游发展委员会提出的《泛珠三角区域旅

游合作指导性意见》公开申请、向海南省科学技术厅提出的《泛珠三角区域科技合作海口协议》公开申请、向福建省旅游局提出的《泛珠三角区域旅游合作指导性意见》公开申请、向江西省旅游局提出的《泛珠三角区域旅游合作指导性意见》公开申请及向江西省科学技术厅提出的《泛珠三角区域科技合作南昌协议》公开申请。京津冀地区政府机关的答复一共为 6 份，占向京津冀地区行政机关提交申请总数的 66.7%，未答复的分别是向天津市政府办公厅提出的《京津冀协同发展税收合作框架协议》公开申请、《京津冀区域人才合作框架协议书》及《京津冀警务航空合作机制框架协议》公开申请。

图 5–3：向长三角地区、泛珠三角地区及京津冀地区行政机关申请数量及其答复数量的比较

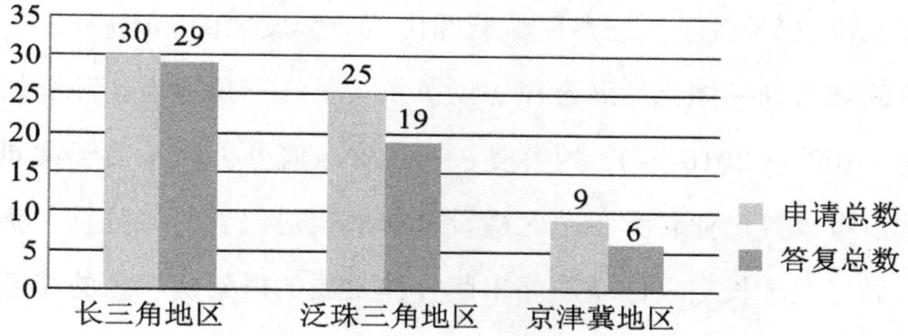

3. 是否在法定期限内答复。在所有的公开答复中，未在 15 个工作内答复的一共有 5 份，占到申请总数的 7.8%。该 5 份未按时答复，均系长三角区域行政机关所作。泛珠三角区域行政机关和京津冀区域行政机关的答复，均在法定期限内。在长三角区域行政机关中，在法定期限内告知申请人需延长答复期限的有 4 份，分别是安徽省政府办公厅《关于共同推进皖江城市带承接产业转移示范区建设合作框架协议》的答复、浙江省政府办

公厅《关于共同推进皖江城市带承接产业转移示范区建设合作框架协议》的答复、上海市政府办公厅《关于共同推进皖江城市带承接产业转移示范区建设合作框架协议》的答复以及关于《长江三角洲地区城市合作（上海）协议》的答复。未在法定期限内告知申请人需要延长答复期限的为1份，是上海市新闻出版局《关于长三角区域新闻出版合作发展的框架协议》的答复。

4. 是否要求申请人提供身份证明及其他相关材料。在54份信息公开答复中，共有10份要求申请人提供身份证明及其他相关材料，占申请总数的15.7%。其中，长三角区域行政机关要求提供相应材料的答复为7份，占向长三角区域行政机关申请公开总数的23.3%。它们分别是江苏省政府办公厅《关于共同推进皖江城市带承接产业转移示范区建设合作框架协议》《关于长三角区域新闻出版合作发展的框架协议》《推进长三角区域市场一体化发展合作协议》及《长江三角洲地区环境保护合作协议（2009—2010年）》的答复、浙江省政府办公厅《关于共同推进皖江城市带承接产业转移示范区建设合作框架协议》的答复、上海市新闻出版局《关于长三角区域新闻出版合作发展的框架协议》的答复以及扬州市政府办公厅关于《长江三角洲地区城市合作（扬州）协议》的答复。泛珠三角区域行政机关要求提供相应材料的答复数为3份，占向泛珠三角区域行政机关申请公开总数的1.2%。它们分别是云南省政府办公厅关于《泛珠三角区域合作框架协议》的答复、关于《泛珠三角区域旅游合作指导性意见》的答复以及关于《泛珠三角区域科技合作昆明协议》的答复。京津冀区域行政机关在答复时没有要求申请人提供相应材料。

图 5-4：长三角地区、泛珠三角地区及京津冀地区
行政机关对于身份证明等文件要求的比较

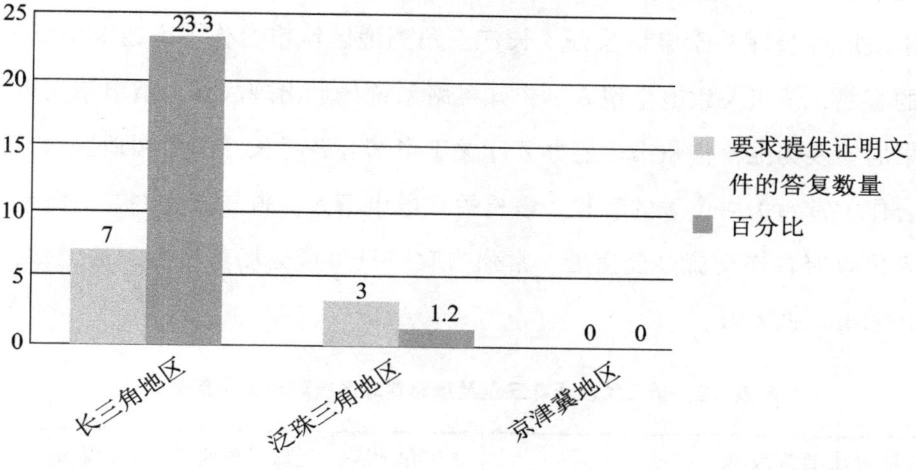

5. 在正式答复前是否先行沟通。在 54 份信息公开答复中，其中有 7 份答复，政府机关在正式答复前以电子邮件或电话方式先行沟通，占申请总数的 11.0%，这 7 份答复均为长三角地区政府机关所作，分别是安徽省政府办公厅关于申请公开《关于共同推进皖江城市带承接产业转移示范区建设合作框架协议》的答复，该机关电子邮件告知因需查询并征求其他省市意见，延期 15 个工作日答复；浙江省政府办公厅关于申请公开《关于共同推进皖江城市带承接产业转移示范区建设合作框架协议》的答复，该机关致电申请人要求提供身份证件及课题说明简介材料；上海市政府办公厅关于申请公开《长江三角洲地区城市合作（上海）协议》的答复，该机关致电申请人告知业务部门出差，将过几日进行答复；宁波市政府办公厅关于申请公开《长江三角洲地区城市合作（宁波）协议》的答复，该机关致电申请人告知该信息不存在；杭州市政府办公厅关于

申请公开《长江三角洲地区城市合作（杭州）协议》的答复，该机关致电申请人，告知杭州会议时未签署书面文件，所以该信息不存在；南通市政府办公厅关于申请公开《长江三角洲地区城市合作（南通）协议》的答复，该机关致电申请人，告知网络系统最近出现故障，请申请人以书面答复为准；常州市政府办公厅关于申请公开《长江三角洲地区城市合作（常州）协议》的答复，该机关致电申请人，告知该文件在上海市人民政府合作交流办公室处，常州市政府只负责会场落实组织的工作，并无正式版文稿。

表 5–12：长三角、泛珠三角及京津冀地区行政机关答复情况

序号	答复内容	长三角地区	泛珠三角地区	京津冀地区
1	不受理网络申请的数量	8	9	3
2	不受理网络申请的数量占申请总量的百分比	26.7%	36%	33.3%
3	答复的数量	29	19	6
4	答复占申请数量的百分比	96.7%	76%	66.7%
5	未在法定期限内答复的数量	5	0	0
6	未在法定期限内答复占总申请数量的百分比	16.7%	0%	0%
7	要求申请人提供身份证明及其他相关材料的数量	7	3	0
8	要求申请人提供身份证明及其他相关材料的百分比	23.3%	1.2%	0%

本章小结

实验表明，行政机关对政府信息公开申请给予了高度重视。两次实验中，行政机关对政府信息公开的申请都非常重视，特别关注申请政府信息公开的动机和用途，总是通过各种形式的沟通加以了解。

实验表明，行政机关对政府信息公开申请的答复率有所提高。申请人于 2012 年向上海市两级行政机关提交 67 份政府信息公开申请，行政机关答复数为 47 份，答复率为 70.1%。在此次实验中，申请人共向全国各级行政机关提交 64 份政府信息公开申请，答复数为 54 份，占总数的 84.4%。其中，长三角区域行政机关的答复一共为 28 份，答复率为 93.3%，较之 2012 年度有显著的提高。

实验表明，行政机关对政府信息公开申请的准时答复率也在提高。在 2012 年的调研中，上海市两级行政机关的 47 份答复中，一共有 21 份答复书没有在法律规定的期限内送达，未按时答复的比例达到 44.7%。未进行按时答复的机关主要有上海市统计局、上海市卫生局、上海市国有资产监督管理委员会、上海市发展和改革委员会等政府机关。在此次实验的 54 份信息公开答复中，未在 15 个工作日内答复的一共有 6 份，占到答复总数的 9.3%，未在法定期限内告知申请人需要延长答复期限的为 1 份。

实验表明，以电子邮件方式答复的比例有所提高。在 2012 年的调研中，上海市两级行政机关的 47 份答复中，以电子邮件方式进行答复的一共有 13 份，占总量的 19.4%。在此次实验的 54 份信息公开答复中，共有 12 份是直接以电子邮件形式回复，占总量的 22.2%。

图 5-5：2012 年与 2015 年实验情况之对比

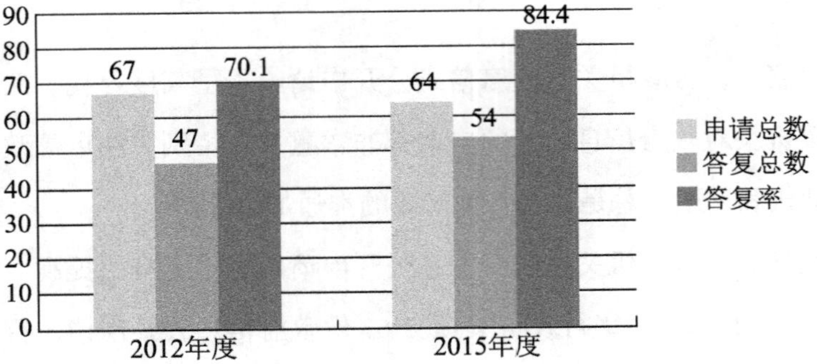

表 5-13：2012 年与 2015 年调研结果的对比

	2012 年	2015 年
提交申请总数	67	64
答复总数	47	54
答复率	70.1%	84.4%
未及时答复数	21	6
未及时答复率	44.7%	9.3%
以电子邮件方式答复数	13	12
以电子邮件方式答复率	19.4%	22.2%

图书在版编目（CIP）数据

《政府信息公开条例》评估报告 / 叶必丰等著 .—
北京：中国法制出版社，2017. 12
ISBN 978-7-5093-8770-2

Ⅰ. ①政… Ⅱ. ①叶… Ⅲ. ①国家行政机关—信息管理—条例—研究报告—中国 Ⅳ. ① D922.104

中国版本图书馆 CIP 数据核字（2017）第 196179 号

策划编辑　舒　丹　　责任编辑　侯　鹏　　封面设计　李　宁

《政府信息公开条例》评估报告

《ZHENGFU XINXI GONGKAI TIAOLI》PINGGU BAOGAO

著者 / 叶必丰 等
经销 / 新华书店
印刷 / 北京京华虎彩印刷有限公司
开本 / 787 毫米 ×960 毫米　16 开　　印张 / 19　字数 / 223 千
版次 / 2017 年 12 月第 1 版　　2017 年 12 月第 1 次印刷

中国法制出版社出版
书号 ISBN 978-7-5093-8770-2　　定价：55.00 元

北京西单横二条 2 号　　值班电话：66026508
邮政编码：100031　　传真：66031119
网址：http://www.zgfzs.com　　编辑部电话：66060794
市场营销部电话：66033393　　邮购部电话：66033288

（如有印装质量问题，请与本社编务印务管理部联系调换。电话：010-66032926）

中国法学会优秀课题成果文库

ZHONG GUO FA XUE HUI YOU XIU KE TI CHENG GUO WEN KU

· 2016 ·

刑事诉讼法修改后的司法解释研究　王敏远等 著

农村土地股权制改革：现实表达与法律应对　刘云生 著

技术侦查制度中的隐私权保障问题研究　胡忠惠等 著

社会保险基金信托法研究　黎建飞 主编

继承法修订入典之重点问题　杨立新 主编

证券欺诈规制的实证研究　邢会强 著

审判人员职能配置与分类管理研究　江必新 主编

中国特色社会主义法治发展道路　李林 主编

强化虚拟社会管理与健全网络立法研究　常健等 著

· 2017 ·

食品安全风险交流的法律制度研究　孙颖 著

财政责任视野下的地方政府债务治理研究　王婷婷 著

减刑、假释案件审理程序规范化研究　茅仲华等 著

中国反腐败立法研究　刘艳红等 著

新刑事诉讼法实施问题研究　卞建林　陈卫东等 著

非法经营罪适用问题研究　王安异 著

《政府信息公开条例》评估报告　叶必丰等 著

审判中心与刑事诉讼　胡铭 著